Laure Wyss
Was wir nicht sehen wollen, sehen wir nicht

Laure Wyss

Was wir nicht sehen wollen, sehen wir nicht

Journalistische Texte

Herausgegeben von Elisabeth Fröhlich

Limmat Verlag Genossenschaft
Zürich

Umschlagbild: Doppelseite aus einem von Klaus Born
bemalten Zeitungsband

© 1987 by Limmat Verlag Genossenschaft, Zürich
ISBN 3 85791 131 X

Inhalt

Einleitung von Elisabeth Fröhlich   9

Wie leben wir

  Kind und Stadt   15
  Endstation   59
  Die schwarze Frau   76
  Der Heizer   78
  Erkenntnis des Schmerzes   81
  Zürich   83

Die Diskriminierung hat viele Gesichter

  Zwischen Bazar und Höhenweg   87
  Vorurteile   95
  Überflüssig?   96
  Hier und jetzt überdenken: Art. 65 bis   98
  Rollenverteilung nach altem Muster?   100
  Ist die Schweizerin emanzipiert?   102
  Herr Chauvin im Büro   119
  In Vernehmlassung und Revision   120
  Gleiche Rechte, gleiche Verantwortung   123
  Sind alle Schweizer vor dem Gesetze gleich?   130
  Aus fremden Land   132
  Wie lange noch?   133
  Was getan werden könnte   134
  Von der Schwierigkeit, hier eine Frau zu sein   136
  Prämierte Neger   140
  «Die Hausarbeit der Frau ist eben nicht Beruf, sondern sie ergibt sich aus dem Recht des Ehemanns, die Frau nach Massgabe seiner Verhältnisse wirtschaftlich zu nutzen»   144
  Keine Rezepte   145
  Gottgewolltes Herrschen?   147
  Prügeln   149
  756 Seiten brisanter Wahrheiten   151

Anhören der Betroffenen 155
Die Störung 156
Chefin 158
Solidarität 159
Journal 161
Entdeckt: die Unsichtbarkeit der Frau in der Ethnologie 164
«Eine Schriftstellerin ist keine Hausfrau, die Bücher
 schreibt» 172
Kein Traum 175
Wollfaden gegen Cruise 178
Durch das Matriarchat zum grossen Ungehorsam 181
Warum die Kirche die Frau nicht für voll nimmt 185
Annäherungen an Gültiges sind unfertige Versuche und
 sie sind die einzige Möglichkeit zur Freiheit 188

Was wir nicht sehen wollen, sehen wir nicht

Gleichberechtigung 193
Hinter Mohnblumen 195
Protokoll eines Falles 197
Wortmeldung: schöne grüne Matten 199
Mauern und Ruhe und Ordnung 201
Briefe an eine Ärztin 216
Die anderen könnten wir sein. Immer. 219
Uninteressante Fälle? 221
Ein kurzer Nachmittag 223
Angeklagt: unsere Hilflosigkeit 225
Der Staat verdonnert – und kassiert 227
Qualitätsarbeit eines Einzelrichters 229
Ziviler Prozess um militärische Normen 232
Ist ein schlechtes Ende oft vorprogrammiert? 235
Der Pandschab im Zürcher Oberland 237
Man will nicht mehr wissen, denn man weiss es ja 240
Einer von vielen – ein Bagatellfall also? 242
Manchmal fragt man sich: Wer hat Lämpe mit wem? 245
Was sind wir eigentlich für ein Volk? 249

Schreiben ist ein Handwerk

    Der einfache Leser 259
    Aufforderung zum Nichtlesen 261
    Was die Leute alles schreiben, wenn sie schreiben 263
    Ein Text rächt sich 267
    Lesen oder vom Umgang mit Büchern 269
    Mit einer Werktagsstimme über Literatur reden 273

Nachweis 279

Einleitung

Journalistische Texte gehören in eine bestimmte Aktualität, in einen zeitgeschichtlichen und lokalen Zusammenhang. Sie sind dazu bestimmt, einmal überflogen oder gelesen zu werden; Produkte journalistischer Arbeit verflüchtigen sich. Wie ist es zu rechtfertigen, solche Texte Jahre oder Jahrzehnte später aus den Archiven zu holen und in einem Buch herauszugeben? Gibt es Gründe sie, in einer früheren Aktualität geschrieben, heute wiederzulesen?

Wir haben die journalistischen Arbeiten von Laure Wyss in Bibliotheken und Archiven suchen müssen. (Sie selbst hat ihre Belegsexemplare weder gesammelt noch geordnet.) Vieles fanden wir, anderes hatte sich buchstäblich verflüchtigt, war nicht mehr zu finden, so zum Beispiel alle Filme und Sendungen, die sie für das Fernsehen gemacht hatte.

Mit einem geschichtlichen Interesse ging ich an die Lektüre des Vorgefundenen. Ich erwartete Erinnerungen an erlebte Zeitgeschichte und Dokumentationen von gesellschaftlichen Entwicklungen der letzten vierzig Jahre. Meine Erwartungen wurden bestätigt, aber ich fand mehr. Wie ein roter Faden zieht sich durch die Arbeit von Laure Wyss die Frage nach Bewusstsein und Stellung der Frauen in unserer Gesellschaft. Sie hat als schreibende Frau an der Zeit teilgenommen, als Frau, die Diskriminierung am eigenen Leib erlebte und sich schreibend dagegen wehrte. Sie tat dies nicht, indem sie über Privates schrieb, sondern indem sie persönlich über Politisches schrieb. Die meisten Artikel über Frauenfragen könnten auch heute noch so geschrieben werden. «Denn die Frauenfrage ist völlig ungelöst» schreibt Laure Wyss im Editorial zum ersten Tages Anzeiger-Magazin 1970. Frauenfragen, wie sie sie stellte, sind auch heute noch ungelöst. Ich denke an ungleiche Berufschancen, an ungleiche Löhne für gleichwertige Arbeit, an die gesetzlichen Bestimmungen über den Schwangerschaftsabbruch – Themen, die vor Jahren aktuell waren und es heute noch sind. Nur Nuancen sind anders. Diese Texte beinhalten also gleichzeitig ein Stück Geschichte und lebendige Gegenwart.

So ist das Kapitel über Frauenfragen nicht nur von seinem Umfang her zentral. Viele Texte in diesem Kapitel sind Editorials, also kurze

Einleitungen und Anregungen zum folgenden Artikel im Heft. Laure Wyss war viele Jahre nicht in erster Linie Redaktorin sondern Schreiberin. Sie spürte Themen auf, die in der Luft lagen und liess andere darüber schreiben. Redaktionsarbeit, wie sie sie verstand, war eine Art Hebammendienst. Häufig begleitete sie die Geburt mit einem Editorial, in dem sie die Grundzüge, das Wesentliche eines Themas und seine weiteren Zusammenhänge herausarbeitete. Chronologisch hintereinander gedruckt ergeben die Editorials heute eine folgerichtige Geschichte, wie sie jetzt im Kapitel «Die Diskriminierung hat viele Gesichter» stehen. Kursiv gesetzte Texte sind Hinweise, die Zusammenhänge, in denen die Texte entstanden, erläutern. Bei der Lektüre fällt auf, dass immer wieder die Wörter «Störung», «lästig» vorkommen. Auch wenn sie den Eindruck hatte, die Öffentlichkeit sei dessen langsam müde, hat Laure Wyss während ihrer Redaktionszeit hartnäckig und unermüdlich immer wieder die brisanten Frauenthemen aufgegriffen. Sie hatte den Mut, lästig zu fallen. Sie war sich bewusst, dass Zustände nur ändern, wenn Betroffene es wagen, hartnäckig zur Last zu fallen, zu stören.

Schreiben um Widerstand zu leisten, etwas zu bewegen. Das stand bereits am Anfang der journalistischen Arbeit von Laure Wyss. Sie lebte während dem zweiten Weltkrieg im neutralen Schweden und hatte Kontakte zur norwegischen Widerstandsbewegung, die, merkwürdig genug, aus der lutherischen Staatskirche kam. Im Auftrag des Schweizerischen Evangelischen Pressedienstes sollte sie darüber berichten: «Das war ein Erlebnis, dass irgendwo das Wort etwas gilt. Ich habe damals Kirchendokumente herausgebracht, übersetzt und zum Teil durch Deutschland geschmuggelt. Zu dieser Bedrohung, umringt vom Krieg – wir wussten nicht, wie sich Schweden verhalten würde – plötzlich das Gefühl: Doch, ein Flugblatt bedeutet etwas, eine Dokumentation ist etwas. Vielleicht bewirkt Sprache etwas im Chaos? Das stand am Anfang meines Berufs. Nachher, das war unheroisch. Durch äussere Umstände musste ich für mich aufkommen. Da lag es nahe, dass ich beim Journalismus blieb. Das Erlebnis in Skandinavien hat mich geprägt, ich wollte in diese Richtung mein Brot verdienen.» Zunächst als Redaktorin beim Schweizerischen Evangelischen Pressedienst, nachher als freie Journalistin. Von 1950 bis 1962 war sie Redaktorin einer vierseitigen Beilage, die wöchentlich in fünf bürgerlichen Tageszeitungen erschien. Die Beilage richtete sich an Frauen, es ging um Alltagsthemen, Rechtsfragen, Mode, Kochrezepte, Bücher, Erziehungsfragen. 1961 schrieb sie dazu: «Ich möchte den Frauen etwas mehr Vertrauen zu sich und der Welt beibringen, sie lehren, nicht solche Angst vor der Politik zu haben; die Frauen dazu bringen, die Zeitung zu lesen.»

Das Selbstvertrauen der Frauen blieb ihr Anliegen, aber später wandte sie sich energisch gegen Frauenbeilagen: «Mit der Verbannung der Frauen und ihrer Themen auf spezielle Frauenseiten wird nichts anderes als ein Ghetto geschaffen».

Das scheint uns heute selbstverständlich. Aber noch 1971, als das erste Tages Anzeiger-Magazin erschien, war es alles andere als selbstverständlich, dass ein Frauenthema den Titel abgab für ein nicht eigens für Leserinnen publiziertes Magazin. Laure Wyss war von Beginn für das TAM mitverantwortlich, nachdem sie vorher als Redaktorin bei der gleichen Zeitung für die Seiten «Leben heute» und «Extrablatt der Jungen» gearbeitet hatte. Vorher, 1959 bis 1967, gestaltete und präsentierte sie gegen hundert Sendungen für das Schweizer Fernsehen. Zuerst für das «Magazin der Frau», später Sozialreportagen für die Reihe «unter uns», zum Beispiel eine Direktreportage aus der Strafanstalt Saxerriet.

Redaktorin des Tages Anzeiger-Magazins war sie bis zu ihrer Pensionierung 1975. Auch nachher arbeitete sie fürs TAM und kam nun endlich dazu, grössere Reportagen zu schreiben. Und erst nach der Pensionierung kam die Zeit der schriftstellerischen Arbeit. 1976 erschien das Buch «Frauen erzählen ihr Leben», dann kam «Mutters Geburtstag», «Ein schwebendes Verfahren», «Das rote Haus», «Der Tag der Verlorenheit» und «Liebe Livia».

Noch heute schreibt Laure Wyss auch als Journalistin, zum Beispiel Gerichtsberichte.

Ein Lesebuch mit journalistischen Texten aus vierzig Jahren zusammenstellen heisst auswählen, Schwerpunkte setzen und – weglassen.

Nach einem ersten Überblick ordneten wir die in Form und Inhalt vielfältigen Texte nach vier thematischen Schwerpunkten, denen die vier Kapitel dieses Buches entsprechen. Es ist spannend, festzustellen, wie zwischen den vier thematischen Bereichen innere Zusammenhänge bestehen.

Dass das Schreiben über Frauenthemen ein Schwerpunkt ist, war von Anfang an klar. In den früheren Jahren standen Alltagsthemen wie Mode, Kindererziehung, Rechtsfragen, Kochen im Mittelpunkt. Später, als Laure Wyss für das Tages Anzeiger-Magazin mitverantwortlich zeichnete, ging es um die Stellung der Frau in der Gesellschaft.

Wie wir unseren Alltag gestalten und wie wir uns darin zurechtfinden, interessierte Laure Wyss nicht nur im Zusammenhang mit

Frauenfragen. Wir fanden viele Artikel zu diesem Thema, über das Wohnen, das Alter, über Krankheit und Gesundheit. Ausgewählt haben wir zwei Reportagen und einige kürzere Texte.

Ein dritter Schwerpunkt ist das Thema «Strafvollzug». In den ausgewählten Texten lässt es sich verfolgen, wie Laure Wyss überhaupt dazu kam: Am Anfang standen besonders benachteiligte Frauen: Frauen im Strafvollzug. Daraus entwickelte sich das Interesse am Strafvollzug bis zu den Gerichtsberichten der heutigen Tage.

Und dann hat sich Laure Wyss immer wieder schreibend mit ihrem «Handwerk» des Schreibens und Redigierens auseinandergesetzt. Auch wenn ihre Sätze leicht hingeschrieben aussehen, schreiben war für sie immer ein Kampf darum, mit Worten das einzufangen, was sie sagen wollte, eine Herausforderung, die sie immer wieder annahm. Ich erinnere mich an einen Satz aus einem unserer vielen Gespräche über das Schreiben: «Der Augenblick, wo ich vor einem weissen Blatt sitze, ist quälend; aber etwas geschrieben haben, das ist schon sehr schön.»

Elisabeth Fröhlich

Wie leben wir?

Die Frage nach unsern Alltagen hat mich schon immer beschäftigt. Um sie zu stellen, um unsere Lebensumstände einzusehen und daraus auf unser Verhalten zu schliessen, dazu muss man drei Schritte zurücktreten, tief einatmen und genau hinschauen. Beobachtungen in dieser Richtung sind da wohl viele entstanden, aber zu grösseren Berichten darüber kam ich erst in späteren Redaktionsjahren. Wie ich jetzt feststelle, verfiel ich da zuerst auf extreme Positionen, nämlich das Befinden der Kinder in unserer Welt und das Befinden der alten Menschen. Wahrscheinlich habe ich mich dem zugewandt, weil man am Aussergewöhnlichen das Gewöhnliche gut ablesen kann.

Kind und Stadt

Beobachtungen in Kef (Tunesien), Burgdorf (Bern) und Topeka (Kansas). Und dann auch noch in New York. Dieser Bericht ist der Versuch einer Reise zu Kindheiten, um die hiesigen, die wir unseren Kindern anbieten, besser einzusehen.

Ich wollte verstehen lernen, was mit unsern Kindern passiert. Ich wollte mehr darüber erfahren, was wir mit ihnen anstellen, wenn wir sie nach unserer Auffassung erziehen und ihnen, nach unserer eigenen Gerechtigkeit, die Wege ins Erwachsenenleben ebnen.

Dieses scheinbar unbescheidene journalistische Unternehmen brauchte eine Struktur: Auch freie Beobachtungen müssen sich nach einem Massstab richten, müssen an einen Anfang und an ein Ende gebunden werden. Ich nahm als Struktur «die Stadt», eine Stadt, vorstellbar als Raum, nachvollziehbar als Ort, wo unsere Leben sich heutzutage abspielen; der Platz, wo man erfährt, wie unsere Gesetze in Kraft treten und wo die Ausbildung unserer Kinder nach unseren Vorstellungen geschieht. Burgdorf als Beispiel. Es hätte auch eine andere Schweizer Stadt sein können, welche ungefähr dieselbe geschlossene Tradition, die typisch für unser Land ist, wie Burgdorf bietet, mit einer ähnlichen Anzahl von Schulen, Mittelschulen, Technikum, Kindergärten usw. Ich wählte Burgdorf, weil ich Burgdorf nicht kannte, mir aber die Sprache und der Menschenschlag heimatlich vertraut sind, so dass ich, glaube ich, auch imstande bin, Schattierungen wahrzunehmen.

Um Vertrautes aber neu aufzunehmen – um ein unvoreingenommenes Aufnahmegerät zu werden – fuhr ich zuerst ins ganz andere, ins Fremde. Das geographisch am nächsten liegende Fremdeste – was Weltanschauung und Lebensart betrifft – für uns in Mitteleuropa aber ist Nordafrika, das zudem den grossen Vorteil bietet, dass die Verständigung in einer geläufigen Sprache, dem Französischen, möglich ist. Der Gegenpol zu Burgdorf hätte Laghouat sein sollen, eine Oasenstadt in Südalgerien, die mir mit ihren extremen Verhältnissen vor einem Jahr Eindruck gemacht hatte. Laghouat zeigte sich als unerreichbar für diese Studie, so trat das tunesische El Kef an die Stelle der algerischen Wüstenstadt.

Der dritte Fixpunkt wurde Topeka im amerikanischen Staat Kansas, grösser zwar als Burgdorf und El Kef, aber Topeka sollte es sein als Muster amerikanischer Stadterziehung – nach unserem etwas eigenwilligen Plan, denn in Topeka existiert die Menninger Foundation, Amerikas wohl berühmteste Ausbildungsstätte für Psychiater. Und die Psychiater, die in neuen Dimensionen über unsere Leben nachdenken, müssen doch am besten wissen, wie unsere Kinder zu erziehen wären, und vielleicht, so dachte ich mir, hätten sie das am besten in die Zukunft weisende Muster für günstige Kindererziehung der Stadt Topeka, der Stätte, die ihrem Wirken am nächsten ist, mitgeteilt.

Und hier sind wir nun bei einem anderen Grund meiner Reise nach El Kef, nach Burgdorf, nach Topeka angelangt: Sie sollte eine schlichte Übersetzungsarbeit wissenschaftlicher Erkenntnisse ins Praktische, tiefere Einsichten ins Machbare werden. Denn an vielen Universitäten und an Instituten werden viele kluge aktuelle Untersuchungen durchgeführt, die alles enthalten, was wir wissen müssen. Wer Tabellen und Kurven zu lesen versteht, kann daran ablesen, wie unsere Kinder aufwachsen sollten, wie wir uns benehmen müssten, damit sie gedeihen, wie unsere Städte zu bauen wären, damit wir Menschen, Erwachsene und Kinder, uns wohl fühlen. Nur zu oft, scheint mir, erstarren diese Messungen und Erkenntnisse im Elfenbeinturm, sie haben keine Folgen.

Die Lektüre einiger dieser Arbeiten und also die Kenntnisnahme ihrer Resultate gaben mir merkwürdigerweise den Mut, für einige Reisewochen alles zu vergessen und völlig frei und ungebunden als Neuling Kindheiten zu beobachten. Es sind überaus persönliche Beobachtungen, und sie sind so subjektiv gemeint, wie sie hier dargestellt werden. Die Richtschnur war dann allerdings die sehr private Überprüfung einer Kindheit, für die ich mich aus nächster Nähe, nämlich als Mutter, verantwortlich fühle und die zu gestalten ich mir einst anmasste. Ich würde es nie mehr in dieser Ungezwungenheit, halb sorglos, halb mit falschen Sorgen und unüberprüften Wünschen belastet, tun. Ich würde sorgfältiger hinhorchen, was ein Kind braucht, ich würde besser darauf achten, was einem Kind guttut, und von dem lassen, was unnötig ist; ich würde die Umgebung, in die ich es hineinstiess, noch viel entschiedener kritisieren, konventionelle Verhaltensweisen heftiger abstreifen. Ich würde die Stadt anders bauen für das Kind.

Allein freilich kann's keiner, denn Städte sind stark und fordern Konventionen. Aber im Zusammenwirken im kleineren Kreis, der andere und grössere nach sich zöge, sind Umstellungen immer möglich, Veränderungen durchführbar.

Aber der Leser sei hier vorgewarnt: Es wird auch New York hineinspielen und wird die ordentlich ausgedachte Systematik der Städtefolge durcheinanderbringen. Ich kann nichts dafür; auf dem Heimweg von Kansas in die Schweiz und in der Absicht, nun alles Gesammelte aufzuschreiben, begegnete ich Kindern in dieser extremsten aller Stadtsituationen: Ich spielte mit schwarzen Kindern in einem Harlemer Hort, führte an der Hand weisse über die First Avenue auf der Höhe der 66. Strasse in die Schule, stiess auf drogierte zwölfjährige braune Kinder in der Lower East Side, wo Spanisch die Hauptsprache ist, dort, wo die Strassen nicht mehr nach Zahlen gezählt, sondern nach Buchstaben eingeteilt werden und wo die Helfer dieser Verlorenen mit dem Mut letzter Verzweiflung gegen alle Hoffnungslosigkeit kämpfen. Da fing alles von vorne an, erst hier war zu ermessen, in welche Gefahren, in welche unermessliche Einsamkeit und äusserste Entfremdung unsere Städte die Kinder führen. Meine kleine Geschichte war neu zu buchstabieren. Der Leser sei um Nachsicht gebeten, wenn durch diesen Zwischenhalt in New York das Alphabet dieses Berichts wohl mit dem A anfängt, aber vielleicht nicht folgerichtig zum Z führt.

Überfahrt

Langsam setzte sich das Schiff in Bewegung zur Fahrt nach Tunis. Einer Verspätung wegen hatte man lange auf die Zollabfertigung und das Verladen warten müssen, man war müde, erhitzt und durstig an Bord gekommen. Soeben wurde das Restaurant geöffnet. Auch eine Familie – drei Erwachsene, ein fünfjähriges Kind – nahm Platz. Internationaler Zuschnitt, die Unterhaltung wurde auf englisch und italienisch geführt, offensichtlich waren es keine ungeschickten Touristen, sondern gewandte, schiffsreisegewöhnte. Der Kleine bekommt eine Milch mit dazugehöriger Ovo, er scheint sich sehr darüber zu freuen, er will das Päckchen öffnen: Die Mutter aber reisst es ihm aus der Hand, schüttet das Pulver in die Milch; geschickt greift der Bub zum Löffel, um umzurühren; darf er auch nicht, die Mutter tut's, probiert dann das Getränk, ob die Temperatur bekömmlich sei. Inzwischen ist der Vater mit einem Coca-Cola an den Tisch gekommen, der Bub wendet sich ihm freudig zu, er will helfen, greift zum Öffner, will für den Vater die Flasche aufmachen. Resolute Abwehr des Vaters. Dafür, dass das Kind sich jetzt verzweifelt auf die Bank wirft und gar nichts mehr trinken will, wird es bestraft. Die Szene sitzt, der dramatische Ablauf stimmt und auch das Ende mit dem wehrlosen Unglück des Kleinen.

Eine belanglose Alltäglichkeit?

Hier wäre einzublenden der Teil eines Gesprächs, das ganz am Ende der Reise, die zu Kindern in Städten führte, stattfinden wird. Es war in New York in einem Büro für Jugendhilfe. Lower East Side, Ghettostimmung, das Gebäude ein ehemaliges Schulhaus, vergittert wie eine Festung, eine verkommene Gegend. Die Sozialarbeiterin Judith Suarez berichtet, wie sehr sie und ihre Kollegen sich bemühen, ihre Schützlinge vor dem Zugriff des Jugendgerichtes, das sie in ein Korrektionshaus schicken will, zu bewahren, dafür zu sorgen, dass der Aufruhr der jungen Seelen nicht mit Beruhigungstabletten gedämpft wird, ihnen ihr menschenunwürdiges Dasein in verdreckten Strassen, dunklen, engen Wohnhöhlen, in Streit und Verachtung erträglich zu machen. Ich frage Judith, was ihrer Meinung nach in so viel Hoffnungslosigkeit zu tun wäre, und erwarte eine Anklage gegen New York, gegen die zum Irrsinn gewordene Stadt mit ihren chaotischen Verhältnissen – Überbevölkerung, zu viel Verkehr, Kinderfeindlichkeit in der Konstruktion und so weiter –, aber Judith antwortet sehr entschieden: «Zuerst einmal alle Schulen schliessen, alle Lehrer wegschicken, damit sie ein Jahr nachdenken, wie sie mit Kindern umgehen müssten, wie eine Schule zu sein hätte – dann vielleicht gemeinsam neu anfangen; gemeinsam heisst: wir alle zusammen, die beteiligt sind. Sonst gibt es keine Rettung.»

Dann sind vielleicht doch nicht in erster Linie die Städte schuld an den Verhaltensstörungen der Kinder, wie wir annahmen, nicht die Städtebauer und Planer, die immer und zuerst an die reibungslose Abwicklung des Verkehrs denken, dann freilich auch an die Grünzonen, den abgesonderten Erholungsraum, aber vergessen, auf welche Art wir mit unsern Kindern wohnen sollen, um ihre Erziehung zu bewältigen? Ich lese in der Untersuchung «Schulkinder unter Stress», dass der sozioökonomische Wandel nicht nur Familie und Arbeitsplatz, sondern auch ganz allgemein den Lebensraum verändert. Also können wir doch nicht so unverdrossen ausziehen zur Anklage gegen die Architekten? In meiner Lektüre heisst es weiter: Wenn Strassenzüge, Zentren, Quartiere ihr Gesicht verändern, dann sei es nicht ihre Architektur, die uns schrecke, sondern entscheidend sei die Schnelligkeit der Veränderung, daraus ergebe sich für die Menschen das Gefühl der Ohnmacht. Denn, so heisst es weiter, in der Beziehung des Menschen zu seiner Umwelt kämen raumbezogene Bedürfnisse zum Ausdruck (sich zurechtfinden, sich darstellen, sich wohl fühlen), «oder aber die Bedürfnisse sind durch Einengungen dieser Beziehungen unterdrückt».

Die Anklage gegen unwirtliche, kinderfeindliche Städte verschiebt sich immer mehr, wendet sich gegen die Erwachsenen, gegen uns. Denn wir wissen ja immer noch nicht, immer weniger vielleicht, was Kinder nötig haben, was zu tun sei, damit sie nicht unterdrückt und zu Gestörten werden. Eins ist sicher, sie sind hilflos, hilflos unsern Machenschaften ausgeliefert; Kinder sind weder organisiert, noch verfügen sie über Machtmittel.

Indessen setzt das Schiff seine Fahrt fort in Richtung Nordafrika, Privates verzahnt sich mit unserer Geschichte, die immer noch keinen Namen hat. Der Reisegefährte A. K., der das Thema mit der Kamera einfangen wird, erzählt von seinen beiden Kindern, wie gern er sie habe, wie sehr er an ihnen hange, und folgert zögernd: «Wahrscheinlich ist die stärkste Beziehung, die einem Menschen passiert, die Beziehung zu seinen Kindern.» Es dauere aber lange, bis man wirklich ein Vater werde und einsehe, dass das Engagement von seiten der Eltern in dieser Beziehung weit grösser sei als das Engagement von seiten der Kinder. Das müsse wohl so sein, das habe man einzusehen. Ich glaube meinem Reisegefährten, was er sagt, eigene Erfahrungen geben ihm recht, aber als Kommentar zitiere ich den amerikanischen Psychiater E. N. Rexford, der 1969 ausrief (in seiner Schrift «Children, child psychiatry and our brave new world»): «Entgegen unseren wiederholten Äusserungen, die unsern guten Willen betonen, gibt es in diesem Lande kein nationales Engagement für das Wohl der Kinder.»

Vorläufig sind wir am Anfang der Reise zu Kindern, um sie auszuhorchen, um hinzuhören, was ihnen guttäte. Zeit brauche man für seine Kinder, viel Zeit, meditiert der Reisegefährte weiter. Und es komme, er habe es erfahren, sehr darauf an, wie man seine Kinder anfasse, wie man sie in seinem Arm berge, ihnen Wärme gebe.

Nun, bevor wir die Kinder auf die Knie nahmen, bewarfen sie uns mit Steinen. Das war in El Kef. Es war ihre Art der Begrüssung, und wir lernten bald, wie darauf zu reagieren ist.

Wie Kinder ihr Zuhause sehen

Ausser im Kef, wo ich auf Beobachtungen und die Mitarbeit eines arabisch sprechenden Ethnologen angewiesen war, unterhielt ich mich soviel wie möglich mit Kindern. Einen kleinen Fragebogen stellte ich auf, um eine Richtung in die Gespräche zu bringen und um die Antworten auf immer gleiche Fragen vergleichen zu können. Alle Kinder, in Burgdorf wie in Topeka, wollten gern ein Interview geben, es machte ihnen Vergnügen. Die Befragung wurde nicht systematisch durchgeführt, vieles blieb dem Zufall überlassen, aber die paar Dutzend amerikanischen und schweizerischen Antworten liessen in ihrer Beiläufigkeit doch auf Typisches schliessen.

Die Fragen hiessen:
1. Wie heisst du?
2. Wie alt bist du?
3. Wo bist du auf die Welt gekommen?
4. Wo gehst du zur Schule?
5. Wer wohnt mit dir zusammen?
6. Was willst du werden?
7. Was machst du am liebsten?
8. Was ist verboten, was darfst du nicht machen?
9. Was weisst du von der Stadt, in der du lebst?

Es ging mir darum, dem Alltag auf die Schliche zu kommen, dem Alltag der Kinder. Zum besseren Verständnis ihrer Situation wollte ich den Alltag so sehen, wie er von den Kindern aus aussieht. Nun ist es natürlich gar nicht so, dass die Kinder derart auf die gestellten Fragen antworten, dass sich daraus ihr Alltag ablesen liesse. Sie geben immer und in jedem Fall zuerst eine offizielle Version bekannt, sie antworten so, wie sie denken, dass der Fragende die Antworten haben will. Es sind ganz offizielle Antworten.

Bestürzend offiziell die Antworten der arabischen Kinder. Wie wenn sie in der Koranschule die auswendig gelernten Suren daherleierten. Alles im gleichen Tonfall, und wie Allah sich die Seinen wünscht. Dass sie es auf diese Weise tun, ist aber an sich eine Aussage: Diese Kinder scheinen völlig integriert, angenommen in ihrer Gesellschaft, kritiklos gegenüber ihrer Heimat. Liest man die Aussagen Farids, Moujias und Khadoufas sorgfältig, vernimmt man eine Menge darüber, wie das Leben in der Stadt Kef für die Kinder abläuft.

Die Antworten der Kinder in Burgdorf und in Topeka haben mich, als ich sie aufschrieb, amüsiert, ich fand sie lustig. Beim Ausarbeiten aber, beim Suchen danach, was dahintersteckt, wurde ich immer nachdenklicher. Ich war betroffen. Ich entdeckte vieles darüber, wie wir Erwachsenen auf die Kinder wirken und was alles wir von ihnen verlangen. Dass die Kinder immer alles wegräumen müssen, ist das nicht entsetzlich? Entsetzlich für uns? Dass wir noch daran glauben, dass die Wege gut seien, wenn nichts auf dem Stubenboden herumliegt, alles in die Schränke versorgt wurde?

Und die Streitvermeidung, die von den Buben Topekas als selbstverständlich gefordert wird? Keine lauten Stimmen, kein Krach, vor allem kein Krach, ich bitte euch. Das versteht jeder, dass die Mütter ein ordentliches Mass an Ruhe haben wollen in ihrem Alltag. Aber auch hier: Welche Angst vor Auseinandersetzung steckt dahinter? Was eigentlich wird befürchtet, dass es aufwache und dastehe und die wirkliche, die wahre Situation zeige, wenn gestritten wird? Wenn gesagt wird, was wirklich ist?

Man hat einiges mit sich auszumachen beim genauen Lesen von Kinderinterviews. Jeder Leser interpretiere selbst.

Mein arabisch und französisch sprechender Unterhändler Ibrahim arbeitete in grösster Ausführlichkeit an Fragen und Antworten, das Summarische lag ihm nicht. Es liegt aber nicht nur an Ibrahims Arbeitsweise und an der mehrfachen Übersetzung (wir sprachen rudimentäres Französisch miteinander, er unterhielt sich dann arabisch mit den Kindern, protokollierte französisch, dann mussten seine Texte ins Deutsche übersetzt werden), dass das Ergebnis auch formal ganz anders wurde. Es liegt auch an der arabischen Sprache und der Art, sie zu handhaben, dass die Befragung nicht so direkt vor sich ging wie die englisch und berndeutsch geführte und die Antworten umständlich und ausführlich waren. Es ging nämlich Ibrahim nicht so sehr darum, die Meinungen seiner Informanten zu übermitteln, sondern es war ihm viel daran gelegen, durch wenige, aber ergiebige Gespräche ein ausgefeiltes Bild der Struktur seiner eigenen Gesellschaft, des Ortes, der ihm nahe ist, zu zeichnen und bis in alle Einzelheiten auszuführen. Er wollte uns, den beiden Fremden, mit den Aussagen der Kinder erklären, was bei ihm zu Hause Sitte und Brauch ist. Deshalb sein beigefügter erklärender Text über die Familienbeziehungen. Wir lassen ihn folgen, so wie Ibrahim ihn für uns aufgeschrieben hat.

Wie heissest du?
Farid Ben Mustapha Arfaoui, geboren 1957. Ich kam in Le Kef zur Welt.

Mit wem lebst du zusammen?
Mein Vater, meine Mutter, meine sechs Geschwister – drei Mädchen und drei Buben –, mein Onkel väterlicherseits und ich wohnen in einem Haus mit zwei Zimmern und einer Küche. Es ist ein gemietetes Haus.

Wie hoch ist der Mietpreis?
Zwölf Dinar im Monat ohne Wasser und Elektrizität.

Was für einen Beruf hat dein Vater?
Er ist Tagelöhner, also arm. Mein unverheirateter Onkel ist auch Tagelöhner. Er arbeitet nicht viel, weil er krank ist.

Was für einen Beruf hat deine Mutter?
Meine Mutter arbeitet bei einer Familie. Sie verdient ein wenig

Geld, um meinem Vater zu helfen, solange die sechs Kinder zur Schule gehen.
>   Du gehst zur Schule?

In die 5. Klasse der Sekundarschule.
>   Was willst du für einen Beruf ergreifen?

Ich möchte Arzt werden.
>   Weshalb?

Aus verschiedenen Gründen. 1. Der Arzt ist wie ein Vater; er hat ein sehr positives Verhältnis zu den Menschen und viele menschliche Beziehungen. 2. Der Arztberuf wird von allen Leuten geachtet. Der Arzt hat eine Respektstellung wie der Vater in der Schar seiner Kinder. 3. Ich möchte ausserdem Arzt werden, um die Lage meiner Familie verbessern zu können. Man wird im Arztberuf rasch reich. Ein Arzt verdient viel, wenn er viel arbeitet.
>   Wozu fühlst du dich verpflichtet?

Ich muss vor allem immer an meine Familie, die sich für mich und meine Geschwister aufgeopfert hat, denken und ihre Situation zu verbessern suchen und nicht länger als nötig eine Last für sie bleiben. Am Tag, da ich meine Studien beendet habe, soll die Armut für sie ein böser Traum, etwas Vergangenes sein. Die Trauer soll verschwinden und dem Paradies und der Zeit des Lachens Platz machen.
>   Was darfst du nicht tun?

Ich darf nicht heiraten, bevor die Zukunft gesichert ist – meine Zukunft und die meiner Familie.

Ich unternehme nichts, was der Zukunft meiner Familie schaden könnte.

Ich verlasse meine Familie nie.

Ich höre nicht auf die schlechten Ratschläge jener, die mich von meiner Familie zu trennen suchen.

Ich lasse mich von der Mentalität anderer Jungen, die gefährlich ist für die Zukunft, nicht beeinflussen.

Ich will meine Studien nicht vorzeitig abbrechen, sondern bis zum Schluss durchhalten, um die Zukunft meiner Familie und meine Zukunft zu sichern.

Ich darf meinen Vater, meine Mutter und meine Geschwister nicht im Elend lassen.
>   Kennst du die Stadt Le Kef?

Ich kenne Le Kef seit der Zeit, da ich sieben Jahre alt war und allein in der Stadt zu spazieren begann. Früher hatte es nicht so viele Leute; Le Kef war eine kleine Stadt mit etwa 250 Einwohnern. Es gab nicht viele Schulen, kein Kino, keine modernen Büros, keinen modernen Markt, nur den Wochen-Souk. Aber 1968 setzten grosse Veränderungen ein. Die Bevölkerung vergrösserte sich, und es wurden viele Häuser und neue Schulen gebaut.

Mein in Tebarsouk im Gouvernement Béja geborener Vater kam 1946 mit seinem Vater nach Le Kef. Sein Vater war arm, er fand in Le Kef Arbeit bei einem Händler. Mein Grossvater väterlicherseits war Tunesier, aber mein Grossvater mütterlicherseits war Algerier und mit einer Tunesierin verheiratet, einer Frau aus Jendouba. Es hat viele Algerier in Jendouba und Ain-Draham. Sie treiben Handel. Ich habe von meinem Vater gehört und auch selbst beobachtet, dass es in keiner anderen Stadt des Nordens so viele Marabut gibt wie in Le Kef. Diese Marabut, die hier seit der Zeit vor dem Protektorat leben, stammen aus Algerien und Marokko.

Es hat viele Einwanderer aus dem Norden, aber keine Einwanderer aus dem Süden. Die Leute aus dem Süden ertragen im Gegensatz zu den Leuten aus dem Norden die Kälte nicht. Denn es ist in Le Kef kalt und hat viel Schnee wie in Jendouba, Ain-Draham, Bou Salem.

Die Familien aus dem Norden kommen aus verschiedenen Gründen nach Le Kef. Das weiss ich von meinem Grossvater.

1. In der Stadt Le Kef findet man Marabut, die den Armen zu essen geben.

2. Wegen der Arbeit bei den Bauern.

3. Die Stadt liegt in der Nähe von Algerien; man kann Handel treiben zwischen Le Kef und Algerien.

Die Marabut sammelten früher Geschenke wie Tiere und Getreide und konnten dank diesen Geschenken den Armen zu essen geben. Jeder Marabut hatte ein Haus, in dem die Armen, Frauen und Männer, essen konnten. Aber dieses System existiert heute nicht mehr.

    Liebst du die Stadt Le Kef?

Ich liebe Le Kef, weil ich hier zur Welt kam und weil schon meine Mutter hier zur Welt kam, aber ich liebe auch den Ort, aus dem mein Grossvater stammt, eine hübsche kleine Stadt in der Nähe von Béja. Ich werde nach dem Abschluss meines Studiums wahrscheinlich am Herkunftsort meines Grossvaters arbeiten, wenn mein Vater und meine Mutter einverstanden sind.

Tunis gefällt mir ebenfalls, aber ich möchte nicht in Tunis wohnen, höchstens die Ferien dort verbringen.

    Wie heissest du?

Monjia Bent Said Jobali, geboren 1957. Ich kam in einem 19 Kilometer von Le Kef entfernten Ort zur Welt.

    Mit wem lebst du zusammen?

Ich lebe mit meinem Vater, meiner Mutter, meinen zwei Schwestern, meinem Bruder, meiner Grossmutter väterlicherseits und der Schwester meiner Mutter zusammen. Wir wohnen in einer Villa mit zehn Zimmern und besitzen ein Auto.

  Was für einen Beruf hat dein Vater?
Er ist Bauer (ein reicher Bauer).

  Gehst du zur Schule?
In die 5. Klasse der Sekundarschule.

  Was möchtest du werden?
Ich möchte Landwirtschaftsberaterin oder Mitarbeiterin eines Agronomen werden.

  Was gefällt dir an diesem Beruf?
Mein Vater, meine beiden Grossväter und der Vater meiner Grossmutter arbeiten alle als Bauern, und ich kam ebenfalls auf dem Land zur Welt. Ich liebe die Landwirtschaft über alles und sehe sie als das Höchste an. Die Landwirtschaft wird von jedermann geachtet; sie ist die Grundlage des Lebens; sie erlaubt ein mit der Wirklichkeit und der Natur verbundenes Dasein; sie bedeutet auch Reichtum, denn die Erde ist die Mutter des Reichtums und die Feindin der Armut. Deshalb liebe ich die Landwirtschaft über alles.

  Wozu fühlst du dich verpflichtet?
Ich fühle mich zu gewissen Dingen verpflichtet:

 Ich achte darauf, dass meine Beziehungen zu meiner Familie stets gut bleiben.

 Auch wenn ich verheiratet bin und an einem anderen Ort wohne, will ich enge Beziehungen zu meiner Familie beibehalten.

 Ich gebe mir Mühe, mich richtig zu benehmen, und ich achte auf meinen guten Ruf und den guten Ruf meiner Familie.

 Ich respektiere die Armen und helfe ihnen.

 Ich bleibe einfach und hüte mich vor jeder Art von Stolz.

 Ich suche eine Arbeit, die mir gefällt, die mir aber auch die Möglichkeit gibt, den Menschen zu helfen und etwas Wertvolles zu tun.

 Ich bemühe mich, immer mein Bestes zu geben.

 Ich wünsche mir einen Mann, dessen Gewohnheiten nicht allzu verschieden sind von den meinen, einen einfachen Mann.

  Möchtest du lieber zuerst arbeiten und nachher heiraten oder zuerst heiraten und nachher arbeiten?
Vor allem muss ich zuerst meine Ausbildung beenden. Dann gibt es für mich zwei Wege.

 Wenn mein Bräutigam reich ist, heirate ich und beginne erst nachher zu arbeiten, aber wenn mein Bräutigam nur über bescheidene Mittel verfügt, arbeite ich vor der Heirat mindestens zwei Jahre lang, um meine Aussteuer zu vervollständigen.

Wie viele Kinder wünschest du dir?
Ich möchte nach der Heirat noch mindestens zwei Jahre lang keine Kinder.

Später möchte ich einmal gleich viele Kinder haben wie meine Grossmutter mütterlicherseits: zwei, ein Mädchen und einen Knaben. Vielleicht kommt nach einer Weile nochmals ein Knabe oder ein Mädchen, aber dieses dritte Kind wäre dann das letzte.

Die Ausgaben für Essen, Kleider, Schule, Pflege sind heute viel grösser als früher. Das Leben ist nicht leicht für die Kinder. Sie brauchen eine gewisse wirtschaftliche Grundlage.

Was darfst du nicht tun?
Es gibt gewisse Dinge, die man nicht tun darf – weder vor noch nach der Heirat. Vor allem muss man sich während des ganzen Lebens bemühen, nicht stolz zu sein.

Ich darf mich nicht von der Familie absondern.

Ich darf mich den andern – besonders den Armen und Waisen – gegenüber nicht schlecht benehmen.

Ich heirate keinen Mann, der stolz ist oder meine Familie nicht liebt oder seine Familie und für die andern nicht das Beste will.

Ich schliesse keine Freundschaft mit Leuten, die einen schlechten Charakter haben.

Ich gebe niemandem schlechte Ratschläge – weder bei der Arbeit noch anderswo.

Kennst du die Stadt Le Kef?
Ich kenne Le Kef erst seit 1970, weil ich früher ausserhalb der Stadt wohnte. Seit 1970 besuche ich das Gymnasium in Le Kef, und 1971 siedelte meine ganze Familie in unsere Villa in Le Kef über. Vorher besuchten wir die Schule in einer näher gelegenen Stadt.

Was weisst du von der Stadt Le Kef?
Ich besitze keine eigenen Erinnerungen, weil ich an einem 19 Kilometer von Le Kef entfernten Ort wohnte, aber mein Grossvater und mein Vater haben mir viel erzählt.

Von meinem Grossvater weiss ich, dass Le Kef früher eine kleine Stadt ohne moderne Bauten war. Es hatte ziemlich viele Marabut, die aus verschiedenen Gegenden stammten und hier mit ihren Familien lebten. Auch gab es früher nicht viel Luxus – schöne Kleider und ähnliche Dinge –, dafür war Le Kef das wichtigste Wollwebereizentrum des Nordens. Die Frauen woben Burnusse, Cachabias, Decken und Teppiche aus Wolle. Sie stellten all dies für den Verkauf her und ersetzten auch die Wollsachen im Haushalt – Decken und ähnliches – selbst.

Mein Vater hat mir erzählt, dass Le Kef eine einfache, kleine Stadt war. Es hatte weder moderne Läden noch ein Kino oder ein Theater.

Sogar mit dem Markt war es nicht weit her. Es gab nur den Wochen-Souk am Mittwoch und am Donnerstag.

Man sah keine Frauen auf den Strassen; die Männer besorgten die Einkäufe. Das Leben der Frauen beschränkte sich auf den Haushalt und das Weben. Die Aussenwelt blieb ihnen verschlossen. Ihr Bereich war das Haus. Das weiss ich über die Stadt Le Kef.

Hast du Le Kef oder Tunis lieber?

Ich liebe die Stadt Le Kef, weil meine Familie hier wohnt und weil der Ort, aus dem man stammt, die Heimat der Familie, immer schön ist.

Aber ich liebe auch Tunis. Es ist eine grosse Stadt, in der man alles haben kann.

Ich möchte gleichzeitig an meinem Heimatort und in der Hauptstadt leben. Wenn ich in Le Kef Arbeit und einen Mann finde, bleibe ich. Und ich bin glücklich, weil ich in der Nähe meiner Familie leben kann. Ich verbringe in diesem Fall die Ferien in Tunis; vielleicht baue ich in Tunis ein Haus für die Ferien und den Sonntag. Wenn ich jedoch in Tunis Arbeit und einen Mann finde, wohne ich gerne in Tunis. Und ich verbringe die Ferien und den Sonntag bei meiner Familie in Le Kef, denn ich möchte die Familienbande nicht zerreissen.

Wie heisst du?

Khadoufa Ben El Hedi El Mejri, geboren 1958. Ich kam an einem zwei Kilometer von Le Kef entfernten Ort zur Welt, wohne nun aber in Le Kef selbst.

Mit wem lebst du zusammen?

Ich lebe mit meinem Vater, meiner Mutter, zwei Brüdern, zwei Schwestern, meinem Grossvater väterlicherseits, meiner Grossmutter väterlicherseits und der verwitweten Schwester meines Vaters zusammen. Wir wohnen in einem Haus mit vier Zimmern und einer Küche. Es gibt Wasser, aber keine Elektrizität. Mein Vater könnte die Stromrechnung nicht bezahlen, weil ausser ihm niemand von der Familie arbeitet. Er muss zehn Personen ernähren, das ist eine schwere Bürde für ihn.

Was für einen Beruf hat dein Vater?

Er arbeitet als Tagelöhner bei einem Bauern und verdient einen Dinar am Tag. Zum Glück gehört das Haus meinem Grossvater väterlicherseits. So müssen wir keine Miete zahlen. Mein Grossvater baute das Haus 1950. Damals war das Baumaterial noch nicht so teuer. Heute sind die Preise sehr hoch. Mein Grossvater zahlte für die Arbeiten nur 56 Dinar.

Für das Baumaterial zahlte er 12 ½ Dinar. Für die Ziegel, die Dielen, die Leisten, die Decke, die Türen, die Fenster 89 Dinar. Zusammen also 157 Dinar. Heute kostet ein Haus von der Grösse des unseren – das vollständige Haus ohne Wasser und Elektrizität – zweitausendzweihundert Dinar.

Gehst du zur Schule?

Ich trat dieses Jahr aus der Schule aus. Ich kam bis zur 3. Klasse der Sekundarschule. Ich verliess die Schule aus verschiedenen Gründen.

1. Letztes Jahr war ich oft krank und konnte nicht zur Schule gehen. Ich verbrachte sogar drei Monate im Spital. Deshalb erreichte ich den nötigen Durchschnitt nicht; ich konnte nicht in die 4. Klasse eintreten. Da wollte man mich in eine Schule ausserhalb des Gouvernements von Le Kef schicken, eine Berufsschule.

2. Der Staat käme zwar für Kost und Logis auf, aber mein Vater müsste Bücher und Kleider für mich kaufen, und das kann er nicht. Wir sind eine grosse Familie. Meine Geschwister gehen auch zur Schule; eine Schwester ist in 1. Klasse der Sekundarschule, von den Brüdern geht der eine in die 1. Klasse der Sekundarschule und der andere in die 6. Klasse der Primarschule.

3. Auf der anderen Seite habe ich den Mut verloren. Ich weiss, dass ich auch in dieser Schule keinen Erfolg gehabt und meinem Vater nur finanzielle Sorgen bereitet hätte. So verzichtete ich, damit die Bürde, die mein Vater tragen muss, ein wenig leichter wurde.

Es stehen mir jetzt zwei Wege offen.

1. Ich arbeite, um meinem Vater ein wenig zu helfen, bis meine Brüder gross sind, bis ihm wenigstens einer von ihnen beistehen kann, und dann suche ich einen Mann. Aber bisher habe ich noch keine Arbeit gefunden; es ist sehr schwierig.

2. Wenn ich keine Arbeit finde, suche ich einen Mann. Es ist aus verschiedenen Gründen besser für mich, zu heiraten.

Ich bin jung, ich muss schön und modern angezogen sein wie meine Freundinnen und die Mädchen aus der Nachbarschaft. Wenn ich nicht imstande bin, mir dank meinen Kleidern bei meinen Freundinnen und Nachbarinnen Achtung zu verschaffen, bleibe ich allein. Und dann komme ich auf Abwege. Ich lasse mich mit Männern ein, um Geld zu verdienen und moderne Kleider kaufen zu können wie meine Freundinnen. Aber das ist sehr gefährlich – für mich und für meine Familie –, und ich wünsche mir das gar nicht. Ich suche lieber Arbeit oder einen Mann, so habe ich zwei Vorteile: Ich bewahre mein Ansehen, und ich gewinne einen Mann, mit dem ich eine Familie gründen kann.

Auch für meinen Vater ist es besser, wenn ich heirate. Seine Bürde wird dadurch ein wenig leichter. Er muss nicht mehr an meine Kleider denken. Frauenkleider von einigermassen guter Qualität sind ja sehr teuer, besonders heute.

Das Ansehen meines Vaters bleibt ungeschmälert, weil ich nicht auf Abwege komme, weil ich keine Dirne bin. Und er braucht sich keine Sorgen mehr zu machen wegen meiner Kleider, wenn ich heirate, selbst wenn ich einen armen Mann heirate. Denn die Schande fällt dann nicht auf ihn, sondern auf meinen Mann.

Wenn eine Frau nicht genug Kleider hat, ist dies eine grosse Schande für den Mann, und wenn eine Tochter nicht genug Kleider hat, ist dies eine grosse Schande für den Vater. Ein schlechtgekleideter Sohn bedeutet keine Schande für den Vater, aber eine schlechtgekleidete Frau oder Tochter schadet dem Ansehen des Mannes, und die anderen haben keine Achtung mehr vor ihm.

Was für einen Beruf hättest du gewählt, wenn du noch weiter zur Schule gegangen wärst?
Wenn ich weiter zur Schule gegangen wäre, hätte ich Lehrerin werden wollen.

Was schätzest du am Lehrerberuf besonders?
Ich liebe den Lehrerberuf aus verschiedenen Gründen. 1. Er wird von jedermann geachtet. 2. Der Lehrer spricht jeden Tag zu seinen Schülern wie ein Vater zu seinen Kindern oder wie eine Mutter zu ihren Kindern. 3. Ich komme aus einer grossen Familie; ich möchte auch im Beruf viele Leute – eine Art Familie – um mich haben. 4. Wenn ein Vater in die Schule kommt, um mit dem Lehrer über seinen Sohn zu reden, spürt man, dass der Lehrer gleichsam die Familienverantwortung mit dem Vater des Knaben teilt. 5. Der Lehrer wird von allen Leuten geschätzt, besonders von den Vätern der Schüler.

Deshalb liebe ich den Lehrerberuf.

Wozu fühlst du dich verpflichtet?
Ich muss mich an gewisse Vorsätze halten.
Wenn ich Arbeit finde, helfe ich meiner Familie. Ich warte in diesem Fall absichtlich zu mit der Heirat, bis jemand anders aus der Familie meinem Vater und meiner Mutter helfen kann. Und ich möchte die Familienbande nie zerreissen. Auch nach meiner Heirat müssen die Beziehungen zu meiner Familie lebendig bleiben – sogar wenn ich an einem anderen Ort wohne. Und wenn ich einen reichen Mann heirate, will ich nicht gleich Kinder bekommen, sondern zuerst meiner Familie helfen.

Was darfst du nicht tun?
Es gibt gewisse Dinge, die ich nie tun will. Selbst wenn ich keine Arbeit oder keinen Mann finde, bewahre ich meinen guten Ruf, führe ich keinen schlechten Lebenswandel. Ich achte ausserdem auf den guten

Ruf meiner Familie und verkehre nicht mit Leuten, die schlechte Gewohnheiten haben.

Wenn ich Arbeit finde, darf ich vor allem nicht anfangen, das Geld zu verschwenden. Die eine Hälfte gebe ich meiner Familie, die andere Hälfte ist für meine Aussteuer bestimmt.

Und ich heirate keinen Mann, dem nichts an den Beziehungen zu meiner Familie liegt, der nicht will, dass ich meiner Familie helfe. Ich heirate auch keinen Mann, der reich ist, aber einen schlechten Charakter hat.

> Wie viele Kinder wünschest du dir?

Ich möchte zwei oder drei Kinder, nicht mehr – auch nicht, wenn alle drei Mädchen sind. Aber eigentlich finde ich eine gemischte Familie am schönsten: ein Mädchen und zwei Buben oder zwei Mädchen und ein Bub.

Weshalb ich nur zwei oder drei Kinder möchte? Weil das Essen, die Kleider, die Schule, die Medikamente sehr teuer sind. Eine Tochter kostet so viel wie eine erwachsene Frau.

> Möchtest du lieber einen Mann aus Le Kef oder einen Mann von anderswo heiraten?

Ich möchte lieber anderswo leben, das wäre besser für mich. Eine arme Frau wird an einem anderen Ort eher geachtet und wie eine Tochter aus einer reichen Familie behandelt. Es gibt viele arme Mädchen, die Le Kef verlassen haben und die sehr zufrieden sind mit ihrem Leben und ihrer Stellung in der Familie ihres Gatten.

> Was weisst du über die Stadt Le Kef?

Ich kam 1958 zur Welt und kenne die Stadt Le Kef ziemlich gut. Ausserdem haben mir meine Mutter und mein Vater viel erzählt.

Als ich etwa zehn Jahre alt war, hatte es in Le Kef noch nicht so viele Häuser und Menschen wie heute. Ich erinnere mich auch, dass man im Souk nur selten Frauen oder 17- und 18jährige Mädchen einkaufen sah. Die Frauen mischten sich kaum je unter die Männer und versteckten sich stets hinter ihrem Schleier. Die Frauen standen abseits; es kam nie zu Gesprächen zwischen Mädchen und Burschen; die beiden Geschlechter waren streng voneinander getrennt. Alle Frauen trugen Schleier, sogar die 15- und 16jährigen Mädchen.

Es hatte nicht viele Schulen, kein Kino, nur den Wochen-Souk am Mittwoch und am Donnerstag. Ich habe von meiner Mutter gehört, dass es früher in Le Kef nur eine Schule für die Knaben gab. Es hätte sich für die Mädchen nicht geschickt, zur Schule zu gehen. Die Frauen konnten sich nur im Haus frei bewegen. Sie durften weder in der Stadt einkaufen noch ins Kino oder zum Coiffeur gehen oder durch den Souk spazieren. Das stand alles nur den Männern zu. In jener Zeit war es den

Frauen verboten, in einem Büro oder einem Laden zu arbeiten oder sonst irgendeinen Posten zu übernehmen.

Mein Vater hat mir erzählt, dass es in Le Kef früher keine Läden, keine Apotheken, kein Spital, keinen modernen Markt gab.

Sogar die Männer hatten nicht genug Arbeit. Sie sassen meistens im Café und spielten, und sie trugen ärmliche Kleider. Die Frauen blieben zu Hause. Die Männer kauften ein; in der Stadt sah man höchstens einige in ihren Schleier gehüllte alte Frauen. Denn die Frau war früher völlig unwissend. Sie hatte keine Ahnung von dem, was ausserhalb des Hauses vor sich ging.

Die jungen Männer und die jungen Frauen konnten sich ihre Ehepartner nicht selbst aussuchen. Die beiden Väter legten die Ehe und die Heiratszeremonie fest. Und der Bursche kannte das Mädchen nicht, und das Mädchen kannte den Burschen nicht. Das Mädchen durfte den für es bestimmten Mann nicht ablehnen. Der Bursche hatte vielleicht eher die Möglichkeit, dem Vater zu widersprechen, aber seine Freiheit war ebenfalls sehr beschränkt. Das Mädchen und der Bursche lernten sich erst in der Hochzeitsnacht kennen. Das war für das Mädchen schwierig. Es hatte Angst und konnte sich lange nicht an seinen Mann gewöhnen. So bekam das Mädchen früher nicht den Mann, der ihm gefiel, und der Bursche nicht die Frau, die ihm gefiel. Der Geschmack der beiden Väter, des Vaters des Burschen und des Vaters des Mädchens, gab den Ausschlag. Heute haben sowohl die Burschen wie die Mädchen bedeutend mehr Freiheit.

Das Mädchen wählt sich einen Mann nach seinem Geschmack. Und der Bursche wählt sich eine Frau nach seinem Geschmack, die zu seinem Leben und seinen Freunden passt. Bei der Hochzeit kennen sich die jungen Leute dann meistens schon seit einigen Monaten.

Ist dir Le Kef oder Tunis lieber?
Ich liebe Le Kef, weil es mein Geburtsort ist und weil ich hier Freunde habe, aber ich möchte lieber in Tunis verheiratet sein oder arbeiten, weil es eine grosse Stadt ist. Man sieht in einer grossen Stadt sehr viele Dinge – sogar Menschen verschiedener Rasse. Und die Leute, die in einer grossen Stadt wie Tunis wohnen, verfügen immer über viele Vorteile. Die Kinder haben ganz andere Aussichten. Ich möchte lieber eine Städterin als vom Land sein, weil eine Städterin mehr Möglichkeiten hat als eine Frau, die auf dem Land oder in einer kleinen Stadt wie Le Kef lebt. Eine Städterin besitzt viele Möglichkeiten, selbst wenn sie keine Schule besucht hat. Eine Frau aus einer kleinen Stadt, die noch in der kleinen Stadt wohnt, führt das Leben des Landes und muss sich an seine Bräuche halten. Aber wenn sie in der Stadt lebt, vertauscht sie die Bräuche des Landes mit denen der Stadt.

Die Familienbeziehungen sind sehr wichtig und stark, sowohl während der Jugend wie in den späteren Jahren. Jedes Kind, sei es nun ein Mädchen oder ein Knabe, lebt zwischen zwei Gesellschaften – zwei Familien. Zwischen der väterlichen Gesellschaft und der mütterlichen Gesellschaft. Der erwachsene und verheiratete Mann ist der Mittelpunkt von drei Gesellschaften – Familien. Die dritte Gesellschaft ist die der Frau. Er hat diesen drei Gesellschaften gegenüber ganz bestimmte Verpflichtungen.

Die Beziehungen zwischen den drei Familien sind klar vorgeschrieben. Manchmal wohnen die Angehörigen weit voneinander entfernt, manchmal sind sie Nachbarn, aber dies macht keinen Unterschied, da die Beziehungen stets eng bleiben. Und die Verpflichtungen gehen auf die Kinder über.

Weshalb bleiben die Beziehungen zwischen dem Kind und der Familie immer lebendig, sogar wenn es erwachsen ist und an einem andern Ort wohnt?

Es gibt verschiedene Gründe dafür:

1. Vater und Mutter öffnen dem Kind nach seinem Tod den Zugang zum Paradies.

2. Im Koran steht, das Verhältnis zur Familie müsse immer gepflegt werden und gut bleiben.

3. Die Grundlage zu diesem engen Verhältnis zwischen dem Kind und seiner Familie wird vor allem von der Mutter gelegt. Denn die Mutter bemüht sich stets um die Liebe ihres Sohnes, auch wenn er bereits erwachsen ist. Ihre Liebe nimmt nicht ab, wenn ihr Sohn oder ihre Tochter erwachsen wird. Der Vater legt ebenfalls sehr viel Wert auf gute Beziehungen zu seinem kleinen und später zu seinem grossen Sohn. Er möchte eine echte Familienmacht aufbauen. Eine Familienmacht ist wirtschaftlich wertvoll, und sie verschafft dem Vater grosses Ansehen bei den anderen Leuten. Auch das Kind wird allgemein geachtet, wenn die Beziehungen zwischen ihm und seiner Familie sehr gut sind.

Jeder Mann denkt nur an zwei Dinge. Zuerst ans Heiraten und an Kinder. Dann, wenn er einmal verheiratet ist und Kinder hat, wartet er auf den Tag, da seine erwachsenen Kinder ihm helfen können. Auch ein reicher Vater geniesst zu diesem Zeitpunkt grosses Ansehen bei seinen Kindern und seinen Nachbarn.

4. Das Kind wohnt oft auch nach der Heirat bei der Familie.

5. Das Kind beobachtet von frühester Jugend an die Beziehungen zwischen seiner Mutter und ihrer Familie und zwischen seinem Vater und seiner Familie und die Besuche der Angehörigen bei seiner Mutter und seinem Vater. Das Leben mit den Verwandten wird für das Kind

zu einer Gewohnheit; es hält sich auch im Erwachsenenalter an dieses System.

6. Wenn jemand die Beziehungen zu seiner Familie nicht pflegt, werden seine Kinder die Beziehungen zu ihm später auch nicht pflegen und ihn im Alter allein lassen. Es gibt ein Sprichwort, das besagt: «Wer sät, wird auch ernten.» Wer seinen Kindern in bezug auf das Familienleben ein gutes Beispiel gibt, wird im Alter von ihnen – selbst wenn sie an einem anderen Ort wohnen – ebenfalls nicht vernachlässigt werden.

7. Ein Mensch, der sich von seiner Familie absondert, besitzt keinen grossen Wert in den Augen der Leute und sogar vor Gott. Die Familienbeziehungen spielen eine grosse Rolle im Denken der Leute. Jedermann möchte viele Wurzeln schlagen und in einer grossen Familie leben. Es heisst, der Mensch müsse bis zum Ende den Kontakt zu seinen Angehörigen suchen wie die Biene, die von Blume zu Blume fliegt. Ein anderes Sprichwort besagt: «Ein Tropfen Blut ist mehr wert als tausend Freunde.» Ein naher oder entfernter Verwandter wird also höher eingeschätzt als tausend Freunde.

Denn die nahen und entfernten Verwandten kommen an erster Stelle, die Freunde erst an zweiter. Wenn man einen Besuch bei der Familie macht, ist es, als ob man seinen Hunger zu stillen suchte.

Dies erklärt, weshalb die Angehörigen einer Familie so untrennbar zusammengehören wie die fünf Finger einer Hand.

Und nun, vergleichsweise in Burgdorf und Topeka, die Antworten auf dieselben Fragen. Sind Unterschiede festzustellen? Sicher keine wesentlichen und keine gewaltigen, wie zu den Informationen in El Kef, wo die Kinder, auch wenn sie jünger gewesen wären, im Stil von Erwachsenen geantwortet hätten. (In der arabischen Gesellschaft gibt es den Status unmündiger Kinder nicht, es sind immer jüngere Erwachsene, Gleichberechtigte, unter dieselbe Mühsal gestellt wie alle andern, den gleichen Gesetzen des Korans unterworfen.)

Burgdorfer und Kinder aus Topeka unterschieden sich in ihren Antworten durch die Art der Formulierung, welche Grade des Selbstbewusstseins angeben oder auch Anpassung und Hang zum Stereotypen. Doch sollen uns die kecken Antworten vorläufig nicht zum Grübeln verleiten, wir hören sie an, breiten sie vor dem Leser aus.

Es ist allerdings vorwegzunehmen, dass ich nie gewagt hätte, Kindern in Harlem und in der Lower East Side, die ich in Jugendzentren im Gespräch mit Sozialarbeitern traf, ähnliche Fragen zu stellen. Auch nicht über ihre Betreuer, zu denen sie freundschaftliche Beziehungen zu haben schienen. Das Misstrauen jener Kinder war zu gross, die schmerzlich erfahrene Feindschaft der Stadt hatte gewaltige Mauern aufgerichtet, es gab keine Verständigung mehr von ihnen zu uns ausser durch Lügen, durch Etwas-Vormachen, Sich-Mokieren.

Zum Beispiel: Ich sprach mit Hector Collazo, er ist Counselor in einem Jugendzentrum, über seine «Fälle». Das Telefon klingelt, Hector scheint etwas aufgeregt, greift zum Bleistift, notiert. «Deine Schwester gekidnappt? Wann? Riefst du die Polizei?» Und dann, nach langem Hin und Her: «Ich bin in einer Stunde bei dir.» Dann plötzlich: «O Lewis, Lewis! O Lewis!» Hector lacht, wendet sich zu mir: «Er hat mich erwischt. Alles ist erfunden.» Mit Lewis «arbeitet» Hector seit Jahren. Lewis ist 13 Jahre alt. Mehr über Lewis später. Inzwischen höre ich das Gespräch neuer Kunden nebenan. Zwei Bengel. Sie warten, bis Hector frei sein wird. Der eine zum andern. «Zuerst musst du sagen ‹Ich liebe Vater und Mutter›. Macht sich immer gut.»

Da kommt man mit harmlosen Fragebogen nicht hin. Doch zurück zu den Buben und Mädchen in Burgdorf und Topeka, die das Schema-Interview beantworteten.

Die Antworten auf die Frage nach dem Alter kommen wie aus der Pistole geschossen: «fünf, elf, zehn, dreizehn...», die Lebensjahre sind ja ganz sicher, präzis anzugeben und individueller Besitz jedes Kindes.

Bei den Namen sprudelt es auch, Bill, Jeff, Linda, Kris und Creg prasseln nur so auf die Fragerin, die jungen Amerikaner geben auch gleich die Schreibweise an: Terri mit i, nicht mit y, zum Beispiel.

Da ist es in Burgdorf gemütlicher, man nimmt sich Zeit für Arabesken, dem Vornamen wird der Rufname treuherzig mitgeliefert: «Christine, sy sägemer Chrugi.»

Von der dritten, vierten Klasse an sagen die Kinder in der Schweiz Vornamen und Nachnamen, zum Beispiel «Christian Schnyder mit langem y».

Auf die Frage, wo sie denn in die Schule gingen, werden in Topeka ebenso wie in Burgdorf die Namen der Schulhäuser genannt, es wird nicht die Art der Schule, Primarschule oder Sekundarschule, gesagt, sondern «Gsteigschuelhus», «Pestalozzischuelhus» und genauso lakonisch «Wanamaker».

Wo sie auf die Welt gekommen sind, wissen die Kinder nicht so genau, weder in Burgdorf noch in Topeka, sie zögern ein wenig, nennen die Stadt, fügen an «glaube ich», manchmal «weiss ich nicht». Wie sollten sie auch, wenn keine Vorstellung mit diesem Geborenwerden verbunden werden kann.

Feste Vorstellungen – eingeimpfte? – verbinden die Kinder mit dem, was sie werden wollen. Sehr viel entschiedener in Topeka (Lehrer,

Tierärztin, Architekt, Lehrerin, Ozeanograph, Baseball-Spieler, Wissenschaftler, Krankenschwester), als von Gleichaltrigen (12) in Burgdorf; hier wechseln die beruflichen Vorstellungen von Säuglingsschwester, Schauspielerin («Mama sagt zwar, das sei ein Hobby») zu Kindergärtnerin, Lehrerin, Hilfsmädchen («für den Haushalt»).

Etwas zögernder und weniger lapidarisch als in Topeka werden in Burgdorf Berufswünsche von den Buben angegeben: «Etwas mit Tieren», «Angestellter bei Aebi», «einer, der schreibt» und so weiter.

Und nun das Zuhause, die Frage nach dem Aufgehobensein in der Familie und in der Stadt, aufgeschlüsselt in Fragen wie: «Wer wohnt mit dir zusammen? Was machst du am liebsten? Was darfst du nicht machen? Was weisst du von der Stadt, in der du lebst?»

Die jungen Bewohner der Stadt Topeka sind auf die Frage, mit wem sie zusammenwohnen, ebenso auf die Frage nach den Vorschriften wie eintrainiert, und die paar Dutzend Antworten sind gleichgerichtet, sterotyp:

My mom, my dad, my two brothers. Oder:
Mama, dad, my sister. Oder:
My sister, my mother and father. Oder:
My parents, one brother, one sister. Oder einmal:
Mama and my sister.

Kleinfamilien, durchs Band weg, nichts Aussergewöhnliches, das Muster stimmt.

In Burgdorf?

Da werden meistens zuerst die Geschwister aufgezählt: «Die Geschwister und die Eltern, 5 mit mir, ohne mich sind wir vier.» Oder:

«Ein Bruder, eine Schwester, dann Vati und Mueti.»

Vater und Mutter sind sichere Figuren, selbstverständlich, sie müssen erst in zweiter Linie erwähnt werden. Wie kann man auch so dumm fragen, mit wem man wohne? Das Besondere wird hervorgehoben, die nicht berechenbaren, nicht voraussehbaren Mitbewohner; Tiere gehören in der Stadt Burgdorf zur «Familie»: «Mueti, der Vati, 2 Hunde, meine Schwester, ein Vogel, Fische und ich. Im Gehege, das ist aber nicht im Hause, habe ich noch einen Küngel, eine Schildkröte.»

«Auf dem Velo meiner Mutter herumfahren.» Das tut ein Topekan Boy am liebsten und unterscheidet sich, genauso wie seine Kollegen, sehr wenig vom Burgdorfer Buben, der gerne turnt und «schlöflet», das ist Schlittschuhlaufen.

Die Lieblingsbeschäftigungen der Kinder beider Städte sind zusammenzufassen in Bills Antwort auf die Frage nach seinen Lieblingsbeschäftigungen: «In sports and stuff», Sport also und ähnliches Zeug. Der Wunsch nach körperlicher Bewegung ist sehr stark, nur ein einziges Mal auf drei Dutzend Antworten kommt die Antwort: «Watch TV.»

– Ich denke jetzt an Hector, den Sozialberater im Jugendzentrum an der Vierten Strasse in New York East, der von seinen Zwölfjährigen erzählt und den Bemühungen, überhaupt mit ihnen ins Gespräch zu kommen; er spricht ebenso gut Spanisch wie Englisch, aber es braucht Jahre, bis eine Kommunikation erreicht wird, bis die geringste Verständigung möglich wird. «Wie sollten wir uns verstehen? Diese Kinder haben keine Welt, an der sie teilhaben.» Da war Roberto; er rede kaum, meint Hector. Seit Jahren betreut Hector die ganze Familie. Seit Jahren, zum erstenmal, ist es Hector gelungen, aus Roberto herauszubekommen, was er am liebsten tun möchte: «In einem stillen Haus auf dem Land wohnen, wo es keinen Lärm gibt.» Roberto wohnt in der 8. Strasse der Lower East Side, ist 13 Jahre alt, er geht in eine Spezialschule. –

Zurück nach Burgdorf und Topeka und zu dem, was die kleineren und grösseren Kinder dieser Städte nicht tun dürfen. Was darfst du nicht machen, was ist verboten? Wenn ich nicht die Notizen, schwarz auf weiss, vor mir hätte, wenn ich nicht, während des Fragens, die Antworten aufgeschrieben und numeriert hätte, würde ich annehmen, es handle sich um eine Täuschung. Allen Kindern in Topeka scheint verboten zu sein «to fight»: Sie dürfen nicht Streit anfangen.

Der Streit scheint sehr präzis auf die Wohnung beschränkt zu sein, denn es wurde immer genau gesagt, mit wem sie nicht Streit anfangen, sich schlagen dürfen, nämlich mit dem Bruder, der Schwester, beiden Brüdern, dem älteren Bruder, der jüngeren Schwester. In zweiter Linie, aber viel weniger häufig, kommt das Verbot, keinen Lärm zu verursachen, nicht laut zu schreien, alle diese erfrischenden Äusserungen des Temperamentes zu unterdrücken.

In Burgdorf steht der Ruf nach Ordnung an erster Stelle. Ob wir nur Kinder aus besonders ordentlichen Häusern angetroffen haben? Aber ob es oben sei, in der Villa im Gsteig-Quartier oder unten im Mehrfamilienhaus der Neuüberbauung des Schachens – von der Stadt oben in gutem Bürgersinn als Slums bezeichnet –, den Kindern ist es verboten, unordentlich zu sein. «Ich muss mein Zimmer aufräumen.» «Das Zeug wegräumen.» «Ig muess zerscht dänneruume.» «Wenn i öppis anders usenime und z andere nid dänneruume.» Nur Stefanie stellt die

35

Lautverbindung mit Topeka wieder her, sie darf nicht «Lärm machen, wenn Mami noch schläft.»

Wird Topeka von den Kindern dort als Stadt erlebt? Als Raum, der sie umgibt, sie schützt, zu dem sie gehören? Die Frage, ob sie etwas über die Stadt wüssten, in der sie leben, macht die Kinder in Topeka, in welchem Viertel sie auch wohnen, stutzig. Sie suchen im Schulwissen nach, im Hörensagen, greifen nie nach einem eigenen Stadterlebnis. «Topeka liegt in Kansas. Es ist die Hauptstadt.» Und Auskünfte ähnlicher Art, etwa: «Topeka hat eine Geschichte und grosse Gebäude.»

«Indianische Siedlung», das «Indian», spukt auch in den Kinderköpfen, und dann fällt das Stichwort «Trail» (das sind spurenartige Strassen, auf denen die nordamerikanischen Siedler nach Westen drängten). Das Prädikat «Gute Stadt, gute Regierung» wird verteilt, «friedlich» fällt auch. Die allgemeine Ansicht über Topeka lässt sich zusammenfassen im unverbindlichen, übernommenen Urteil der Kinder, die auch vollgestopft sind mit Nachrichten aus andern Städten, New York vor allem, wo Überfälle an der Tagesordnung sind: Topeka ist nett und ziemlich hübsch.

Der kleine Burgdorder Daniel, acht Jahre alt, meldet, wie er sich in seiner Stadt, auf dem Schulweg benimmt: «Mein Freund und ich nehmen den Habi (das ist der Thek, der Schulsack) ans Bein wie eine Trommel und singen, oder wir nehmen ihn wie eine Handorgel und pfeifen dazu.» Die beiden Buben sind für sich ein kleiner Umzug mit Musik in ihrer Stadt, wo getrommelt und gepfiffen wird an Festtagen.

Fragt man die jungen Einwohner nach ihrer Stadt, so stellen sie Überlegungen an über die Stadtgründung und den Stadtbrand (im Jahr 1706), meinen auf das Schloss und alte Häuser («Wir sind nicht so modern») aufmerksam machen zu müssen, vergleichen mit Bern («Burgdorf ist ein kleines Städtchen», «Nicht so gross wie Bern», «Bei uns ist nicht soviel Verkehr wie in Bern», «Wenig Autos»). Sie meinen mit diesen Auskünften weniges zu bieten, sie wissen nicht, wie vieles sie im Grunde aussagen über den Ort, wo sie wohnen und in dem sie sich frei bewegen können. Einer meint: «Ich bin am liebsten hier, weil ich viel Leute kenne.»

Und dann bricht gewaltsam durch, was aus jedem Burgdorfer, der fern seiner Heimat, beispielsweise in Bern lebt, einen Heimweh-Burgdorfer macht: die Freude am jährlichen Jugendfest im Juni, der Solennität.

«D Solätte ist am Montag, den ganzen Tag, mit Umzug. Auf der Schützenmatte wird getanzt.»

Mit Liebe, Anhänglichkeit, Ausführlichkeit wird die Solätte beschrieben, von jedem Mädchen, jedem Buben, stellvertretend für alle die Beschreibung von Katrin, 11 Jahre alt: «Die Meitschi haben weisse Röckli an, ein Bouquet in der Hand, oder ein Körbli, ein Kränzchen auf dem Kopf. Ein weisses Kleid kann man mieten. Ein kurzer Umzug ist am Vormittag vom Graben bis zur Kirche. Nachmittags ist der Umzug grösser. Die Buben sind von der fünften Klasse an Kadere (Kadetten). Die Buben von der ersten Klasse tragen nichts, von der zweiten an tragen sie Fahnen und Kränze, von der dritten an Huttli. Nachmittags auf der Schützenmatte ist der Reigen.»

Die Aufregung aufs Fest hin, die Freude am Fest findet Ausdruck in allen Kinderberichten; Fahnen und Musik («Am Bahnhof hat's viele Fahnen, wenn ein Fest ist, hier eine und dort eine») werden wahrgenommen als Stadt, als Burgdorf, und beleben im nachhinein und vornherein jeden Alltag eines ganzen Kinderjahres.

Wie Besucher die vier Städte und ihre Kinder erlebten und wie sie erfahren, was diese Städte für die Kinder tun

Betritt man einen Ort zum erstenmal, so ist man meistens sehr hellhörig, empfindsam auf jedem Stück Haut, die Antenne ist hochgestellt. Merkwürdigerweise erweisen sich die Eindrücke der ersten Stunden, gebündelt in einer Sammellinse neuer Begegnungen, später, nachdem sie nachgezählt, geprüft, gewogen und gemessen worden sind, als die richtigen. Deshalb darf man auch melden, was man zuerst und ganz am Anfang in den Orten, die für unsere kleine Untersuchung herhalten, fühlte.

Warum legen sich maghrebinische Städte dem Reisenden wie Beduinenmänteln um die Schultern und geben, trotz Widerständen und touristischen Unannehmlichkeiten, dem Ankommenden ein Gefühl der Geborgenheit, ein totales Aufgehobensein in ihren Mauern, in denen Leben brodelt? El Kef, das der Fels heisst, an einem Hang liegt und eine Festung aufweist, kam uns in keiner Weise entgegen, machte uns ringsum Schwierigkeiten, behandelte uns als unangenehme Eindringlinge, wies uns ab. Die Autofahrt war heiss gewesen, die Stadt auf 800 Meter Höhe bot weder erfrischenden Windhauch, wie der «Guide bleu» versprach, noch ein Getränk – in der Zeit des Ramadan waren die Geschäfte nur abends offen, im stickigen Restaurant das Bier längst ausgegangen. Die erste Begegnung war widerlich. Irritiert durch das Angestarrtwerden – aus schrägen Augen wurde man beobachtet, unauffällig, regungslos, aber intensiv, das Ergebnis des Anschauens aber war nicht auszumachen, es wurden keine Schlüsse gezogen, man war ausgelaugt von so viel Passivität; nur die Kinderhorden verfolgten uns, streckten die Hände nach Geldstücken, machten Fäuste. Damals wussten wir noch nicht, dass sie uns, was am Auto loszuschrauben war und was abzukratzen, entfernen würden und dass uns der Wirt kräftig übers Ohr hauen wird. Die Fremden flohen ins schmierige Hotel, Hitze auch hier, lästige Fliegen, das Seidenkissen im Bett fettig von vorgängigen Köpfen. Ich war wohl eingeschlafen auf dem Bettrand, hatte nicht mehr misstrauisch auf die schlurfenden Schritte des Wirtes, auf das rasche Tapsen der Schildkröte auf dem geschlossenen Geviert vor der Zimmertür aufgepasst. Als ich erwachte, war es dunkel, der Hof hatte kein Licht, die krächzende Stimme des Imam vom Turm des Minaretts, ab Tonband, kündigte die Stunde des Gebetes an. Eine Lache von Stimmen überschwemmte den Hof, der im ersten Stock lag. Später dann stellte ich fest, dass darunter ein Café war, offen nach Sonnenuntergang, überfüllt mit Diskutierenden, Schreienden. Nichts zu verstehen von den arabischen Kehllauten. Stritten sie sich? Allmählich empfand ich das Auf und Ab der vielstimmigen Laute als Wohllaut heftig pulsierenden Lebens, der alles einschloss; man war beteiligt an gemeinsam Unbegreiflichen. So strömen die Mauern dieser Städte nicht nur die Wärme des Sonnenlichts wider, nachts, wenn es kalt geworden ist, sondern sie geben etwas zurück vom Leben aller Gestalten, die sich an die Steine lehnten, in Stunden und Jahren hier höckelten, dabeiwaren. Es ist nicht nur die Geschlossenheit des städtischen Raums, der das Gefühl der Geborgenheit vermittelt, der die Erfahrung der Kinder prägen mag, ihnen Schutz bietet, ihnen Sicherheit einpflanzt, es ist das selbstverständliche Einbezogensein. Keine Trennung, kein Ausgesperrtsein. Wir werden es später noch genauer sehen, wenn wir nachschauen, was mit dem kleinen Kind passiert nach seiner Geburt.

Vorläufig die Horden, die Bubenhorden im Kef. Sie sind überall. Sie hüpfen die steilen Gässchen, die Steintreppchen hinauf und hinunter, sie beherrschen die Strassen und Plätze, sie greifen an, werfen Steine, wenn sich das fremde Auto der Stadt unangepasst benimmt. Denn die Stadt gehört ihnen. Ihnen der Schattenplatz für das Schläfchen zwischendurch, ihnen der Markt, wo sie Waren anbieten, sich Schleckzeug schenken lassen oder umherstreifen. Wird ihr Gebaren von den Erwachsenen nicht gebilligt, sind sie nach Ansicht der Erwachsenen zu bettlerisch oder zu aggressiv gegenüber den Touristen, so werden sie angebrüllt oder geschlagen von herumstehenden Männern, die sich nicht lange erkundigen, wer der Schuldige ist oder wer zu wem gehört. Zurechtweisung en bloc. So reagieren sie denn auch wie stolze Feinde, die Schlappen einzustecken wissen, wenn sich der Fremde wehrt, keine Münzen mehr verteilt, keine Blumensträusschen kauft, keine Wächter fürs Auto benötigt. Ihr Benehmen wird nicht nach Vorschrift geregelt, sondern es ergibt sich aus dem Funktionieren des städtischen Raumes. Getadelt, gestraft wird, wenn das Funktionieren der «Stadt» in irgendeiner Weise gestört wird. Denn die Kinder, so auch diese Horden, sind gleichberechtigte Bewohner innerhalb der Mauern. So wie in der islamischen Gesetzgebung das Wort Kind nur in Zusammenhang mit Kinderheirat und Adoption vorkommt und in den gesetzlichen Bestimmungen des Korans nie die Rede ist vom Recht der Kinder – sie sind sofort gleichberechtigte Gläubige, sobald sie sich durch Fasten und Gebet als Muslime bekennen, so wird ihnen nie das selbstverständliche Recht verwehrt, sich wie die andern Stadtbewohner gleichermassen im Stadtraum zu tummeln.

Woher kommen sie, die Bubenhorden, die sich aus ihrem Selbstverständnis heraus gegen Eindringlinge, uns, wehren und uns ihre Konventionen aufzwingen? (Wenn wir mit lauter Stimme und drohenden Fäusten ihre Zudringlichkeit abwehren, verstehen sie die Sprache und respektieren unser Recht auf unsere Freiheit.) Ich hatte einige in der Nacht vorher, um zwei Uhr früh, auf der Strasse nach El Kef angetroffen; sie gingen gebückt, auf mageren Beinen, in Kapuzen gehüllt neben dem Vater oder duckten sich auf einem Esel; sie schienen eine Einheit mit den Erwachsenen und den Tieren und den Körben, die sie auf den Markt brachten. Sie wanderten in den Nachtstunden, weil der Vater bei Tagesanbruch seinen Platz auf dem Marktplatz besetzt halten wollte. Sie waren von ihren Hütten aufgebrochen, den «gourbis», wo sie eng nebeneinander liegen, wo das Feld, «le bled», ihr grosser Betätigungsraum ist, wo sie freilich nicht spielen, sondern ihren Kräften gemäss arbeiten, zusammen mit den Erwachsenen. Die Kinder beugen sich, so kam mir das Grüpplein der nächtlichen Gestalten, die dem Marktplatz der Stadt entgegenzogen, vor, denselben Anforderungen wie ihre Eltern, sind zunächst unter demselben Himmel und demselben Schicksal zusammengefasst. Sie sind nicht isoliert. Das stärkt. Zunächst und als Ausgangslage.

Strafen die Ergebnisse der Fragebogen aus El Kef diese ersten Impressionen Lügen? Da ist viel von der Bürde die Rede, die Bürde, die man dem Vater abnehmen will so bald wie möglich. Armut, Mühsal sind der gemeinsame Nenner. Wenn es wahr ist, was Gonsalv K. Mainberger in seinem Aufsatz «Anthropologische Aspekte der gestalterischen Planung» sagt: «Die kindliche Erfahrung ist, wie keine andere, dem Einfluss der partikulären Kultur unterworfen. Es ist dem jeweiligen zivilisatorischen Stand, den sozialen Regeln, dem herrschenden Prestigedruck und den Anforderungen, die der Erwachsene an sich selber stellt, am allermeisten ausgesetzt.» Und weiter: «Wer (folglich) dem Kind gerecht werden will, darf es nicht als Projektion seiner Wünsche aus sich herausstellen und als Wunschbild jenseits der Gesellschaft ansiedeln.» Diese Forderung entspringt der unumstösslichen Feststellung, dass nämlich die Kultur, wie primitiv sie auch immer sein mag, stets überall Erwachsenenkultur ist. «Sie ist, als Ganzes genommen, mit dem kindlichen Zustand unvereinbar.»

Der kindliche Zustand der Bubenhorden, der Kinderhorden in der Stadt El Kef? Es gibt ihn nicht, sie sind Erwachsene und den Anforderungen, die an die Erwachsenen gestellt werden, ebenso ausgesetzt wie diese, was aber einer unerhörten Aufforderung gleichkommt, mitzumachen, mitbeteiligt zu sein, dabeizusein. Die Stadt sperrt sie nicht aus.

Wir wechseln zwischendurch nach New York: Bubentruppen auch hier, Zwölfjährige auf einem Platz, er soll ein Platz sein zum Spielen. Ich muss ihn überqueren und habe Angst, Halbwüchsige kommen dazu, ein Ball fliegt, Zurufe, geheime Zeichen. Vor ein paar Minuten sah ich, wie ein Auto, vor den Augen Vorübergehender, von vier kleinen Buben in ungeheurer Geschwindigkeit ausgeraubt wurde, Radio herausgerissen, die Pneus abgeschraubt. Aber hier Dumpfheit, Gestalten, die glotzen, schwanken. Drogierte Kinder, so habe ich soeben gehört, sie atmen, durch über Mund und Nase gestülpte Papiersäcke, die Dämpfe des «glue», des starken Leims, ein, den man zum Verkleben von Flugzeugteilen braucht. Sie werden mich nicht angreifen, höchstens überfallen, und ich hätte keine Geste der Abwehr, keine Worte des Zorns zur Verteidigung. Es sind von der Stadt überwältigte Kinder.

Wie ist es, wenn man als Reisender, auf der Suche nach Kindern, die schöne Stadt Burgdorf betritt, wenn man nicht aufs Schloss aufpasst, nicht die herrlich angelegte Bauweise berücksichtigt, sondern die Stadt sieht als eine Angelegenheit der Stadtbewohner und nicht der Erbauer? Wie sind die Laute dieser Stadt, wenn man am Morgen aufwacht, und wie die Gassen, vom Kind aus gesehen? Kirchenglocken, Zuschlagen von Autotüren; «Grüessech» oder «Grüess Gott wool» unter den Lauben, Stimmen aus dem Wirtshaus. An Markttagen Zurufe von Verkaufsständen, Ansammlungen von Trüpplein, Buben und Mädchen, vor grossen Ladengeschäften, hier ist man ein Held, postet im Auftrag der Mutter oder ergattert sich Preisgünstiges für den eigenen Bedarf. Selbstherrliche Bubentruppen auf den Velos, von der Schultüre ausschwärmend, die Strasse beherrschend am Mittag, fliegende Jungbewohner der Stadt; der Direktor, vom Industriebau seinen Wagen zum Mittagstisch lenkend, hält den Fuss in Bremsbereitschaft; sich auf seinen Rechtsvortritt zu verlassen fällt ihm nicht ein, denn falsch über die Strasse springt das Kind seines italienischen Vorarbeiters, er kennt es mit Namen.

Man kennt sich in der kleinen Stadt, das wird von den Müttern als Vorteil der kleinen Stadt immer und immer wieder gerühmt. Man kann Katrin und Chrugi und Dänu und Walti ihren Unternehmungen überlassen, kommen sie nicht zur Zeit nach Hause, so hat sicher die Freundin sie gesehen, ruft an, meldet: «Flurina ging zum Bäcker» und: «Wie schön vorsichtig ging sie über die Strasse, zuerst nach links, dann nach rechts hat sie geschaut.» Mütter können ruhig sein in dieser Stadt. Allerdings, die Meldungen funktionieren nur unter ihresgleichen. Die Zugehörigkeit zur Stadt, zum Ort zählt nicht, nur die Zugehörigkeit zur Familie, die man kennt, also gleichen Standes.

Die Frau, welche die Terrasse vor ihrem Haus mitten im Ort wischt und an die wir uns wenden, es ist eine Geschäftsfrau, lobt die stille Strasse, und dass die Kinder hier ruhig spielen können, das sei ideal. Das gebe es wohl nur noch hier, mitten in der Stadt in einer Gasse spielen. Sie erläutert uns die Gruppe Kinder, die sich zusammentun, um photographiert zu werden, lauter Bekannte. Einer steht etwas abseits, finsteres Gesicht. «Ich weiss nicht, wem er gehört», sagt Frau G., und so ist der Fall erledigt. Der nicht dazugehörende M. ist misstrauisch, als wir nach seinem Namen fragen. Sein verschlossenes Gesicht öffnet sich, als wir, um zu photographieren, nach einem kleinen Kind fragen. «Wir haben eins daheim», sagt er und nennt die Adresse eines Geschäftes, in dessen Haus die Familie T. Mieter ist. Als wir nach einigen Tagen Martin suchen, begegnet uns Misstrauen, der Vorhang an der Küchentür wird gelüftet, bevor sie aufgemacht wird, und die Mutter meint, bevor sie uns das Baby zeigt: «Was kostet es?» Ihr Mann arbeitet in Oberburg, sie ist im Service gewesen.

Bevor wir zu den städtischen Ämtern gehen, die sich um die Kinder ihres Ortes kümmern – und wir werden sehen, wie verschieden die Fürsorge um ihr Wohl gelagert ist –, verlassen wir uns auf den ersten Augenschein: Nicht der Unterschied der Hautfarbe zählt, nicht blaue oder schwarze Augen, auch nicht die Verschiedenheit des Temperamentes und die Dürftigkeit der Bekleidung dort und der modische Aufwand hier. Kommt man von den arabischen Kindern zu den bernischen, so empfindet man sehr stark, dass die Kinder hier bei uns zugedeckt sind mit Gegenständen.

Die Erwachsenen schoben zwischen sich und die Kinder Berge von Gegenständen: Kinderwagen, schikanöse Bettchen, Türme von Spielsachen. (Was wird den Kindern in Burgdorf am häufigsten befohlen? Aufräumen, wegräumen!) Der Besitz, von den Kindern begehrt, selbstverständlich, zum Vergleich miteinander wichtig, ihnen von den Erwachsenen angeworfen, um sie, ihrer Meinung nach, gesellschaftsfähig zu machen, trennt sie von ihrer ersten Beziehung. Die Hände der Erwachsenen greifen nicht mehr nach ihnen, die Hände sind gefüllt mit Sachen. Dem Bombardement von Spielzeug im Kinderzimmer entwachsen, werden die Kinder überschüttet mit dem Dreirad, dem Trottinett, dem Velo. Und dann kommt die Stadt und verschenkt nicht Raum für ihre kleinen Bewohner, wo sie sich zu freien Burgdorfern entfalten könnten – und nicht nur an der «Solätte» den Kopf hochhielten und selbstverständlich in ihrer Stadt einherschritten –, sondern türmt Gegenstände auf die eingeplanten Spielplätze, pflanzt Stangen, ungeheuer ausstudierte Gebilde, Geräte ins Kinderghetto. Auch hier Gegenstände, die die unmittelbare Fühlungnahme verbarrikadieren. Wo kann eine Kinderseele Nahrung schöpfen, wenn die kleine Gestalt erdrückt wird von Gegenständen, die zu handhaben so viel Anstrengung fordert? Es ist doch alles nur Ersatz.

Merkwürdig, dass die Mütter diesem Zwang nach Gegenständen unterlagen, sich nie wehrten für mehr Freiraum für ihre Kinder. Die Planer nämlich, die katastrophalen Auswirkungen ihrer Stadtplanung einsehend, haben eine Kehrtwendung gemacht. Im «Burgdorfer Tagblatt» liest der Wanderer zu den Orten der Kinder, gleichsam als Trost unter «Informationen über die Burgdorfer Stadtplanung» (am 9. Oktober 1977):

«Manche Quartiere in Burgdorf, so zum Beispiel die Schlossmatte, sind durch allzu viele Strassen erschlossen. Sie verursachen unnötigen Verkehr, der die Bewohner stört. Durch ein System von Einbahnstrassen kann er wesentlich verringert werden. Die zusätzliche Bildung von Sackgassen unterbindet den unerwünschten Transitverkehr ganz. Reine Wohnstrassen bis 200 m Länge lassen sich mit Schikanen versehen, so dass sie nur noch eine Geschwindigkeit von etwa 10 bis 15 km/h erlauben. Überflüssig gewordene Strassen werden völlig gesperrt und den Kindern als Spielplatz zur Verfügung gestellt. Diese beiden und andere Versuche haben den Vorteil, dass sie nicht bauliche, sondern organisatorische Massnahmen erfordern. Deshalb kosten sie wenig und können rasch durchgeführt werden.»

Denken wir an das Ende der Reise, wieder einmal, an die zum Irrsinn gewordene Stadt der Städte, an New York, die sich selbst zum Feind hat, deren Bankrott erklärt wurde, die im eigenen Kehricht erstickt, wo man jede Minute umkommen, verrecken kann und wo, in der gemeinsamen Gefahr, Eltern und Kinder, Erwachsene und Kleine wieder die direkte Fühlungnahme gelernt haben: Mütter tragen ihre Kinder auf dem Rücken, sie nehmen sie an der Hand von der Türe an, sie begleiten, sie führen sie zum bewachten, vergitterten Schulhaus, sie sprechen nicht nur das Abendgebet mit dem Kind, sondern ein Gebet zum Schutz, bevor das Kleine die Wohnung verlässt, um vom Vater in den Kindergarten geführt zu werden. Da weiss man wieder, was eine Hand ist, in die die kleine Kinderhand schlüpfen kann.

«May God hold you in the palm of his hand», die Schlussbitte auf einem mit einem irischen Segenswunsch bedruckten Tuch, das an der Türe der schicken Wohnung einer Musiklehrerin im schicken Apartmenthaus an der 67. Strasse hängt.

Die Stadt Topeka ist nicht anzutreffen. Ich jedenfalls habe sie weder gefunden noch empfunden, aber das ist natürlich schon ein Mangel an amerikanischer Übung und eine europäische Verwöhntheit, ein ungerechtfertigter Anspruch an eine städtische Geschlossenheit. Dass ich in der Stadt Topeka mich befand, stellte ich vor dem Kansas State Capitol fest, einem Gebäude mit grüner Kuppel, von einer Ansichtskarte her bekannt.

Zu Fuss kann man in dieser Stadt nicht bummeln, herumfahren muss man und gerät von Tankstelle zu Tankstelle und sucht das eine und das andere Quartier. Auf den Highways, die zur Stadt Topeka führen, Interstate 70 zum Beispiel, verspricht ausser Anzeigen wie «Exit», «Food – phone» oder «Gas» eine Reklame «It's a world of fun» (eine Welt voller Spass). Den «fun» für die Kinder auf städtischem Terrain haben wir gesucht, versucht, ihn unter der Langeweile, die über den Wegen liegt, zu finden, abzukratzen von der Hülle einschläfernder Geschäftigkeit, welche den Besucher, der im Motel sein eintöniges Leben fristet, zu ersticken droht. In eine Beiz kann man auch nicht, und der Kontakt mit den Kontaktmenschen ist höflich standardisiert. Wo gehen die Kinder hin, um sich zu amüsieren? Ins Einkaufszentrum, in den «supermarket». Mütter und Väter fahren sie hin, schnallen sie vom Autositz – wie kleine Rennfahrer sind sie angegurtet, es fehlt nur der schützende Helm auf dem Kinderkopf –, bringen sie auf den Sitz des Einkaufswagens, und jetzt zum Einkaufen mit Belustigung. Oder die Kinder flitzen allein herum, lassen sich für 10 Cents mit dem Weihnachtsmann photographieren, dürfen eine halbe Stunde ins Theater des Märchenerzählers sitzen oder entwischen zum farbigen Programm des Bildschirms, der grösser ist als der Bildschirm zu Hause. Und dazu Soft-ice.

Die Stadt wird als Stadt empfunden, wo die alten Holzhäuser am Kansas River sich ducken, Veranden belebt sind von Familien, wo Schwarze herumhocken und sich an Brettern und im Garten zu schaffen machen, wo das eine Häuschen gegen das andere nicht feindlich abgesperrt ist, sondern in der Verwahrlosung freundlich, und wo, ausser dem Rollen der Autoreifen auf Asphalt, das Tuten des Eisenbahnzuges gehört wird und ein süsser Geruch aus einer Kuchenfabrik einem in die Nase steigt.

Schülergruppen mit Büchern unter dem Arm. Sie gehen langsam, ein wenig trostlos, an einer Busstation hocken sie am Boden. Doch das wird nicht so gern gesehen, da schnuppert man Drogen, zum voraus, da fürchtet man Zusammenrottungen und Gewalttat. An den Hausmauern heisst es «No loitering».

Wer bummelt, zaudert, zögert, herumschlendert, ist ein übler Müssiggänger, ein Faulenzer, das wird nicht gebilligt, das ist verboten. Auch in New York steht geschrieben «No loitering», aber die Schrift auf der Mauer wird längst als Hohn empfunden und missachtet.

In Topeka herrscht Ordnung, das Schulsystem ist streng, im Kindergarten sitzt man in strenger Reihe, und im Schulhaus Wannamaker treten in den Pausen beim Hauswart die Schüler zur Prügelstrafe an. Banging, Körperstrafe, ist vom höchsten Gerichtshof 1975 gebilligt worden, die Zeiten des «self demand» wurden abgelöst durch den Holzstock des Lehrers. Warum wird dieser Bub geschlagen? fragen wir den, der in der Pause die Schläge verabreicht. Er habe keine Ahnung warum und wieso, brauche er auch nicht zu wissen, die Anzahl der Stockschläge, die präzis auf den Hintern des Schülers sausen (Rumpfbeugen und Hände aus den Hosentaschen!), ist vermerkt auf dem Zettel, den der Schüler, im Auftrag des verurteilenden Lehrers, dem Hauswart übergibt.

Im Schulbus werden die Kinder nach Schluss des Unterrichts nach Hause gefahren, auch hier Zettelchen für den Chauffeur, von der Mutter geschrieben, an welchem Halt, an welcher Adresse Jimmy oder Myriam heute abgeliefert werden soll.

Auch das Essen, wir sahen es vorher, ist abgemessen, diesmal nach Vitaminen, Kalorien und Bekömmlichkeit. An erster Stelle wird im Hauptblatt von Topeka das Schulmenü der verschiedenen Schulhäuser publiziert.

An Strafzettel und Menüs kann man sich eher halten als ans Stadtbild, das vage, fahrig, unverbindlich scheint.

Drei Büros, die sich mit Kindern befassen

1. Büro K, TU

Sie heissen «animatrices» und schwärmen aus vom Centre Régional du Développement Social du Kef. Wir würden sagen, es seien Fürsorgerinnen, die armen Familien helfen. Wie, möchten wir gern erfahren und studieren die Fragebogen, die jede «animatrice» für ihre soziale Enquête ausfüllt und dann weiss, wie die Unterkunft der Familie ist, wieviel Räume, wie viele Betten, für wieviel Personen, wie die Beleuchtung und der Zustand der Mauern (solidité) sind, wie es mit der Ordnung bestellt sei, der Belüftung, der Feuchtigkeit und wie mit der Küche und dem WC. Im Büro der Direktorin sahen wir soeben einen Zettel an der Wand mit der «Erklärung der Vereinten Nationen über die Rechte des Kindes». Die zweite Zeile. «Das Recht auf ausreichende Ernährung und ärztliche Pflege», und dann die dritte Zeile, «Das Recht auf kostenlose Schulung», das sind die Herausforderungen hier, dafür müssen die Fürsorgerinnen sorgen, dass es zu essen gibt und dass die Kinder in die Schule können.

(«Merkwürdig, dass wir ganz am Schluss der Reise, auf dem Umweg über Burgdorf und Topeka, an der kargen Wand von Judys Büro in New York denselben Zettel wiederfinden. Und auch hier nach den Aussagen der Fürsorger: «Sie haben Hunger, unsere Kinder. Und wir müssen dafür sorgen, dass sie nicht eingesperrt werden vom Jugendgericht, sondern dass sie in die Schule gehen.»)

«Je donne des conseils», ich gebe ihnen Ratschläge, erklärt uns die Fürsorgerin, die uns am ersten Tag auf ihre Besuchstournee mitnimmt. Und die Fürsorgerin des zweiten Tages, die uns zu den Ärmsten in die Gourbis mitnimmt, erklärt ihre Arbeit mit dem überwältigenden Satz: «Sie sehen, ich bin die Freundin dieser Frauen.» Sie allein habe ihr ganzes Vertrauen.

Die Armut hier hat wenig Worte, aber Gesten. Eine Handbewegung auf das Würmchen am Boden. Wächsernes Gesichtchen. Es ist zwei Wochen alt. Die Mutter strahlt. Sie wird sich im Spital von der Ernährungslehrerin, einer Französin aus Marseille, erklären lassen, wie man Reisschleim kocht, wie man aus den Kichererbsen ein bekömmliches Mehl mahlt, wie eine Hühnerbouillon herzustellen sei. Die Frau des holländischen Arztes hat sich entschlossen, der ärztlichen Hilfsstation jede freie Stunde zur Verfügung zu stellen, um im Land herum zu fahren und in Ernährungskunde zu unterrichten.

Das fünfzehnjährige Mädchen, jüngste Tochter eines ältlich scheinenden Ehepaars, geht nicht mehr in die Schule. Sie ist sehr traurig darüber. Man habe ihr eine Stelle als Kindermädchen verschafft, berichten die Eltern, der Vater sei krank, die vierzehn Dinar für den Haushalt von acht Personen reichten nicht.

Die «animatrice», unsere Führerin, schüttelt den Kopf und übersetzt uns das Elend.

Als Begleitung der Freundin dieser Menschen, der Fürsorgerin von Amtes wegen, werden wir als Freunde empfangen, in die Höfe geführt, wo die Kinder spielen, wo Wäsche gewaschen, wo geschwatzt wird. Diese Höfe, nackt meistens und oft heiss, sie sind der Lebensraum der vielköpfigen Familien, hier sitzt man oder rennt aneinander vorbei; die Höfe sind geschützt und voller Leben und Freude. Stühle werden aus den dunklen Zimmern geholt, damit wir im Hof sitzen können. Die Kinder halten sich im Hintergrund, sind artig, beachten uns wenig. Sie sind Könige in diesen Höfen.

2. Büro B, CH

Burgdorfer Bürogespräche:

Das Büro heisst Erziehungsberatung. Die hier tätigen Psychologen und Sozialarbeiter legen Wert darauf, dass es sich bei dieser Arbeit nicht nur um den schulpsychologischen Dienst handle, also nicht nur den Kleinbereich von Leistungsdiagnostik in der Schule, sondern man kümmere sich um Verhaltensschwierigkeiten der Kinder.

Gekoppelt mit dem Jugendpsychiatrischen Dienst, hebt sich die Erziehungsberatung ab vom Jugendamt, von Pro Juventute, von der städtischen Fürsorge, die sich wohl mehrheitlich um finanzielle Unterstützung von Familien kümmern, Kinder versorgen, Mütterferien organisieren und so weiter.

Wer fragt um Rat?

Es kommen auch Eltern von sich aus. Grob gezählt, zwei Drittel der Anfragen kommen von der Schule, ein Drittel kommt von anderer Seite, nämlich von Eltern, Behörden, Institutionen. Woher die Abneigung gegen unsere Beratung? Es heisst, es nütze doch nichts, sei für die Katz (wenn die Leute dafür zahlen müssten, würden wir vielleicht aufgewertet). Und dann glauben sich die Eltern angegriffen, haben Schuldgefühle, weil sie mit diesen Problemen zu uns kommen. Und dann: in der Stadt ist es besser, aber im Dorf – wir haben das ganze Emmental – zeigt man mit dem Finger auf Mütter, die zu uns kommen. Eine Pflegemutter mit fünf schwierigen Pflegekindern, die sich hier beraten lässt, erzählte, man sage von ihr, sie müsse eine schöne Pflegemutter sein, dass sie sich beraten lasse, «die kann das offenbar nicht».

«Weil oft Lehrer die Kinder zu uns schicken oder selber mit ihnen kommen, denken die Kinder, es handle sich um eine Prüfung, und haben Angst. Und viele Eltern nehmen an, wir steckten mit der Schule unter einer Decke.»

Ob ihnen auch Fälle aus sogenannten besseren Kreisen zukämen?

«Diese Leute können mit ihren finanziellen Möglichkeiten ihre Schwierigkeiten besser zudecken, darum müssen sie nicht zu uns kommen. Aber sie kommen jetzt trotzdem. Wobei die obern Schichten verdächtig häufig wegen Legasthenie vorbeikommen. Legasthenie ist eine salonfähige Krankheit. Es ist aber dann nicht das, häufig.

Zu unsern grössten Schwierigkeiten gehören Kommunikationsprobleme zwischen Eltern, Schule und uns. Man stellt ganz verschiedene Erwartungen an uns, zum Beispiel: Ein Lehrer schickt ein Kind, weil die Leistungen des Kindes schwach sind. Er hat viele Schüler, er erwartet von uns, dass wir das Kind aus seiner Klasse herausnehmen. Die Eltern erwarten, dass wir ihnen sagen, ihr Kind sei nicht dumm. Unsere Aufgabe aber ist es, das Kind in bezug auf seine Leistungen objektiv zu beurteilen und dann eine Möglichkeit zu suchen, um es einerseits schulisch optimal zu fördern, anderseits es möglichst nicht aus dem sozialen Verband herauszuzerren in eine fremde Umgebung. Unsere Aufgabe ist es, dem Kind gerecht zu werden. (Das ist ein einfaches Beispiel, weil da nur drei Instanzen interessiert sind. Es gibt aber noch die Vormundschaftsbehörde, die Schulkommission, und hinter uns gibt es ein Schulsystem...)

Es gibt verhaltensgestörte Kinder rein aus der Tatsache heraus, dass die Schulklassen zu gross sind, das ist erwiesen, man müsste einen vernünftigeren Klassenbestand haben. Und in der Schule, leider, ist genau dieselbe Wettbewerbssituation wie in der übrigen Gesellschaft.»

Das schlimmste sei, dass die Eltern selbst eine panische Angst vor der Schule hätten. Weil sie nämlich ihre Kinder als Besitz ansehen, sich mehr nach dem richten, was die Leute sagen, statt nach dem Kind. Das Wertvolle am Kind ist dann nur das, was sich in klingende Münze umsetzen lässt. Sie reden manchmal von ihren Kindern wie vom Buffet in der Stube; und einen Gymnasiasten in der Familie zu haben ist genauso ein Statussymbol wie ein flottes Auto.

Wie könnte sonst eine Mutter sagen: «Stellen Sie sich vor, was für ein Kind ich habe, das bringt immer schlechte Noten nach Hause und singt auch noch dazu.»

«Manchmal, so scheint uns, ist der Haken, dass die Eltern nie befähigt worden sind, Kinder zu erziehen. Man muss sie zunächst dafür sensibilisieren, dass sie sich fragen: Was ist mein Kind überhaupt, wie ist es als Persönlichkeit? Wie fühlt es? Wie denkt es?»

Im ganzen Prozess ist das Kind das hilfloseste Wesen. Sagte da kürzlich eine Mutter: «Wenn das Kind dann in die Hilfsschule kommt, mache ich keine Aufgaben mehr mit ihm, das lohnt sich ja dann sowieso nicht mehr.»

Das Unglück der Kinder ist, dass sie zum Teil überfordert, zum andern Teil unterfordert werden.

Welches sind die Hilfen?

«Der Lehrer sollte die Schwierigen nicht loswerden wollen, sondern sie verdauen in der Klasse. Die Klassen sollten kleiner sein. Die Eltern sollten sich wehren für ihre Kinder, sie sollten sich solidarisieren.

Aber sie passen sich ja überall an, auch an ihre beschissene Wohnsituation, zum Beispiel. An die Blockwohnung, wo die Kinder immer aufräumen müssen. An den Spielplatz, wo den Kindern nur Ersatz geboten wird.»

3. Büro T, USA

Telefonische Anmeldung, Visitenkarte, Ausweis. Besser noch persönliche Empfehlung. Dann bekommt man ein Rendez-vous. Die amerikanische Fahne am Gebäude, in dem das Büro ist, darunter flattert die Fahne von Kansas.

Wer nennt die Namen der unzähligen Büros, der Hilfsorganisationen für Kinder und Jugendliche, der Zentren, die bei Störungen eingreifen, der freiwilligen Werke wie «Junior Leagues», der über das ganze Land verbreiteten Hilfe fürs Vorschulalter (Head Start Program für sozial Unterprivilegierte), der Veranstaltungen des «Family guidance centre», des «Community service office», des «Day care home», des Auskunftsbüros für Familienplanung, der «Family agencies», des «Children day treatment service». Journalist, was willst du mehr? Die Informationen sind nur abzuschreiben. Kein Wunder, dass bei so viel dargebotener Lebenshilfe die Stadt Topeka zu den fünf Städten der Vereinigten Staaten gehört, deren Lebensqualität als höchste eingestuft wurde. Kiloweise ist ausführliches Material einzusammeln. Prospekte, vorzüglich selbstverständlich, wie man mit den Kindern in diesem und jenem Fall, bei dieser oder jener Störung, im 1., 2., 3., 4., 5. und so weiter Lebensjahr unter diesen und jenen Lebensumständen umzugehen habe. Lesen, bis man nach Luft schnappt und einem vor lauter Richtlinien und Anweisungen der Kopf dreht.

Also, es fing an in der imponierenden Bibliothek der Menninger Foundation, der berühmten amerikanischen Ausbildungsstätte für

Psychiater, im Hauptgebäude der Stiftung, das etwas ausserhalb der Hauptstrassen in einem grossen Park mit alten Bäumen liegt.

Zuerst hatte ich mir einige Nummern der Zeitschrift «Children today» geben lassen, einer Publikation des Departements für Gesundheit, Erziehung und Wohlfahrt (U. S. Department of Health, Education and Welfare = DHEW), und griff dann zu den Fachpublikationen der Menninger Stiftung, die als populäre Auszüge aus den wissenschaftlichen Abhandlungen unter dem Sammeltitel «Living in a troubled world» (Leben in einer gestörten Welt) eingereiht sind. Und zuletzt sass ich zusammen mit der Kinderpsychiaterin Lucile M. Ware hinter Scheiben, durch die wir den Nebenraum beobachten konnten, aber selber nicht gesehen wurden, in einem Pavillon, wo drei ausgebildete Psychologen mit fünf psychisch geschädigten Kindern spielten. Die Ärztin hatte das Mikrophon eingeschaltet, wir hörten, was im Versuchsraum gesprochen wurde.

Im Bulletin der Menninger Clinic hatte ich den Aufsatz «Understanding Child Development Through Group Techniques and Play» gelesen. Hier nun die praktische Anwendung. Die Übel sind erfasst, mit Namen genannt und bezeichnet, man weiss auch, woher die Übel dieser gestörten Kinder kommen, man kennt auch die Heilmethoden, man wird die Schäden, die dem Kind zugefügt worden sind, beseitigen können. Mit sehr viel Akribie, sehr viel Aufwand und sehr viel Geld. Diese fünf kranken Kinder werden, wenn sie regelmässig zur Behandlung kommen, fröhlichere Kinder werden, ihre verhemmten Bewegungen werden freier werden, sie werden sich äussern, mit der Zeit sprechen, sich zurechtfinden. Was geschieht mit den von der Psychiatrie nicht erfassten?

Erreichen die Prospekte mit der freundlichen Aufforderung «you should do this» die Eltern?

Das papierene Material wiegt schwer. Wir bezahlen 1 Dollar 95 und kaufen eines der «goldenen Bücher zur Lösung der Kindheitsprobleme», sein Titel: «Sometimes I'm afraid» – manchmal habe ich Angst. Auch die Angst ist nachzulesen.

An drei – zufälligen – Familientischen

1. Ein Nachtessen in der Stadt Kef

Was geblieben ist vom Abend im Hause der Khamassis? Zärtlichkeit und Süsse – ich finde keine besseren Worte – und der Duft der Blumen, die der Bruder Chauffeur von seiner heissen Fahrt nach Tunis mitgebracht hatte, um für uns ein gekünsteltes Strausschen zu binden. Halima hat uns eingeladen, eine kräftige junge Frau, 26 Jahre alt. Ihr Mann ist tot, verunfallt mit dem Auto. Am Vormittag hatte uns Halima alles erklärt, auch eine Photographie des Unglückwagens gezeigt und den Ausweis, dass der Tote Techniker war. Wir hatten nach ein paar Worten der Anteilnahme für das harte Leben gesucht, aber Halima hatte gelacht, warum sich Sorgen machen? Und die Fürsorgerin hatte erklärend beigefügt: sie arbeitet, sie hat Geld. Halima hat im Häuschen nebenan einen kleinen Couture-Salon eingerichtet, sie besitzt eine Nähmaschine, einige Stoffballen, an der Wand kleben Schnittmuster aus einer französischen Modezeitschrift.

Doch heute abend ist Fest. Der Abendwind saust ums Haus, es wird dunkel, der Kanonenschuss kündigte soeben von der Stadtfestung, dass das Fasten dieses Ramadan-Tages zu Ende sei. Die Speisen werden aufgetragen, Männer sind in diesem Frauenhaushalt aufgetaucht – Schwäger? Brüder? –, sie müssen die Gastgeber sein für die Eingeladenen. Wo sind die Kinder, die wir photographiert haben, Ramzi, der ein Arzt werden will – er ist 6 Jahre alt –, und Schwesterchen Sioir? Es sind Halimas Kinder, sie werden sich, wenn sie schläfrig sind, dann ins grosse Bett Halimas verkriechen, das mit einem Vorhang ein wenig abgeschirmt ist und auf dessen Rand wir später sitzen werden, wenn im Hause Khamassi getanzt, gesungen, in die Hände geklatscht, gefeiert wird. Ich darf die Kinder suchen, denn die Speisefolge geht langsam vor sich, niemand hat Hunger, die Fastentage scheinen die Mägen einzuengen. Wo anders als im Hof wären die Kinder zu finden, wo sie mit Cousins und Cousinen herumspringen, zwischendurch in die Küche gehen, sich um das kuchenblechartige Blech höckeln, mit den Fingern von den Speisen naschen, welche die Grossmutter ihnen reicht. Später zerren wir die Grossmutter von den Küchentöpfen weg in Halimas Zimmer, wo sie sich an die Wand kauert. Sie versteht kein Wort französisch. Sie sei uralt, schon 45 Jahre alt, sagt Néja, die Freche, von ihr. Néja scheint ihre jüngste Tochter zu sein, sie serviert uns ein Vanilledessert und baut, taktisch geschickt, einen Flirt mit dem Photographen auf. Halimas Töchterchen beschäftigt sich mit ihrer Puppe, kostbar eingekleidet als Braut. Sie wird bald das Liedchen lernen, das ihre jungen Tanten singen: «Mutter, gebt mir einen Gatten und ruht euch aus.» Ramzi hingegen wird Fussballieder lernen, männliche, wenn er ins Fussballstadion mitgenommen wird.

Eine Frau nach der andern steht auf, bindet sich ein Tuch um die Hüften, tanzt, wir andern klatschen den Rhythmus dazu, mehr Leute kommen, hinter der vorgehaltenen Hand steigt hie und da ein merkwürdiger Schrei auf, es sei ein Freudenschrei. Ich bin nicht sicher, ob Ramzi einmal, wenn er, vielleicht als Arzt, von seiner Kindheit erzählt, die Worte Zärtlichkeit und Süsse verwenden wird. Aber sein Wesen wird geprägt sein vom Hof, in dem er spielte, von vielen zärtlichen Gestalten, die immer um ihn waren, von der Süsse eines Abends im Monat Ramadan.

2. Ein Mittagstisch mitten in Burgdorf

Christine singt «A ramsasame guli guli», es sei ein Negerlied, sie habe es im Kindergarten gelernt. Christine kann noch viele andere Lieder, sehr schöne, berndeutsche und hochdeutsche, die Mutter singt viel mit den Kindern. Früher, so sagt sie, habe immer der Vater mit ihr und den Brüdern gesungen, in den Ferien und im Badezimmer. Die Mutter hat eine schöne Stimme und kennt alle Lieder und alle Strophen. Und zeichnen können diese Kinder auch, die Kinderstuben sind tapeziert mit eigenen Werken. Die älteste, 11 Jahre, hat ein Gedicht ins Schulheft geschrieben, als Aufgabe, ich darf es lesen:

Das Schwein.

An einem schönen Tag
eingesperrt in einem Hag
ganz allein
lag ein Schwein.

An einem schönen Tag
eingesperrt in einem Hag
lag es da.

Welche Note das Käthi fürs Gedicht bekam, weiss ich nicht, aber sicher war seine Lehrerin nicht verwundert, dass da die Landwirtschaft in die Poesie eingedrungen war: das Emmental ist nahe.

Das Mittagessen kommt auf den Tisch. Der Vater wird gerufen, er kommt aus der Studierstube, ganz oben im Haus, wo er vom Trubel ungestört studiert. Das Haushaltlehrmädchen, manchmal störrisch wie ein Bock, hat in der Küche nach den Angaben der Meistersfrau das richtig gemacht, was es bewältigen kann, den Salat und die Kartoffeln. Das Kompliziertere kochte die Hausfrau. Der Vater geht sehr ein auf seine Kinder, er kennt ihre Probleme und ihre Mätzchen, manchmal sorgt er dezidiert für Ruhe. Krach am Tisch hat er nicht gern. Kräftig im Zentrum die Mutter, die halbtags ihren Beruf ausübt; frühmorgens, spätabends; in der Mittagszeit und abends das Haus, den Garten ordnet, die Kinder behütet, sauber und bei guter Laune hält. Bevor der

Tisch ganz abgeräumt ist – die Ämter des Abtragens sind verteilt –, geht's ans Organisieren. Wer macht was heute nachmittag? Tausend Wünsche, Vorschläge fürs Schwimmbad, fürs märkelen, zur Freundin gehen, einen Zusatzteil für die Eisenbahn kaufen, mit dem Freund oder ohne ihn. Es muss telefoniert werden, wer mit wem und wohin und wann zuhause. Inzwischen sind Kinder durch die Haustüre, die immer offen steht, hereingekommen, mit neuen Vorschlägen für den freien Nachmittag. Es ergeben sich neue Varianten, Abgemachtes wird umgestellt, Pläne umgeändert, neue Kombinationen gefunden. Jedes der Kinder hat seine laute Stimme und seine kräftigen Worte, sie können sich ausdrücken. Nur plötzlich wurde das Jüngste der ganzen Bande übersehen, nicht berücksichtigt, Tränen «an mich denkt keiner, die sind böse», es sei doch längst nicht mehr erkältet, wolle auch in die Badi.

Noch eine halbe Stunde, sagt die Mutter, und ihr seid mir alle draussen, ich will jetzt in Ruhe mit dem Besuch reden können, Kaffee trinken, stört uns jetzt nicht mehr, und meinen Tisch lasst ihr gefälligst auch in Ruhe. Der Vater ist im Studierzimmer.

3. Snack im Quartier ausserhalb Topekas

Roberta rief an. Sie hatte gehört, dass zwei europäische Journalisten sich für Kinder und ihre Familien in Topeka interessierten. Sie hat Kinder, eine normal funktionierende Familie, photographieren dürfe man auch, sie freue sich, es sei nett. Sie in ihrem neuen Haus in der neuen Siedlung zu finden allerdings sei schwierig, aber sie komme vorbei, sie müsse Suzy zum Arzt bringen, eine Kontrolle, punkt 10.30 Uhr. Wir könnten im Auto hinterherfahren, in ihrem Haus einen Lunch nehmen, um halb zwei werde Stephen von der Schule geholt, wir könnten den Schulbus anschauen – und Stephen –, und den Heimweg würden wir dann wohl schon allein finden. Auf Merkmale, den Rückweg zu finden, wurde auf dem Hinweg hingewiesen. Das neue Haus Robertas ist weit draussen, an einem See. Beide Kinder können schon schwimmen. Hier scheinen Neusiedler ihre Häuser auf vorgeschobenem Posten selber errichtet zu haben. So ist es auch. Robertas Mann hat vieles selbst gemacht, der Bastelraum ist gut ausgerüstet.

Orangensaft und Cakes. Suzy spielt mit dem Puppenwagen. In die Nursery, das vom Wohnteil abgetrennte Kinderabteil – hier können sich die zwei austoben –, lässt sich Suzy nicht schicken. Sie will dabeisein, nicht toben. Orangensaft und Cakes. Suzy bettelt mit allen Tricks.

Roberta gehört zu denen, die den Aufruf der psychiatrischen Schule der Stadt gehört haben, sie macht mit unter dem Motto: «To build a caring society» (eine Gesellschaft aufzubauen, die sich kümmert um den Nächsten). Sie weiss auch, von ihrer Arbeit in der Jugendfürsorge her, dass die armen Jugendlichen, die zur Droge griffen, es taten, weil zu viel von ihnen gefordert wurde. Sie waren unter einem enormen Druck, weil es immer hiess: «das sollst du machen und jenes» (you should do this).

Die Haupttätigkeit Robertas aber ist «weight watching», sie ist ein «weight watcher», sie kontrolliert das Gewicht der Menschen. Es war ihre eigene Sorge, sie nahm zu, sie wurde zu dick. Ein Arzt half ihr abzunehmen, und jetzt will sie alles weitergeben, was sie gelernt hat. Sie hat eine Klasse von vierzig Teilnehmern übernommen, die für 3 Dollar eine Stunde pro Woche in die Schule der «weight watchers» kommen. Es seien Teenagers, Männer, Frauen. Hauptsächlich Frauen. Schwarze auch. Man komme nur an ein Ziel, das heisst zur notwendigen Abmagerung, wenn man wöchentlich das Gewicht kontrollieren lasse und über alles, was man zu sich genommen habe, rapportiere. Essgewohnheiten werden besprochen. Kalorien gezählt, aber ausschlaggebend sei doch das Psychologische im gemeinsamen Gespräch. Roberta weiss so vieles, ich möchte mich für einen Kursus bei ihr anmelden, ich missbillige meine Linie und lehne das nächste Stück Kuchen ab. Suzy langweilt sich und bettelt Essen. Jetzt müssen wir Stephen abholen, es sind fünfzehn Kilometer zu fahren. Ob Robertas Mutter, die Roberta so gut erzogen und ausgebildet hat, hie und da zu Besuch komme? Leider selten. Die Mutter hat wieder geheiratet, sie will der erwachsenen Tochter nicht zur Last fallen, machte sich in ihrer zweiten Lebenshälfte selbständig. Mit dem neuen Ehemann lebt sie in Kalifornien, beide sind pensioniert. Robertas Mutter käme gern öfters, aber das Flugbillett sei teuer, und in Kalifornien ist die Mutter punkto Garderobe ganz auf Sommer eingestellt. Sie hat keinen warmen Mantel mehr, wie er für Topeka nötig wäre.

«Das Kind ist kein Produkt, sondern ein Geschöpf – eine Neuschöpfung. Das Kind ist kein Besitz, sondern eine Leihgabe zu treuen Händen.»

Aus einem Gespräch mit dem Fachmann Dr. med. Jochen Hass (seit 25 Jahren Spezialarzt für Säuglings- und Kinderkrankheiten FMH in Burgdorf, bearbeitet das Recht des Kindes, begab sich als Arzt in die Juristerei).

Wie er dazu gekommen sei? «Indem ich ungezählte Kinderschicksale erlebt habe, und das über lange Zeit. Man muss lange Zeit Beobachtungen machen, man muss erlebt haben – aus was wird was. Man muss selbst gesehen haben, was das Kind braucht zu einem geraden Werden, von der Geburt bis zu seinem Erwachsensein. Es ist eine Pflanzschule. Es gibt optimale Bedingungen, und man sieht mit der Zeit die Toleranzgrenze. Man sieht aber auch das, was nicht möglich ist, was nicht geht, was unweigerlich zu Deformationen der Person führt, was anstatt zu einem gerade gewachsenen zu einem verbogenen Menschen führt.»

«Ich bin darauf gekommen zu der Zeit, als die Fremdarbeiter in die Schweiz strömten. Da waren sehr viele junge Leute, die sehr viele kleine Kinder hatten. Beim Studium des Lebens der Fremdarbeiter habe ich viel deutlicher gesehen, was ein Kind braucht.»

«Das waren hauptsächlich Italiener aus dem Mezzogiorno, sie kamen aus dem Clan, aus der Grossfamilie, da gibt es noch eine Tante, einen Cousin, eine Grossmutter und eine Urgrossmutter, das ist dort eine Familie, und die ist beieinander. Hier mussten sie plötzlich im System der Kleinfamilie leben, also Mann, Frau und Kind, basta. Sie mussten also leben wie wir.»

«Die allermeisten jungen Arbeiterfrauen arbeiteten. Das Kind oder die Kinder mussten irgendwo versorgt werden. Es geht mir ums Prägealter, also um die ersten fünf Jahre. Beziehungen zu den nächsten Personen werden in den allerersten Jahren gelegt.» – «Die Mutter ging arbeiten mit dem Argument, das ist ein Opfer fürs Kind, für die nächste Generation, dass die nicht so untendurch muss, im Unterproletariat leben muss, sondern dass sie einen besseren Start hat. Sie dachten, sie können nachher mit dem Kind noch genug zusammensein, wenn man genug verdient hat.»

«Das gleiche habe ich aber bei vielen Schweizerfamilien erlebt: die materielle Versorgung des Kindes kommt an erster Stelle.»

«Unser Gesellschaftssystem ist noch nicht so weit ausgebaut – so wie die AHV für die Alten sorgt, die Invalidenversicherung für die Invaliden –, dass die Gesellschaft sorgt für die Mutter/Kind-Symbiose, wie ich das nenne.»

«Nichts darf wichtiger sein als das Zusammensein von Mutter und Kind in den ersten Jahren. Das Ausüben der Mutterschaft ist wichtig.»

«Das kleine Kind ist ein vollständig abhängiges Wesen. Die Mutter oder die Person, die es pflegt, muss ganz präsent sein. Das Kind muss wissen, die Mutter ist da, wenn's darauf ankommt. Wenn es älter wird, erweitert das Kind seinen Lebenskreis, Kinder wollen dann bei Kindern sein.»

Schuld?

«Sie sahen, wie wir lebten, und wollten es auch so. Sie glaubten, dass man nur ein Mensch ist, wenn man materiell gesichert ist. Sie kamen ja nicht nur aus der Armut, sondern aus der Rechtlosigkeit. Sie sahen bei uns, man braucht einen gewissen Besitz, um zur Person zu werden, erst dann respektiert man mich als Menschen. Aber sie haben das Unsichtbare nicht erkannt, das Bedürfnis des Kindes.»

«Zuerst waren die Kinder gesund, körperlich; bestens gepflegt, sauber, gut gekleidet. Nach einem Jahr konnte man feststellen: die Kinder sind hin- und hergerissen, wenn sie am Tag bei einer Schweizerin sind, nachts zu Hause. (Oder die ganze Woche bei einer Schweizerfamilie, also im Pflegekinderstatus, Samstag und Sonntag bei den Eltern). Bei diesen Kindern kam die Frage: Wer ist eigentlich meine Mutter, die vom Tag oder die von der Nacht? Welches ist meine Sprache, Deutsch oder Italienisch? Welches ist mein Land, die Schweiz oder Italien? Ist das Vreneli oder Giovanni meine Schwester oder mein Bruder? Sie haben es nicht verstanden, und ich habe mich gewundert, dass die Kinder nicht verrückt wurden. Sie hätten doch eine Schizophrenie bekommen sollen von dieser Doppelexistenz.»

Die Schäden?

«Mangelhafter Kontakt. Scheidung zwischen Eltern und Kindern, infolgedessen eine innere Vereinsamung. Überanpassung an hiesige Verhältnisse, ungeheure Anstrengung, die Klassenbesten zu sein. Der Preis: Ängste und Nöte...»

Die körperlichen Erscheinungen?

«Schlafstörungen, Appetitstörungen. Depressionen. Die Kinder sind unglücklich, ängstlich, immer unterwegs nach Sicherheit und Schutz.»

Die Erkenntnis aus diesen Beobachtungen?

«Unsere Gesellschaft muss zur Kenntnis nehmen, dass die Mutter-Kind-Beziehung unbedingt geschützt werden muss. Das Zusammenleben von Mutter und Kind muss gewährleistet werden.»

«Wir müssen dazu kommen, festzulegen, dass die Bedürfnisse des Kindes sein Recht sind. Das Kind muss Rechtsträger werden, ohne aber Pflichten zu haben.»

«Aber es ist wie beim Frauenrecht? Zuerst muss ein Gesinnungswandel da sein.»

«Weil das Kind klein ist von Wuchs, weil es juristisch unmündig ist, das heisst nicht handlungsfähig, noch nicht voll urteilsfähig, hat man das Kind als Eventualwesen eingestuft. Es hat zwar menschliche Potenzen, aber diese müssen sich erst realisieren, bevor dem Kind dann diese und jene Rechte zustehen. Dabei hat man übersehen, dass das

Kind nicht die gleichen Rechte braucht wie der Erwachsene, sondern seine eigenen.»

«Es macht nichts, wenn das Kind einmal geschlagen wird, aber wenn es terrorisiert wird, dann schadet das dem Kind ungemein.»

«Das Kind wird, oft in subtiler Form, brutalisiert, wenn es keine konstante Mutterfigur, keine konstante Vaterfigur und kein konstantes Dach über dem Kopf hat. Wenn eine dieser drei Säulen ausfällt, wackelt alles. Das konstante Dach spielt eine gewaltige Rolle, wenn das fehlt, fallen die Kinder auf durch ihre Heimatlosigkeit, Fahrigkeit, durch ihre Nervosität; sie können nichts vertragen, sie haben überhaupt keine Elastizität, sie haben keine Tragkraft. Sie sind ohne Wurzeln.»

Ausgestossen aus...

Wir fragten uns, was geschieht mit einem Kind, wenn es auf die Welt kommt, was stösst ihm zu, was allem – welchen Dingen, welchen Umständen – wird es ausgesetzt, das kleine Fleisch, rosig oder schrumpelig, hoffnungsvoll erwartet oder unerwünscht. Macht es einen Unterschied, ob es in einem lieblichen Städtchen wie Burgdorf eintrifft, ob im heissen Bergnest El Kef oder in der weitausholenden Siedlung Topeka, in Amerikas Mittlerem Westen?

Wir haben gesehen, dass es wohl einen Unterschied ausmacht, in welchen Lebensraum es fällt. Der Raum, der es von Anfang an umfängt, wird ihm gute oder weniger gute Lebensbedingungen geben. Raum, verstanden als Entwicklungsmöglichkeit, nicht mit dem hygienischen Massstab gemessen, nicht mit dem Tropfenzähler für bekömmliche Nahrung, sondern der Raum als Lebenssituation, Raum als Start. «Wir hatten ein Häuschen und einen Garten, und wir freuten uns aneinander», erzählte Lela, die Tochter eines Kohlenarbeiters in Topeka, als sie mir ihr schweres Leben erzählte; sie hatte sich ihren eigenen Platz im Leben bitter erkämpfen müssen, aber ich bin überzeugt davon, dass ein Teil ihres Selbstbewusstseins, ihrer fröhlichen Behauptung daher kam, weil der Raum ihrer Kindheit gut war für ihre Entfaltung.

Überhaupt hatte Lela einen klaren Kopf, und bei ihr lernte ich, wie wichtig das Mass an Selbstbewusstsein einer Frau ist, das Mass an Einsicht in den Ort, den sie einnimmt, in den Platz, den sie beansprucht, damit sie damit den Raum für ihr Kind schafft. Lela zum Beispiel griff kraftvoll zu Hobel, Säge und Hammer und feuerte ihren Mann an, ihr zu helfen, ein Häuschen zu bauen, in dem sie beide und die Buben leben und wirken und sich aneinander freuen könnten. Lela war es auch, die mir, als ich sie danach fragte, wo sie ihre Kinder geboren habe

– ich wollte wissen, ob zu Hause oder im Spital –, mir bis auf den letzten Cent genau angab, was die Geburt bei Gene, Danny, Michael und Ricky gekostet hatte, ob eine Photographie des Neugeborenen im Preis inbegriffen gewesen war oder nicht.

Lela in ihrer raumschaffenden Emanzipiertheit erinnerte mich an die Mütter in Tunesien, die strahlend auf das Neugeborene zeigten, das sie sehr bald auf dem Rücken mit sich herumtragen werden, aber sachlich darauf hinwiesen, es sei das letzte Kind, sie hätten sich unterbinden lassen, es gebe keinen Platz mehr für ein neues. Woher nahmen diese Tunesierinnen die Sicherheit der Entscheidung für ihr Kind?

Die Sicherheit der Frauen hat nicht nur mit der Gesetzgebung zu tun, sondern mit ihrem Lebensgefühl, ihrem Lebensraum. Die Frauen im Maghreb sind Königinnen in ihrem Heim, sie bestimmen über Hütte und Hof, sie bestimmen ganz eindeutig den ersten Lebensraum ihrer Kinder.

Wie ist es mit dem Platz, auf dem sie steht, mit dem Raum, den sie zur Verfügung hat: beispielsweise die Burgdorferin? Wenn die Burgdorferin sich darauf vorbereitet, ein Kind zu gebären?

Hier ist es höchste Zeit – von den Kindern aus gesehen und für die Kinder –, dem Mythos der Mutterschaft den Krieg zu erklären, soweit er auf den Geburtsvorgang reduziert wird. Es ist üblich, Frauen, sobald sie ein Kind ausgestossen haben, ehrfürchtig den Ehrentitel «Mutter» umzuhängen, als ob eine Geburt schon die mütterliche Bewährung sei. Es fällt dadurch leicht, alle «Mütter» gleichzuschalten, man redet gern von den Müttern der Welt, man wirft sie in einen Topf. Dagegen sich zu sträuben ist im Nachdenken über die Situation der Kinder notwendig. Warum die Mütter, warum die Kinder? Nur weil der biologische Vorgang derselbe ist, weil Kinder einem dunklen Bauch entspringen, im Fruchtwasserteich genährt wurden, ausgestossen wurden in die Welt mit Wehen? Oder weil ähnliche Instinkte erwachen, nachdem das Junge geboren wurde, ein sich ähnliches Lächeln des Glücks und der Befreiung in den Zügen der Frauen aufbricht?

Es ist auch verlockend für die Frau selbst – sie befindet sich nach einer Geburt in einem geschwächten, schutzsuchenden Zustand –, sich für den Akt der Geburt preisen und beklatschen zu lassen, denn ihre Gefangennahme – und jedes Kind bedeutet eine Gefangennahme ihrer ganzen Person auf Jahre – wird ihr versüsst durch den Applaus, und sie nimmt nicht wahr, dass sie abgeschoben wird auf ein Geleise, wo sie unfähig wird, zu reagieren und zu agieren, ausserstande, jetzt ihre Umgebung für das Kind zu bestimmen. Vorher hätte sie sich vorstellen müssen, wie «die Stadt» für ihr Kind funktioniert, und dass sie für den «Bau der Stadt» zu sorgen hat. Sobald das Kind da ist, bleibt ihr nur noch Zeit, Kinderreime aufzusagen. Kinderreime aufsagen kann das Paradies sein – und ist es auch immer wieder –, aber Frauen müssen wahrnehmen, dass es für sie heute ein Paradies auf Zeit ist und dass sie sich früher hätten Gedanken machen müssen, wo dieses Paradies stattfindet, in welchen Räumen es sich abspielt, welche Investitionen in diese Räume hätten geleistet werden müssen.

Die Burgdorferin, um auf sie zurückzukommen, steht, so scheint mir, mit ihrem brutalen Wirklichkeitssinn Gotthelfschen Frauengestalten verwandtschaftlich nahe. Zwar wirtschaftet sie nicht mehr auf dem Bauernhof, regentet nicht mehr über Garten, Hühnerhof und arme Mägde, aber für ihre Kinder wird sie im voraus wehrhaft. Ich traf eine – und nehme sie als Beispiel –, die ihren Mann wählte auch in Hinsicht darauf, was für ein Vater er wahrscheinlich sein würde, und als die Kinder da waren, wünschte sie, in die kleine Stadt zurückzukehren, weil sie nur dort, so überlegte sie sich, ihre Familie ohne Not würde durchbringen können, die Kinder aufziehen, weil der Schulweg kurz, der Gartenplatz billig ist und mannigfaltige Bezugspunkte für die Kinder vorhanden wären. Freilich hat auch die Frau in Burgdorf den emmentalischen Frauenraum endgültig verlassen; das Büro, die Fabrik sind die Orte, wo sie sich bewähren muss; aber ganz offensichtlich hat dieser Übergang sie nicht derart in Verwirrung gebracht, dass sie nicht den Mut aufbrächte, ihren privaten Raum und dann auch den Raum für ihre Kinder zu reklamieren.

Wieviel Welt hat die Frau gewonnen? Sie muss es wahrnehmen: sie bestimmt, wann sie ein Kind haben will, wann nicht. Zum Glück für das Kind entscheidet sie über den ersten dunkeln Raum für das Kind, ihren eigenen Bauch nämlich, und daraus sollte sich das Vorstellungsvermögen für den Raum entwickeln, in dem das Kind aufwachsen, gedeihen soll. Sie muss mitreden, mitbestimmen vorher. Dann wären die Kinder, die bedauernswerten Opfer einer falsch verstandenen Mutterschaft – die sich auf die Geburt und das Kleinkinderstadium in der gedrängten Wohnstube der Kleinfamilie beschränkt – der über sie verfügenden Stadt nicht mehr so ausgeliefert. Dass viele Frauen sich heute bedenken, bevor sie ein Kind haben wollen, oder die Unmöglichkeit einsehen, ein Kind aufzuziehen, ist ihnen nicht nur als Bequemlichkeit anzukreiden und als modische Lust der Selbstverwirklichung. Es ist auch die bewusste – oder die unbewusste – Einsicht in die Schwierigkeiten, als (vorläufig) Gefangene im Gefängnis der Stadt Kinder zu freien Menschen aufzuziehen. Erst wenn die Frau noch mehr Welt in sich hat, mehr Welt für sich fordert, mehr Teilnahme verlangt hat für ihre Selbstverständlichkeit, wird sie sich fähig fühlen, Kinder in die Stadt auszustossen.

Endstation

Auskünfte über eine von vielen

«Du kommst nach Worben», so drohte man im Seeland früher einem, der nicht recht tat, sich herumtrieb, den andern zur Last fiel, der Gemeinde verleidete. Man sagte: «Wenn du nicht guttust, kommst du my Seel uf Worbe.» Ganz früher war's eine Anstalt für Vaganten, mit hohen Mauern ringsum.

Heute ist dieses Worben eine neuzeitlich gestaltete Stätte mit weit auseinanderliegenden Pavillons, Grünanlage mit Blumen bepflanzt, einem grossen Teich mit Wasserspielen, offenen Türen überall; vom Stall bis zum Krankenhaus ist jedem Besucher alles zugänglich. Nur das Betongerüst mit den drei Glocken deutet an, dass es sich hier wohl nicht um ein Ferienareal mit lockerer Überbauung handelt, sondern ernstere Anliegen dahinterstehen und direkte Beziehungen mit dem lieben Gott gepflegt werden (eine Kirche gibt's auch). «Asyl» steht auf dem Gefahrensignal mit dem aufrechten Strich, vorn an der Strasse. Asyl Gottesgnad, so hiessen diese Orte der Versorgung im Bernbiet; dieses hier müsste man eher mit «Verwalters Gnad» bezeichnen; es wird sich weisen, wie man besser fährt.

Fünfhundert Insassen, Pflegebedürftige, die man, nach bernischer Übereinkunft, Patienten nennt. Dazu hundert Menschen, die pflegen, verwalten, putzen, kochen. Ein Betrieb von sechshundert Seelen also. Hundert Menschen scheinen hier eine Arbeit, eine Aufgabe gefunden zu haben; fünfmal mehr, fünfhundert, sind nicht freiwillig hierhergekommen, sondern gezwungen durch die Umstände, eingeliefert vom Vormund, abgestossen von den Familienangehörigen, die sich überfordert sahen, die senil gewordene Mutter bei sich aufzunehmen – heute sagt man arteriosklerotisch – oder den verwirrten Bruder immer wieder vom Wirtshaustisch wegzuholen. Es fehlen der Raum, die Kraft, die Zeit und manchmal auch die Mittel, die Kranken und Unfähigen im eigenen Alltag mitzuschleppen.

Welche Mauern trennen uns heute von einer solchen Heimstätte? Welche Hemmungen, Selbstvorwürfe, welche Ängste müssen überwunden werden, um sich die Probleme Pflegebedürftiger anzusehen? Was macht es so schwer, die letzte Station von fünfhundert Menschen anzuschauen?

Am Ende der Worbener Woche hielt man mich für eine Insassin: eine Gehbehinderte wollte mich zum Altersturnen mitnehmen, und ein paar «Kollegen», die vor dem Männerhaus hockten, meinten, ich sei vielleicht noch imstande, im Büro auszuhelfen. Dann war es plötzlich nicht mehr so entsetzlich, daran zu denken, dass auch ich, in überschaubarer Zeit, hier versorgt werden könnte, würde, vielleicht sogar einmal möchte. Die Mauern des Erschreckens waren überstiegen.

Die Photographin M. L. lebte eine gute Woche im Seelandheim, ich auch, aber wir waren zu verschiedenen Zeiten dort. Am Ende verglichen wir ihre Erfahrungen und meine, da war der Text schon geschrieben, die Photos entwickelt. Die Informationen ergänzten sich gegenseitig, so schien uns. Ganz am Schluss besuchten wir beide zusammen die Hundertjahrfeier der Anstalt. So erlebten wir nach dem Alltag auch noch das Fest, von dem vorher soviel die Rede gewesen war.

Für mich war Worben schon immer mehr gewesen als ein Ort im bernischen Seeland. Denn einmal hatte ich aus der Nähe mitgemacht, wie die Besseren, die besseren Frauen aus Biel, nach Worben gingen, um dort ihre Schützlinge, Adele und Bertha zum Beispiel, zu betreuen, die Schwestern G., die beiden Stummli. Taubstumme waren sie. Und die Frau aus Biel, Frau A., hatte sie gekannt, als sie als kleine Mädchen vor dem Haus an der Ländte sassen und die Vorübergehenden beobachteten. Hie und da habe man ihnen Zuckerzeug geschenkt. Täfeli, und immer am Samstag seien die beiden Taubstummen, einen kleinen Karren schiebend, mit ihrer Mutter losgezogen, um die von ihnen geklebten Papiersäcke abzuliefern und neues Material zu holen. Später, so erzählt Frau A., habe sie einmal in der Anstalt gefragt, ob sie auch jemanden aus Biel hätten, denn Menschen aus derselben Stadt lagen ihrer Fürsorge am nächsten. Frau A. wurde auf die Schwestern G. hingewiesen und entdeckte, dass die beiden ja die Stummli ihrer Kindheit vom Ländtehaus waren. So kam es, dass ausgetragene, aber noch gut erhaltene Blusen der Familie A. nach Worben gebracht wurden, denn die Stummli hielten viel auf nette Kleidungsstücke. Auch Süssigkeiten liebten sie, und sie hingen der lieben Frau A. in rührender Weise an, streichelten ihr die Hände, und als die taubstummen Schwestern kurz hintereinander starben, war es Frau A. gewesen, welche die beiden in ihrer Todesstunde noch besucht hatte; selbst war sie dankbar dafür, dass die Augen der Sterbenden, sie erkennend, sie noch gegrüsst hatten. Auch durch Sämi war mir Worben ein Begriff, der wollte immer einen Batzen fürs Portemonnaie, das er, sobald er der Frau A. ansichtig wurde, aus dem Hosensack zog und bedeutungsvoll daraufklopfte, und ich erlebte, wie die Spende sich im Laufe vieler Jahre von 50 Rappen auf 2 Franken erhöhte.

Heute durchquert Frau A. mit raschen Schritten das Areal, ist selber Insassin geworden, eine Private freilich, sie hat ein Einzelzimmer im hintersten Pavillon, dem Privatheim. Das Essen ist dasselbe wie für Patienten der allgemeinen Abteilung; die Mehrbezahlung, so sagt die Leitung, wird mit dem Dessert ausgeglichen. (Im Jahresbericht werden die Insassen eingeteilt in Männer, Frauen, Private. Das Kostgeld für Männer und Frauen beträgt 32.50 Fr., für Private 46 Fr.)

Wenn Sämi das Portemonnaie aus dem Hosensack zieht, daraufklopft und dabei Frau A. vieldeutig anschaut, sagt Frau A.: «Dem habe ich früher immer etwas gegeben. Aber ich kann halt jetzt nicht mehr.» Und nachdenklich: «Eigentlich gehöre ich ja nicht hierher.»

Dass sie, Frau A., nicht zu Sämi und andern Einfältigen und sichtbar Geschlagenen gehört, dass sie ihre Vorherrschaft im Verschenken und Guttun nicht mehr ausüben kann – oder meint, nicht mehr ausüben zu können –, dass sie entmachtet ist im Alter, dass sie entgegennehmen muss und abhängig ist vom Nettsein der Angestellten, das sind die Ängste von Frau A.

Alles Zureden ihrer Angehörigen, wie gut sie doch nun aufgehoben sei, alles Aufmuntern, dass es nun doch besser sei so, trifft ihre Probleme nicht. Und wenn sie davon redet, dass sie nachts hie und da Schreie von Kranken höre, die nebenan im «Hof», in der geschlossenen Abteilung, wüst täten, dann ist es doch so, dass sie, Frau A., vielleicht manchmal die gequälten Seelen, die ihre Not hinausschreien, beneiden muss, weil sie ihre eigene Seele, durch Konventionen und gutes Betragen in Zucht gehalten, kaum kennt und nicht aufschreien lassen kann.

Heute hatte Frau A. Besuch von ihrer Freundin aus Biel, Fräulein Sch., auch sie über achtzig und elegant, aber in unveränderten Umständen lebend, nämlich in der schönen Wohnung mit den schönen Möbeln, seit achtzig Jahren. Etwas distanziert schaut sich Fräulein Sch. in Worben um, streift die wortlose Traurigkeit der Frau A. und meint, als sie den Bus nach Biel zurück besteigt: «Ja, ja, im Alter hätte man es eben gern so, wie man es früher hatte und wie man's gewohnt ist.»

O langlebende, anspruchsvolle Einfalt, die sich aus dem Gutgebettetsein Rechte ableitet, bis zum Ende.

Frau A. weiss, dass sie an der Endstation angelangt ist und dass alles Aufmucken und Reklamieren wegen äusserer Widerwärtigkeiten («Die Suppe war wieder nicht heiss genug» und «Die da hinten am hintersten Tisch kratzt sich immer in den Haaren») die bittere Tatsache nicht trifft. Sie sagt aber auch etwa zu ihrer Tochter:

«Manchmal kommt mir alles vor wie ein Traum. Alles ist weit weg.»

«Ich habe Angst, dumm zu werden.»
«I by lätz, i by lätz, jitz wirdeni schturm.»
«Undereinisch hani vil vergässe. Wenn man am selben Platz bleiben könnte, würde man nicht so viel vergessen. Diese Änderungen, diese Änderungen.»
Und zornig ausschreitend: «Wenn ich nicht so langsam gehen müsste, würde ich auch nicht so müde vom Gehen.»
«Tänk einisch, zwöienünzgi bini, zwöienünzgi.»

In Worben gibt's auch ein Bad, es heisst das Worbenbad. Alte Bieler erzählen, dass sie als Kinder ihre Grossmutter ins Mineralbad begleitet hätten: jeden Mittwoch rumpelte nämlich ein Brückenwagen vom Zentralplatz die acht Kilometer südwärts nach Worben. Man nannte ihn Gsüchtiwagen. Die harten Bänke, stelle ich mir vor, waren auch den im Wasser aufgetauten Gliedern nicht überaus bekömmlich.

Heute gibt es ein modernes Schwimmbad, gebaut und an einen Hotelier verpachtet, schlauerweise, von der Anstalt. Das Bad floriert. Hunderte von Besuchern kommen täglich aus dem ganzen Kanton, hier schwimmt man Rückenverletzungen aus, nachdem man vom Pferd stürzte, oder man heilt das beim Skifahren gebrochene Bein, oder man findet angenehme Bewegung für seinen im Auto und Bürostuhl steif gewordenen Körper.

Eine Aluminiumplastik an der Wand, Wassertemperatur 30 Grad, enorme Einnahmen aus dem Schwimmetablissement, grosse Parkplätze.

Das alles – mit dem Auto anfahren, die Badetasche schlenkernd in die warme Halle gehen, schwimmen («Ach, das ist doch der Doktor B. aus Burgdorf»), Haare trocknen unter dem Fön in der überhitzten Garderobe, dann der Imbiss im Restaurant, auf grünem Polster sitzend –, das ist leicht nachzuvollziehen, unbeschwert nach unsern konventionellen Übereinkünften, flott auch, man gehört dazu, man weiss, wie es läuft, nur die Sorgen wegen des Übergewichts sind störend, man müsste endlich die Kalorien reduzieren. Wenn jetzt grad einer aus unserer Runde hier auf dem grünen Polster, fröhlich nach dem sportlichen Schwimmen und der Massage (eine Sauna wird nächstes Jahr eingebaut werden), krepieren würde, hiesse es im Nachruf «aktiv bis zur letzten Minute», und es wäre anerkennend gemeint.

Hinter dem Badehotel durchs schmale Eisentor, das immer offensteht, das ist der kürzeste Weg aus unserer Welt in die andere, die bisher ausgesparte, die, welche man nicht wahrhaben will, bis man selber dazugehört. Ein paar Schritte hinter den Gewerbehäusern vorbei, und man steht vor dem Bürohaus, hier ist der Empfang, die Anmeldung, das Büro mit den jungen Blondinen, welche Neuankömmlinge mit Handschlag begrüssen. Angebaut ist das Haus des Verwalters, das Regierungsgebäude also. Ein paar Schritte links, und man wäre im Zentrum der leiblichen Versorgung des Seelandheimes, der Küche, den Vorratskammern; doch dorthin wollen wir erst später.

Wir schlagen einen der gedeckten Wege ein, geradeaus oder um den Teich herum, es spielt keine Rolle, denn in diesen Wandelgängen, auf dem Beton, da treffen wir die Angelangten der Endstation, der keine Sehnsucht mehr anhaftet ausser der Erwartung auf den nächsten Schluck Tee, auf das Zweierli am Abend, das spendierte Bätziwasser zum Sonntagskaffee: in Rollstühlen, hinkend, krumm, quer, auf Stöcke gestützt, in Gehapparate geschoben, schleichend hinter Gummirädern, lallend, choderend, stotternd, lachend, aufbegehrend, zufrieden geniessend, mit schrägen Gesichtszügen oder weise gewordenen, mit listigen oder fernen Augen blickend – die Insassen. Die Bresten des Alters, die Leiden chronischer Krankheiten. Resultate von fünfhundert gelebten Leben, der Friedhof gleich übers Strässchen, nördlich, auf der Juraseite. Wie findet man sich ab mit so dezidierter Endstation?

Es war Mittagszeit, die meisten waren in ihren Häusern beschäftigt, nur zwei Männer beobachteten aufmerksam, dass diskret auf der Hinterseite des Krankenheims der schwarze Leichenwagen vorgefahren war und der Chauffeur wartete, bis aufgeladen würde. Keine sehr aufmunternde Szene für die beiden Alten, denkt die Vorübergehende, sie werden sich ausrechnen, «der nächste bin vielleicht ich, der, Füsse voran, ins Leichenauto gebracht wird». Sie überlegen es sich gar nicht. Es entsteht vielmehr eine Diskussion, ob es sich hier um einen Auswärtigen oder einen Hiesigen handle, ob er hier begraben oder dafür in seine Heimat gebracht werde, ob verbrannt oder in die Grube gesenkt. Man einigte sich auf «auswärts», denn Chauffeur und Nummernschild deuteten auf Ungewohntes, und träppelte nach dieser Feststellung ungerührt weiter.

Auf ihrem Tonband hört die Reporterin hinterher: «Sy heine igsarget; er isch tänk gschtorbe. Er chunt auwä furt.» – «Ig? Do im Heim bini. Nei, dört hinge, im dritte Huus. Jo, i by scho vierzg Joor hie.» Ob er gern hier sei? (Dumme Reporterfrage!) «Jo, scho.»

Nur den Besuchern scheint der Tod im Nacken zu sitzen und sie zu bedrohen, die Hiesigen erleben ihn eingebettet in den Rhythmus ihrer regelmässigen Tage. «Jo, jo, so geits», reagiert Frau B. U. auf den Bericht ihrer Nachbarin, die das Bedürfnis hat zu erzählen, zu welcher Stunde und wie ihr Mann vor vier Tagen gestorben sei. Die beiden Frauen sind beim Bohnenrüsten, denn man hat auch die Insassen des

Privatheims, die mehr Zahlenden, gebeten, mitzuhelfen, die auf dem Feld geernteten Berge von Bohnen abzutragen, die Fäden abzuziehen, die Enden zu knipsen. Jo, jo, so geits.

Vor drei Tagen, im Büro der Verwaltung, sahen wir, wie die Frau Verwalter – in ihren Händen liegt die Führung des Riesenhaushalts – die Rapportzettel durchsah. Jeden Morgen aus jedem Sektor meldet der Abteilungsleiter, was in den letzten 24 Stunden passiert ist. Zum Beispiel aus dem Stall «Kuh gestochen und notgeschlachtet», zum Beispiel aus dem Krankenheim «XY 17 h 40, Sarglänge 1 m 74». So einfach? Hier müssen Tod und Leben gehandhabt werden, und für Vieh und Mensch wird gesorgt. «Me cha viu acheere», sagt der Verwalter, der viel angekehrt hat, und was er für den Tod ankehrt, möchten wir, im Anschluss an die Sarglänge von 1 m 74, wissen. «Im Jahr haben wir hundert bis hundertfünfzig Todesfälle», sagt der Verwalter, das sei keine Sache, das gehe ganz automatisch. Der Arzt komme sofort für die Leichenschau; sie hätten auch eine tipp-toppe Leichenhalle mit Särgen; wenn die Angehörigen kämen, sei die Leiche schon eingesargt; man verhandle; meistens gehe es zur Kremation nach Biel; die Abdankung sei dann in der Gemeinde. «Von uns geht jemand hin, bei jedem, bringt einen Kranz, bei jedem Hintersten, geit häre, nimmt an der Beerdigung teil. Ob auf dem Friedhof oder in der Kirche, gäng wird öpper delegiert. Das ist so eine Mode, die man einfach macht, vielleicht einmal ändert's, bei uns ist es so Mode.»

Frau Verwalter Dennler meldet eine Variante, weniger vom Organisatorischen her: «An die Beerdigungen gehen wir abwechslungsweise. Da kommt man in alle Kirchen und Gegenden und lernt auch wieder das Leben genauer kennen von den Betreffenden, nämlich dann, wenn die Verwandten und der Pfarrer erzählen, wo er, der Verstorbene, überall im Leben war. Man vernimmt den Rest eines Schicksals.»

Doch noch ist es nicht soweit, wenden wir uns den lebendigen Jahren zuvor zu. Wie sind die Tage an diesem Ort, der ein letzter ist, eine Anstalt?

Dass alle die Mühseligen und Beladenen, die Hinkenden, Schlurfenden, die Behinderten und Zittrigen und die Enttäuschten aufgenommen sind in eine gefällige Architektur – das ist zunächst der Schock. Man kann's nicht zusammenbringen, den erstrebten hygienischen Wohnstandard mit blanken Böden und die offenen Gebrechen im Rollstuhl. Die hübsch konzipierte Stube – helle Möbel, Pflanzenkrippe, Wandschmuck – und dass darin gehäkelt, gestrickt, vor allem aber gedöst wird.

Die sich auspendelnden Leben, wären sie leichter zu ertragen in der

Gosse, zum Beispiel auf dem grauen Pflaster New Yorks, dort wo alte Gestalten mit dem Asphalt scheinbar zusammenwachsen und wohin die Literaten eilen, um darüber zu schreiben? Gäbe es einen Film zu machen über die fünfhundert Chronischkranken und Alten im Seelandheim, der uns ergriffe? Wie sind fünfhundert in einer erstrebt wohlgeordneten Umgebung zu ertragen oder nur eines, für das man Verantwortung und Liebe empfindet, dessen modernes Zimmer man lobt und von dem man weiss, es ist sein letztes und man hat es nicht in der eigenen Stube? Weil heute Lebensenden, die sich auf zwanzig, auf dreissig Jahre zerdehnen, in den Alltag der Angehörigen nicht mehr zu integrieren sind?

Wir hatten im Hotelrestaurant lange geplaudert und später das Gespräch fortgesetzt auf dem Parkplatz; der zufällig getroffene Freund berichtete von seinen amerikanischen Universitäten. Es wehte neblig vom Wald her übers Bohnenfeld. Eine leicht wankende Gestalt, im Sonntagsgewand, mit Hut, den Mantel über dem Arm, kam auf uns zu, grüsste uns, gab uns die Hand, stellte sich vor. Zu so vorgerückter Stunde auf dem dunklen Parkplatz war es leicht, die ungelenke Sprache des Herrn S. zu verstehen, seinem Bericht zu folgen über die heute absolvierte Carfahrt, die Karten vom Hartmannsweilerkopf zu entziffern, das mitgebrachte Fläschlein Wein zu bewundern. Nebel habe es gehabt, nur Nebel. Und das Mittagessen so spät, er habe Hunger gehabt, er sei frühmorgens zu Fuss nach Lyss, um den Car zur rechten Zeit zu erreichen. Und jetzt zu Fuss zurück, eine halbe Stunde Marsch, es war bald Mitternacht, und der Herr S. hatte geladen, oder schien es uns nur so? Ob er denn einen Schlüssel habe zum Ins-Haus-Kommen, ob er zu so später Stunde keine Schwierigkeiten haben werde, befürchteten wir. Er doch nicht, wies uns Herr S. zurück, Tonfall und Benehmen wiesen darauf hin, dass es sich hier um einen freien Menschen handle, der tut und lässt, was ihm beliebt. Und wieder waren wir Aussenstehenden die Gefangenen unserer Vorstellungen, was eine Anstalt ist. Ausgänge bis zum Hartmannskopfweiler liegen in der eigenen Entscheidung.

Am nächsten Tag, im Büro, fanden wir auf dem Rapportzettel des Hauses, in das Herr S. schlafen gegangen war, die Bemerkung «Nichts Besonderes, S. Hans auf Carreise.»

Herr S. sei ein ganz Treuer, Gutmütiger, wird berichtet. Sein Jahrgang: 1920, sein Beruf: Ghüderfuhrmann. Er gehe, so Frau Verwalter, jeden Tag den Haustüren nach die Ghüderchesseli ramisieren, bringe sie auf den Kompost, wo die Sachen verbrannt werden. Erlesen, das tue ein anderer, das Geschirr apartig, das Papierige apartig. Zusammenführen, das tue er, S. Hans. Er sei ein bisschen ein Schwerfälliger, er habe beim Bauern geholfen, aber das sei dann nicht mehr gegangen. Heute müsse es beim Bauern halt auch laufen, mit all den technischen Züüg, da sei S. Hans nicht mehr mitgekommen, das habe ihn dann geärgert, er sei jähzornig, es gebe Zeiten, wo er schwer führbar sei, dä S. Aber mit dem Ghüderführen gehe es sehr gut.

Endlich betreten wir das Seelandheim auf der Breitseite, nämlich von der Autostrasse her, wo die Haltestelle des Autobusses Biel-Worben-Lyss ist. Offensichtlich steht es auch in der Absicht der Erbauer und Organisatoren, dass hier das Seelandheim anfängt, denn hier stand bei der Hundertjahrfeier eine Art Triumphbogen aus Tannengrün, unter dem die geladenen Gäste hereinkamen. Hier betritt man einen bernisch weitausholenden Bauernhof; links die Ställe, der Misthaufen, die grosse Halle für alle landwirtschaftlichen Maschinen, rechts die gewerblichen Häuser, die Schreinerei, die Korberei, die Webstube, alles sauber, behäbig und in ruhiger Betriebsamkeit. Ein Pferd wird zum Brunnen geführt; vor der Stalltüre wischt einer mit einem Reisbesen sauber; es ist ein Behinderter, aber man ist daran gewöhnt, dass auf bernischen Bauernhöfen zu kurz Gekommene, Behinderte im Stall helfen. Weiter zurück im Hof fährt einer, im weissen Kittel, Schleifen auf dem Velo, kreist, diesem gut zuredend, um einen schwankend Schlurfenden. Später erst kombinieren wir, dass es sich um den Leiter der geschlossenen Abteilung handelt, der einen ihm davongelaufenen Patienten eingefangen hat und nun ins Haus bringt.

In den «Hof», in die geschlossene Abteilung gehen wir später, wir nehmen Unterschlupf und bekommen wegweisende Informationen über die Führung des Asyls und die üppig blühende Phantasie des Verwalters, die den Insassen, seinen Schutzbefohlenen, zugutekommt in der Pinte, in «La petite Pinte» wie es auf einem hübschen Wirtschaftsschild heisst, offen 13.30 bis 19 Uhr. 32 Sitzplätze im kleinen Lokal, vier Tische draussen unter dem gedeckten Dach, neue rote Stühle. Ein Tisch voller Männer; es sind Gewerbler, die nach Arbeitsschluss hier einen ziehen, denn nach 18 Uhr, nachdem sie gegessen haben, dürfen die Insassen nicht mehr trinken kommen. So erklärt Frau Vogt, attraktive Betreuerin der Pinte. Sie ist vom Fach und führt die Pinte in eigener Regie. Etwa hundert Gäste pro Tag, vor allem Männer, genau auf hundert Männer kommen fünf Frauen in die Wirtschaft, der Umsatz: 500 Liter Montagner im Monat, aufgeteilt in Zweierli. Da muss Frau Vogt, Trudy gerufen, sich sputen und umfüllen und schauen, dass die kleinen Beträge am Ende dann doch den Verdienst ausmachen. Ein Zweier kostet 1 Franken 20, der kleine Most 90 Rappen, das ist billig, weil auch der Most aus Literflaschen abgefüllt wird. Ein Cervelat ist für 1.50 zu bekommen, die grosse Portion Käse 2.50, eine halbe 1.50. Cervelat und Käse werden von Frau Vogt empfohlen, wenn die Zweierli etwas zu schnell fliessen.

Trudy Vogt hält auf guten, auf gehobenen Umgang, sie pflegt sich, wie wenn sie hinter der Bar nur die schärfsten Whiskies und teuersten Drinks verkaufen würde. Mit dem Kinn weist sie auf den schnittigen roten Wagen vor der Tür; er gehört ihr, und als Pelzmantel habe sie sich auch gerade den teuersten gekauft. Denn ihre Gäste stellen hohe Ansprüche an sie, das Mass an Aufmerksamkeit und Fürsorge, das Frau Vogt ausser den roten Zweierli spendet, ist beträchtlich. Sie kennt ihre Kunden mit Namen und Schwächen. «Viele choderen, viele schimpfen, sie sind auch nicht anders als die andern. Und man sieht es ihnen nach, weil sie alt sind. Man muss lieb sein zu ihnen und streng, wie mit Kindern. Und es ist schon besser, wenn sie hier zweierlen als im ‹Bären› unten, es ist doch ein langer Weg, gute zehn Minuten, es hat kein Trottoir, jedes Jahr ist einer überfahren worden.» (Und das ist doch auch unangenehm für den Autofahrer.)

Ob Insasse oder Angestellter des Betriebs, hier wird kein Unterschied gemacht im Bedienen. «Du rauchst wieder zuviel», und sie reicht Stumpen und Zigaretten über die Theke. Der Schreiner sitzt am Tisch, der Schmied, der Coiffeur, ein Pfleger. Es ist wie jeden Abend nach 18 Uhr. Aber heute ist Mittwoch, die Patienten haben ihr Geld bekommen, das Bündeligeld, sagt Frau Vogt, das Pekuli, sagt Frau Verwalter. Tabakvorrat wird geholt; einer, verbotenerweise, holt zwei Flaschen Bier; er bekommt sie, weil, so erklärt Frau Vogt, er den ganzen Nachmittag im Stall hart gearbeitet und so doch ein Anrecht auf mehr Durst habe. Einer bringt 43 Franken, und Frau Vogt nimmt das kleine blaue Heft und trägt den Empfang ein. Für die, die es wünschen, führt sie nämlich die Buchhaltung, notiert Genossenes, macht darauf aufmerksam, dass es heute nur für einen Zweier lange, oder warnt im voraus, empfiehlt Zurückhaltung und Einteilen, sonst könne es passieren, dass zwei völlig trockene Tage in Aussicht stünden. Nun, in der Pinte hatten wir gemütliche Stunden.

Übrigens fand die Photographin, dass die Frauen im Seelandheim unglücklicher aussähen als die Männer. Das sei begreiflich, fügte sie hinzu, die Frauen hätten keinen Ort, wo sie hingehen könnten, jedenfalls nicht so gäbig hingehen könnten wie die Männer. Zum Beispiel in die Pinte nicht, weil es ganz offensichtlich nicht Usus ist für eine Frau, in der Pinte zu höckeln. Geht sie in den «Bären» ein Bier trinken? Im «Bären», der Dorfbeiz übrigens, werden die Insassen des Seelandheims freundlich aufgenommen, man macht da keinen Unterschied zwischen einem Dorfbewohner und einem aus der Anstalt. Das ist erwiesen, das wurde beobachtet, mit Arglist, von der Photographin und der Journalistin.

Dass die Insassen im Hotel «Worbenbad» gut behandelt werden, dafür ist die Anstaltsleitung besorgt, sie hat da ihre Kanäle; umgekehrt ist sie auch dafür besorgt, dass sich die «Patienten» ordentlich benehmen, sauber aussehen (der hauseigene Coiffeur schabt Bärte, eine Coiffeuse kommt regelmässig auf die Stör, die Leibwäsche wird nach schweizerischem Sauberkeitsmass gewaschen. Flicken und Ausbessern der Kleider wird von der Schneiderei besorgt, ein Schuhmacher ist auch da), sich nicht besaufen und danach unflätig benehmen. (Die Gefährdeten gehen sowieso nur in die Pinte, und da verhindert Frau Vogt das Abrutschen in die Völlnis.) Aber der grosse runde Tisch in der Hotelwirtschaft wird nur von Männern frequentiert. Frauen setzen sich da nicht an den Stammtisch. Nur Frau B. U. trifft man regelmässig als Gast im Hotel, sie trinkt einen Tee crème oder einen Café crème und bestellt sich eine Brioche, liest das «Bieler Tagblatt», empfängt hier ihren Besuch, benützt die Gelegenheit, von hier aus «nach Hause» zu telefonieren, nämlich ihrer Tochter in Biel, und dann benützt sie auch gleich noch die Toilette des Hotels, weil diese viel wärmer sei als diejenige im Heim. Frau B. U. aus dem Privatheim, Witwe seit 24 Jahren, betritt das Hotel wie ihr eigenes Revier, das ist nicht eine Sache des Geldes, sondern der Gewohnheit und der Übung. Wo aber und wie befriedigen alle anderen Frauen ihre gesellschaftlichen Bedürfnisse, wenn sie nicht in die Pinte, nicht in den «Bären» und nicht ins «Worbenbad» gehen? Sie verdrücken sich um die Ecke, verbergen ihre Hände, sobald sie untätig sind, hinter der Schürze, verlassen ihre Stube weniger oft als die Männer, legen sich nie auf eine Bank im Gang, belegen die roten Stühle in der Anlage kaum. Wenn sie ein Gluscht überkommt, gehen sie an den Kiosk – links beim Teich, nahe beim Krankenheim – und kaufen Schokolade, Schleckzeug, etwas zum Lutschen.

Hier wäre nun der Augenblick gekommen, um vom Geld zu reden, für das man ja im Kanton Bern, besonders wenn es vorhanden ist, keine falsche Scham empfindet. Es sei vorweggenommen, der Betrieb zeigt keine Verluste, die Bauten sind abgeschrieben, die Landwirtschaft rentiert. Darüber später. Die Insassen? In der Privatabteilung ist es leichter, über den Pensionspreis zu reden, als in der allgemeinen. Frau B. U. zum Beispiel, die sich, etwas verschämt zwar, ihre Tasse Kaffee fast jeden Tag leistet, bezahlt im Monat 1380 Franken für Wohnen, Essen und Pflege. Tausend Franken sind gedeckt durch ihre AHV-Rente, den Rest bezieht sie aus den Zinsen ihres kleinen Vermögens.

Als Sackgeld, ihr eigenes, braucht sie ungefähr 60 Franken im Monat. (Die Erben können also beruhigt sein, das Kapital ist noch nicht einmal angegriffen worden, es wird ihnen ungeschmälert zukommen.)

Frau S., die Witwe eines hohen bernischen Regierungsbeamten, geht bewusster und souveräner vor. Sie sei hierhergekommen, nachdem sie sämtliche Altersheime des Kantons geprüft habe. (Sie sei schwach in den Beinen, schwach in der Kraft, aber denken könne sie noch.) Überall müsse man zahlen nach Vermögen, das passe ihr nicht, denn sie habe das Geld, das sie hätten, erschafft, und wie erschafft. Hier bekomme sie, ausser dem frischen Gemüse und der guten Milch direkt aus dem Stall und dem Bad einmal pro Woche, die ihr nötig gewordene Hilfe und Pflege für einen sehr anständigen Preis. Lieber vergabe sie, das sei ihre Auffassung, was übrigbliebe, für wohltätige Zwecke.

Mit den Patienten der allgemeinen Abteilung kann man nicht über den Pensionspreis reden, nur übers Sackgeld. Das Pensionsgeld wird gedeckt durch die AHV-Renten und die IV-Renten, entnehmen wir dem Jahresbericht. Jeder bekommt, das ist Vorschrift, pro Monat hundert Franken Taschengeld. Es wird bezogen in einer Lohntüte jeden Mittwoch und heisst das Pekulium. Bei den meisten kommen, je nach Arbeitseinsatz, zwischen sechs und zehn Franken dazu. «Das alles verchrömlen sie», sagt Frau Vogt in der Pinte. Aber nebenan, in der Korberei, der Herr Hänni, der so schöne Körbe flicht – aus äxtra guete Widli –, braucht sein Geld anders. Er bekommt pro Korb 2 Franken, er bringt zehn bis zwölf Stück fertig pro Woche. Für einen grossen starken Korb, einen Härdöpfelkorb – sy chöine bruuche i der Zuckerrüebenfabrik –, bekommt er drei Franken. Wie verwendet Herr Hänni sein Geld, wenn er doch den ganzen langen Tag an der Arbeit ist und chorbet? «I bruuch es für myni Schrybe», und schon zieht Herr Hänni eine Schrift unter dem Stuhl heraus: «Gedenk an deinen Schöpfer in der Jugend». (Erschienen und zu beziehen im Selbstverlag von Gottfried Hänni. Seelandheim, 3252 Worben. Käufer und Wiederverkäufer werden gesucht! Persönliche Anmeldung in der Korberei wird gewünscht. Kein Telefon.) Wir kaufen das rosa Heftchen. Herr Hänni holt aus, wie es zu dieser Schrift nach dem Evangelium Johannes gekommen sei und was für grosse verlegerische Pläne er hege. Es geht zurück in Verfolgung und Strafe, und das wiederum, das Private und Fanatische, geht unserer Begleitung doch etwas zu weit, wir müssen weiter und uns um die Verwendung des Pekuliums anderer Patienten kümmern. Wir haben nichts anderes gefunden, als dass das Taschengeld für leibliche Genüsse, Ausflüge, für einen extraguten Mantel ausgegeben wird.

Wie kommt es, dass die Bewohner des Seelandheims zufrieden aussehen, im grossen und ganzen jedenfalls. Wie kommt es, dass man sich nach ein paar Tagen hier bewegt wie in einem Dorf, wo es ja auch Starke und Schwache, Gesunde und Gebrechliche in einer Mischung gibt, wie das Leben sie anbietet. Die Photographin, die schon oft alten Menschen ins Gesicht geschaut hat, um sie zu photographieren, und Vergleiche ziehen kann mit Altersheimen in Prag und in London, fand die in Worben versammelten Alten und Kranken aus acht seeländischen Gemeinden heiter, zufrieden, abgeklärt; dumpf, ja auch, aber nicht von jener resignierten Dumpfheit, welche sonst das Abgeschriebenwerden hervorruft. Die Photographin erklärte es sich mit der Tatsache, dass für Alte und Kranke die Verbindung mit der Natur heilend sei, das Erlebnis der Jahreszeiten, hier sehe man den Himmel, spüre den Wind, der über die Felder weht, den Bisluft vom Jura her, das Abendlicht und die Morgenfrühe.

Marianne Roth, Fürsorgerin, seit 13 Jahren, mit einem Unterbruch von 1½ Jahren, im Heim tätig, meint, das Wichtigste für die Patienten sei die kontinuierliche Regelmässigkeit. Ob die Hoffnungslosigkeit nicht bedrückend sei? «Ich befasse mich nicht mit der Hoffnungslosigkeit», antwortet Marianne Roth. Ihre Begeisterung gilt augenblicklich dem Altersturnen: «Schon dass sie kommen, dass sie starten, ist wie eine Reanimation. Sie sitzen nicht mehr nur herum, die Beweglichkeit wird gesteigert, nach einiger Zeit ist ein solcher Fortschritt bei den Leuten sichtbar, sie nehmen Anteil, sie können wieder beobachten, sie stellen fest.»

Der Grund für dieses relative Wohlergehen muss aber noch woanders liegen. Denn wie ist zu erklären, dass man sich hier umtut wie in einer Gemeinde, die nach schwer fassbaren Regeln und Abmachungen letzten Endes funktioniert? Wir lesen in der Festschrift «100 Jahre Seelandheim Worben», einem kleinformatigen Prospektlein von 16 Seiten mit wenig Text und mit acht farbigen Photos, was für eine Art Heim Worben ist: «Es ist ein Alters- und Chronischkrankenasyl und verfügt über 500 Betten. Seine Insassen und Patienten stehen unter ärztlicher Führung und Pflege. Mit seiner angegliederten Landwirtschaft ist es ein Grossheim in seiner Art. Es ist in den Jahren 1955 bis 1964 vollständig erneuert und modern eingerichtet worden. Es liegt an der Peripherie vom Dorf Worben, an der Strasse von Lyss nach Biel.»

Ein Grossheim seiner Art, seine Art wäre herauszufinden. Den Schlüsselsatz, scheint mir, entdecken wir in der Legende zu einem Bild, das auf der Terrasse des Krankenhauses gemacht wurde und die mit dem Satz endet: «... und von den Terrassen aus beobachten sie (die Kranken) das normale Leben und Treiben im Heim.» Das normale

Leben und Treiben im Heim, nicht mehr, nicht weniger. Dieses Grossheim wurde nicht konzipiert nach wissenschaftlichen Erkenntnissen, es wurde nicht zunächst danach geforscht, wie man Spastiker behandelt, wie arteriosklerotisch gewordene Achtzigjährige am Weglaufen gehindert werden, es wurden keine Lehrbücher gelesen. Bevor man zum Bau schritt, gab eine Finnlandreise den Zünder für das ganze Zeug, erzählt Verwalter Dennler. «Ich war drei Wochen in Finnland. Die hatten von ihrem Russenkrieg her Sinn für die Sozialfrage, vom Rheuma aus auch. Ein Sozialminister jagte uns drei Wochen lang Tag und Nacht umher. Die hatten Heime und Spitäler und Präventorien und alles.»

Und Frau Dennler meint, der Kibbuz-Gedanke, ihr vertraut durch einen Pfarrer der Nachbargemeinde, sei ihr schon sehr nahe gewesen. Und in späteren Gesprächen, als wir über die Angestellten und die Organisation reden, fällt ein paarmal die Bemerkung: «Wir sind doch immer noch eine Familie.» Und der autoritär wirkende, allmächtige Verwalter, als ich ihn nach den Prinzipien seiner Führung frage: «Wie könnte ich streng sein mit ihnen (den Insassen), sie haben es bös genug und können nichts dafür.»

Und auf einem Rundgang Frau Dennler: «Dass nur alte Leute hier sind, das hat mich nie beelendet. Im Gegenteil, ich habe immer die Kinder mitgenommen, wenn ich durchs Ganze durchgegangen bin, und heute nehme ich die Grosskinder mit, weil ich spüre, alte Menschen haben es gern, wenn Kinder kommen. Und umgekehrt. Wir hatten einen alten Mann, der den ganzen Tag rauchte, am Nachmittag sass er auf einer Ladenbeige, und meine zweite Tochter, als sie klein war, kletterte auf die Ladenbeige und nahm Seppli obenine und het ne buttelet. Seppli hat gestrahlt. Und nichts an Seppli störte das Kind. Es hat ihn immer ein bisschen gwuschet und buttelet. Wir hatten nie etwas Sexualverbrecherisches, zwischen Pflegling und Kindern. Ich glaube deshalb, weil man nie von vorneherein eine Angst hatte oder eine Angst verbreitete.»

Ein Riesenhaushalt. Er läuft nach den Gesetzen eines bernischen Haushalts; da wird nicht geflunkert, da wird das Notwendige angekehrt, damit es Mensch und Tier wohl sei. Der grosse Atem bäuerlicher Tradition, alles, Starkes und Schwaches, wird mit hineinbezogen, ist aufgenommen in den Haushalt. Strafen, wenn einer rausfällt? «Wenn einer nicht guttut, immer betrunken ist (der Alkohol ist der grösste Feind), dann wird er halt auf Kamillentee gesetzt, bis er wieder i dr Gredi isch», so Frau Verwalter.

Jedes der Häuser ist ein kleiner Betrieb für sich, das Essen, das in Wärmewagen von der zentralen Küche aus verteilt wird (früher gab es nicht jeden Tag Fleisch, heute schon), kommt auf die Tische der Essstuben der Pavillons, am Tisch wird eine gewisse Kontrolle ausgeübt, die Leiterin schaut einfach, ob jedes da ist.

Die Angestellten leben im Heim, es sind Familien, die Familie Fuchs zum Beispiel: Frau Fuchs ist Leiterin eines der Häuser («Sie kommt jeden Abend vorbei, wenn man im Bett ist, und sagt gute Nacht», lobt eine Insassin), ihr Mann, Bäcker, hat die Vorräte und das Backen unter sich. Die Kinder, heute erwachsen, sind in Worben aufgewachsen, der Sohn, der Medizin studiert, hilft selbstverständlich während der Ferien dem Vater in der Backstube. Die Kinder Fuchs konnten zuerst noch nicht in den Kindergarten – er wurde erst später für die Jüngsten der Angestellten eingerichtet –, assen aber immer mit ihren Eltern am Tisch im Esssaal des Personals. Selbstverständlich halfen sie auch der Mutter beim Putzen und beim Betreuen der Patienten. Sie greifen selbstverständlich zu, sie wissen, wie man Behinderten beim Essen hilft, sie füttert. «Einstossen» heisst das in der Fachsprache. Es wundert nicht, dass die meisten Nachkommen der Angestellten Pflegeberufe ergreifen.

Haushalt, ein grosser Haushalt. Die Pfleger sind Hausvorstände, weder akademisiert noch gradiert; die Ausbildung, oft ein Polster zwischen dem Gesunden und dem Kranken, schafft nicht Distanz, da ist nur Direktheit. Man redet die Sprache des Schwächeren, Ausdrücke sind nicht Abwehr.

Wir gehen mit Frau Dennler in das Haus der psychisch kranken Frauen, sie schaut sich um, wie jede Hausfrau das etwa tut. Sind die Anzügli der Betten noch in Ordnung, müssen die Handtücher ersetzt werden? Kranke geben ihr die Hand, gurgeln, danach gefragt, ihren Namen, melden ihren Jahrgang. Das sind ihre Fixpunkte, das sind sie, das ist ihr Eigenes und ihr Wissen: «Ig, z Marie, nünzähundertfüfezwänzg.» Das ist, was geblieben ist. Zuwenig für uns, die wir uns normal und gesund glauben?

Da sind die Arztvisiten wie Zubehör («Wir brauchen sie wegen der Medikamente», meint die Fürsorgerin), und den Ausdruck «irrsinnig» habe ich nur einmal gehört, nämlich als Übernamen für den Küchenchef, Herrn Frutig, der jeden Tag sehr gut kocht, aber an der Hundertjahrfeier mit besonderem Stolz die Fleischsuppe rührte, meldete, sie hätten am Vorabend für 2000 Personen Kartoffeln geschält, und die Bohnen seien auch parat. Seine Siegesmeldungen haben oft die Bezeichnung irrsinnig, und so ist er «dr Irrsinnig» geworden.

Herr Zwahlen, Chef im Männerhof, der geschlossenen psychiatrischen Abteilung für Männer, Bäcker von Beruf. «Wenn Herr Fuchs in den Ferien ist, vertrete ich ihn, dann backe ich.» Am Fest hatte er vielfältige Funktionen: «Ich serviere. Dann bin ich bei der Musik. Nachmittags, am Volksfest, bin ich am Rad.»

Er öffnete der Photographin und mir die von innen geschlossenen Türe, die in den «Hof» führt. Er wohnt im gleichen Haus; seine Wohnung hat eine direkte Verbindung zu den Zimmern der Kranken. Seine Tochter will Krankenschwester werden; seit sie Kind ist, kommt sie und hilft ihrem Vater, «wenn der grösste Sums ist». Herr Zwahlen hat Schnitte im Gesicht. Er ist einmal angefallen worden. Verwalter Dennler schaute sich das geflickte Gesicht an: «Was machen wir jetzt, Zwahlen?» Nichts, meinte Zwahlen, es war einer von 56, warum sollten wir die andern 55 strafen durch andere Massnahmen? Die Massnahmen für die Kranken, welcher Art sind sie überhaupt?

Wir kommen nach dem Essen in den «Hof». Die Männer erheben sich schwerfällig von den Tischen. «So, wisch dir das Maul ab. Nimm das Taschentuch, hast noch Flecken vorn. So ja, bist ein Lieber.» Duzen Sie alle, einfach so? Nein, sagt Herr Zwahlen, da müsse man schon aufpassen, man sehe einem an, ob er ein Gebildeter sei, was er vorher gemacht habe, er benehme sich anders; der sei nicht dran gewöhnt, dass man ihn duze. Da kommt Xander, ein früherer Metzger: «Wieviel hast du gemetzget heute?» Und die Antwort kommt stereotyp: «Hunderttausend.» Und dann will Xander noch auf die Frage antworten, was das Kilo Kalbfleisch heute koste, er will dann sagen: «Viele Millionen.» Ernstli und Konrad, «meine zwei Habakuken», sagt Zwahlen, kommen, sie halten sich immer an der Hand, machen alles zu zweit. Ernstli hatte Kinderlähmung, Konrad hilft ihm. Es ist, wie wenn sie sich aneinander festhielten. «Wenn einer stirbt, wird der andere nicht leben können», fürchtet Zwahlen.

Auch den Herrn Zwahlen fragen wir, ob ihn die Hoffnungslosigkeit seiner Fälle nicht zur Verzweiflung bringe? (Das Wort «Fall» zwar kommt in Worben nicht vor.) Ja, meint Herr Zwahlen, es gebe zwar immer mehr Kranke, die Arteriosklerose komme wahrscheinlich vom zu langen Leben und vom zu guten Essen, aber was könne einer dafür, man wisse ja nicht, was einem selbst einmal passiert, «und dann bin ich auch froh, wenn mir einer das Fudi putzt.» Jeden Abend, wenn alle schon in den Betten sind, Herr Zwahlen in seine Wohnung hinübergegangen ist, klopft einer an seine Tür, immer derselbe, es ist ein Zeremoniell: «Zwahle, chunsch morn?» Und von drinnen muss es heissen: «Jo, i chume morn.» – «Guet Nacht, Zwahle.» – «Guet Nacht, Hans.»

Die Patienten also tun immer dasselbe, nach dem Essen träppeln sie in den Innenhof (findige Reporter fanden ihn ein Gefängnis), der eine legt sich aufs Gras, der andere sitzt links auf die Bank unter den Baum, ein dritter dreht den Rücken gegen die Sonne. Immer tut jeder dasselbe, im gleichen Rhythmus, Tag für Tag, im gleichen Ablauf, am selben Ort. So ziehen auch die draussen, ohne sich selber darüber im klaren zu sein, dieselben Kreise, tun, zu jeder Stunde, dasselbe. Der Rhythmus hilft ihnen über inneres und äusseres Elend, verdeckt das Chaos. Dr Cheer mache, das schien mir die ungeschriebene Devise des Seelandheims.

Die Beschäftigung der Patienten, die hier nicht Therapie heisst, sondern Mittun? Frau Dennler antwortet: «Ich schaue immer darauf, dass die Beschäftigung das Natürlichste und Selbstverständlichste ist. Etwa Brünneli putzen, Geschirr abwaschen und verrume. Tisch decken, Geschirr abtrocknen, wischen, abstauben, einfach, was man in der Haushaltung macht. Eine gewisse Kuppele kommt rüsten. Sie probieren's halt, man ist nie von Anfang an sicher, ob sie's können. Und ob sie's wollen, ist abzumachen, auch, ob sy de gäng wider wei, aber die meisten, habe ich beobachtet, haben Freude an einem Ämtli. Weil es sie ausfüllt, weil es ihnen die Längwili nimmt, sie vergessen ihr Bobo, und wir können Angestellte einsparen. Die Neuen lassen wir wochenlang zuschauen, nachher, wenn wir merken, dass sie surig werden, fragen wir: Wettet ihr am Änd öppis hälfe? Natürlich schauen wir darauf, was einer gemacht hat früher. Aber die von der Stadt können manchmal sehr gut haushalten. Wir waschen in allen Häusern selber ab. Auch bei den Männern. Selber abwaschen und tischdecken natürlich. Manchmal sind sie veie echly ehrgizig. Dann rühmt man sie auch. Dann bekommen sie auch ein kleines Pekuli dafür. Es ist eine Stimulierungsprämie. Damit sie ein etwas grösseres Sackgeld haben, fünf bis zehn Franken in der Woche.»

Natürlich haben wir den Verwalter als ersten begrüsst, und er kam in den Gesprächen mit den Angestellten und Insassen täglich vor, als der Chef, der Verwalter, er wurde als Schaffiger bezeichnet, als ein Vorbild. Er ist der König hier, schien mir, und alle Widerborstigkeit gegen herrisches Benehmen erwacht in einem. Da gibt's kein Flunkern, grosse Diskussionen werden mit einer Handbewegung, mit handfesten Argumenten umgestossen, als Schlusssatz die bernische Übereinkunft: «Mir säge däm eso.» Walter Dennler-Stalder ist studierter Lehrer und Landwirt, war in der Innenkolonisation tätig, übernahm Worben, riss als erstes die Mauern um die Armenverpflegungsanstalt nieder, machte die Güterzusammenlegung, brachte die Landwirtschaft zum Erfolg, schmiss die Brauerei; er fürchtet nicht die Kontrolle des Staates, nicht die Prüfung der Direktion der Seeländergemeinden, seine Rechnungen stimmen. Seine erste Bemerkung an die Reporterin: «Nume nid zviu rüeme.» Seine zweite: «Sie können alles ansehen, überall hingehen, wir haben nichts zu verstecken.» An der Hundertjahrfeier hielt er sich sehr zurück, bekam ein Schaf als Geschenk, tat alles wie nebenbei, aber in der stolzen Selbstverständlichkeit des erfolgreichen Berner Bauern: «Sogar das Wetter haben wir richtig eingerichtet.»

Am Festakt im September, in der grossen Wagenhalle, als alle Insassen im Sonntagsgewand erschienen, die Zipfelmützen mit dem Hut vertauscht wurden, tausend Gäste kamen, die Musik spielte, das Essen grossartig war und der Beaujolais Village floss, sprachen, nach dem Festgottesdienst, der Direktionspräsident des Seelandheims, der kantonale Fürsorgedirektor, der Gemeindepräsident von Worben, ein Vertreter des Vororts Bern der Pflegeheime; alle redeten sie von der Entwicklung der Armenverpflegungsanstalt, der Zwangsanstalt der seeländischen Vaganten zum heute gut rentierenden Seelandheim, dem Heim für Betagte und Chronischkranke. Als Vertreter der Abgeordnetenversammlung trat Dr. med. vet. Otto Köchli aus Lyss ans Rednerpult. Er vertrat die veterinärmedizinischen Probleme, am Schluss liess er den hinkenden Gafner (offensichtlich ein Spastiker, aber dieses Wort habe ich hier nie gehört) nach vorne kommen, ehrte ihn als seinen besten Mitarbeiter im Stall – er halte ihm die Spritze, er sage ihm genau, welche Säue geimpft werden müssten –, er gab Gafner die Hand und sagte: «Mach wyter so, Bueb, de wirds guet.»

Die schwarze Frau

Wenn ich sie mir vorstelle, sehe ich sie als Riesin durch die Strassen gehen, eine überragende Gestalt. Schwarz gekleidet von oben bis unten, der Rock reicht bis zu den Füssen. Aber sie geht ja gebeugt, merke ich, wenn ich ihr wieder begegne. Der Rücken ist krumm, der Kopf baumelt nach unten, ich habe ihr Gesicht noch nie gesehen. Sie geht schwankend, man ist verwundert, dass sie die Strasse überqueren kann, ohne umzufallen. Kaum auf der anderen Seite angelangt, hält sie sich am Gartenzaun fest, angelt sich von Gitterstab zu Gitterstab mühsam vorwärts. Sie stützt sich, wenn kein Zaun das Trottoir abgrenzt, auf die Hauben, die glänzenden Blechhauben der Autos. Sie tut es kräftig und ganz ungeniert; und ich möchte den sehen, der sich erlaubte zu bemerken: «Aber sehen Sie denn nicht, es entstehen Flecken auf dem Auto, man sieht die Spuren Ihrer Hände.»

Man weicht ihr aus, der schwarzen Gestalt. Manchmal, so stelle ich fest, zügeln die Menschen, die ihr begegnen, ihren forschen Schritt und gehen langsamer; vielleicht schämen sie sich ihrer leichten Kraft des Ausholens, sobald sie diese schwankende Gestalt wahrnehmen. Wie wenn sie, im Notfall, eingreifen könnten und sie vor dem Fall retten, überkommt die Passanten eine Sorgfalt; wie wenn sie doch zu Hütern des Nächsten aufgerufen wären? Aber man dreht nie den Kopf nach ihr um, dieses Leiden ist nicht zu besichtigen. Denn da ist keine Schwäche, nichts, das Mitleid erheischt. Eigentlich wäre ich der schwarzen Frau gern einmal gefolgt, hätte wissen wollen, ob sie in die nahe Kirche gehe oder in die Bäckerei um die Ecke und wann wohl wieder den Weg zurück in ihr Zuhause. Aber ich wagte nicht, aus dem Auto auszusteigen, als ich ihrer ansichtig wurde, wagte auch nicht, den Kopf nach ihr umzudrehen. Aus Ehrfurcht? Jedesmal aber bin ich glücklich, wenn ich ihr zufällig begegne. Und es interessiert mich nicht, ob sie auf Anrede unwirsch oder böse oder freundlich reagieren würde.

Das Kolossalste an ihr sind die Füsse. Kolossale Füsse, die dem Körper irgendwie vorangehen, ihn nicht nur tragen, sondern auch führen. Einmal bemerkte ich, dass sie hohe Schuhe trägt und dass ihre Füsse wahrscheinlich verkrüppelt sind. Ich habe noch nie so kolossale und so wichtige Füsse gesehen, Klötze, die den Asphalt treten zur Selbstbehauptung. Jeder Schritt wird dem Weg abgerungen und bringt die Gestalt einen ganzen Schritt vorwärts. Wie wenn sie den Erdball meistern und unter ihre Füsse bringen müsste, so geht die schwarze Frau.

Der Heizer

Er stieg von unten herauf und war schwarz – so kommt er mir vor in der Erinnerung. Klein von Wuchs, in gerader Haltung, den schmalrandigen Hut aus Kunststoff pflegte er umgekehrt vor der Türe auf den Boden zu legen, wenn er ausnahmsweise meine Wohnung betrat.

Die Rinnen der Hände von der Kohle schwarz, jede Falte im Gesicht auf merkwürdige Wiese geschwärzt, das dache ich von ihm, obschon er sauber gewaschen und glatt rasiert war, der Heizer. Es ist lange her.

So um vier Uhr früh kam er ins Haus, rüttelte an der Heizung, schaufelte, stellte ein. Am Nachmittag, beim Eindunkeln, hörte man seine Schritte wieder aufs Haus zukommen, man dachte, ach, der Herr J., und ging seinen Verrichtungen nach.

Morgens aber freute man sich, vom Geräusch des Türenaufschliessens geweckt zu werden, zuerst das Gartentor, dann die Haustüre, kurz danach die Kellertüre, dann das Rumpeln im Heizraum, man konnte sich noch einmal umdrehen im Bett und weiterschlafen, man wusste, es wird warm in der Stube und der Tag ist noch weit.

Man empfand ihn als Wächter über dem Haus, den Herrn J., als einen Schutzgeist, der für Feuer sorgte, so dass man nicht frieren musste, es aber so zügelte und regelte, dass es nicht ausbrach, nichts Schlimmes passieren konnte, nichts zerstört wurde.

Er starb kürzlich, der Herr J. Wir waren wenige im Krematorium vor Halle 2, füllten dann nicht einmal drei Reihen. Alle, denen er die Heizung besorgte, hatten ihn gern, sagte lebhaft die Nichte des Herrn J., bis viermal pro Tag sei er, wenn nötig, nachschauen gegangen in die Häuser, nicht nur bei den Privaten, auch bei der Stadt, ob alles in Ordnung sei.

Der Tannensarg schien mir sehr klein, aber er war ja ein kurzer Mensch gewesen und mit 77 Jahren streckt man sich wohl im Tode nicht lang aus. Die Kollegen aus dem Altersheim sassen freundlich auf der zweiten Bank.

Wie er immer aus dem Feuer stieg, der Herr J., er kam von unten die Treppe herauf und schien schwarz, aber ein Bändiger, er bändigte Gewalten mit Kohle und leitete sie zur Wärme. Es ist lange her, aber es kommt mir alles in den Sinn.

Liebe Trauergemeinde, sagt der Pfarrer, segnet den Sarg, spricht sorgfältig und liebevoll. Er sei das zweitjüngste von elf Kindern gewesen, vier starben früh. Schon während der Schule als Taglöhner gearbeitet, auf dem Felde. Dann eine Schuhmacherlehre.

Ja, Schuhmacher war er gewesen, unser Heizer. Ich legte einen Zettel in den Heizraum, er solle bitte läuten, ein Paar in der Wohnung abholen, zum Flicken. Jetzt fällt es mir wieder ein.

«So nimmt denn meine Hände und führe mich», intoniert die Orgel. In seiner Schuhmacherwerkstatt war ich auch gewesen, im Laufe der Zeit, sah den Herrn J. arbeiten, liess mir zeigen, wie er einen Flick ausgeführt hatte, mit gutem Leder und kräftigen Stichen. Und dann setzte er kleine Eisen auf Kinderschuhabsätze und ein halbrundes vorn auf die Spitze.

Aber der Schuhmacherheizer, der Heizerschuhmachermeister hat mir einmal staatsbürgerlichen Unterricht erteilt, eine kraftvolle Lehre, die ich nicht vergessen werde.

Er sprach hie und da von «ihr», wie nebenbei, in grösster Selbstverständlichkeit, wie wenn man wüsste, wer «sie» sei. Es war wohl die Frauengestalt, die man in seiner Werkstatt – auch diese habe ich als dunklen Raum in Erinnerung – sitzen sah, ruhig, zurückhaltend, sich nie in Kundengespräche einmischend. «Sie», eine Frau, eine vertraute, nahe.

Sie war krank geworden, so hörte ich einmal, gemütskrank, sie verbrachte eine lange Zeit in einer Nervenheilanstalt. Es ist anzunehmen, dass Herr J. sie regelmässig besuchte. Plötzlich schien sich der Zustand der Frau zu verschlechtern (sie starb in der Anstalt). Es muss damals gewesen sein, dass Herr J. seine Fürsorge um sie verdoppelte, oft zu ihr wollte, um ihr beizustehen, ihr zu helfen.

Da schlossen sich aber plötzlich die Türen vor dem Heizer, der kein Verwandter der Kranken war, kein ihr angetrauter Ehemann, eben nur ein Freund. Der Arzt gab ihm keine Auskunft über ihren Zustand, auch die Schwester nicht, man liess ihn nicht mehr zu ihr. Das verletzte den Herrn J. zutiefst, er war ausser sich über dieses Ausgesperrtsein. Die Frau war ihm doch der nächste Mensch, er gehörte zu ihr.

Es waren Monate vergangen, da stand der Heizer einmal in meinem Korridor, der Hut wartete draussen, und er erzählte seine Geschichte. Da sah man plötzlich, dass Herr J. mit Feuer zu tun hatte, das er nicht bändigen konnte; seinen Zorn über diesen schlechten Staat mit so unsinnigen Verordnungen, das war zuviel für Herrn J., das verstand er nicht.

Er schwor Rache. Seine Rache hatte er beim Kohleschaufeln so lange geschürt, bis sie loderte und brannte.

Ich sehe ihn noch im Korridor stehen, gegen Abend, die Heizung war in Ordnung, das Schuhpaket zum Wegtragen in der einen Hand, die andere hoch in der Luft, wie wenn er zum gewaltigen Hieb gegen dieses Land mit den schlechten Institutionen ausholte, die Stimme wurde dunkel, er flüsterte seine Strafe: «Seit jenem Tag, ich sage Ihnen, seit jenem Tag bin ich nie mehr abstimmen gegangen. Seit jenem Tag stimme ich nicht mehr. Ich werde nie mehr abstimmen», sagte der Heizer.

Erkenntnis des Schmerzes

«... nie vor Gefahren bleich – froh noch im Todesstreich – Schmerz uns ein Spott» sang man aus voller Kehle, damals, angewiesen vom Lehrer, für den Ersten August. Das Syntaktische war etwas befremdlich, es wurde aber wettgemacht durch die hymnischen Rhythmen. Das vaterländische Lied floss Kindern wohl leicht von den Lippen bis zu dem Zeitpunkt, wo sie Schmerzen am eigenen Leib registrierten, Angst bekamen davor und ihnen die Unempfindlichkeit gegenüber Hellebardenschlägen doch eher fragwürdig schien.

Es werde schmerzlos vor sich gehen, so wurde man ermutigt für den Besuch beim Arzt, vor der Einlieferung ins Spital; doch da merkte man plötzlich, dass die Erwachsenen keine Ahnung davon hatten, wo und wann man etwas schmerzhaft erlebte, vielleicht einen fremden Ort oder einen Abschied. Aber seelische Schmerzgefühle fielen ins Ressort des Auf-die-Zähne-Beissens. Man hätte Erfahrungen des Schmerzes ja auch noch nicht ausdrücken, benennen können.

Es gehört zum Unerträglichsten des Erwachsenwerdens, einzusehen, dass es den Schmerz gibt, dass sein Anspruch an das Leben gewiss ist, dass keiner sich seinem Zugriff entziehen kann und dass er listig ausbricht, wo es ihm passt, und dass er keine Rücksicht nimmt auf die Werte, die wir uns geschaffen haben. Kein Lebenskomfort kann uns vor dem Schmerz schützen; Schmerz ist auch kein Vorurteil, das durch die Vernunft abgewehrt werden könnte. Schmerz scheint tatsächlich ein Bestandteil menschlicher Wirklichkeit zu sein.

Da jeder seinen eigenen Anteil am Schmerz hat und mit ihm fertig werden muss, ist die Beschäftigung mit dem Schmerz für jeden jederzeit aktuell.

Die Ärzte befassen sich täglich mit den Schmerzen ihrer Patienten, weil sie ihnen ein Signal sind für die Krankheit, die sie herausfinden und heilen wollen. Was eigentlich Schmerz sei, wie er entstehe und wie er zum Verschwinden gebracht werden könne, damit befasst sich der englische Neurologe Patrick D. Wall. Der Schmerz wurde also herausgenommen, ins Labor getragen, untersucht. Es erwies sich sofort, dass er nicht in der Retorte zu erforschen ist, weil er nicht losgelöst werden kann vom Menschen, der ihn empfindet. Er ist auch nicht messbar, da er je nach Kultur, Verhaltensmustern, Ort, Umständen unterschiedlich toleriert wird. Zwischen Angst und Schmerz besteht eine lebhafte Wechselwirkung.

Wen interessierte nicht vor allem die Beseitigung des Schmerzes? Die moderne Medizin hat viele Betäubungsmittel anzubieten. Mich erschreckte in der wissenschaftlichen Analyse über den Schmerz die Einstufung der Totalanästhesie, jener Extremform einer medikamentösen Schmerzblockade. Unter andern Vorzügen wird die Tatsache aufgezählt, dass sich der Patient hinterher nicht mehr an sein Leiden erinnert. Das Leiden ist also unausgesetzt vorhanden, der Mensch wird nur ausserstand gesetzt, es zu empfinden. Einer Auseinandersetzung mit ihm kann der Patient somit nie entrinnen, und der Schmerz wäre ein Hinweis darauf, sich ihr zu stellen. Doch wie erkennt man seinen Schmerz und wie den wirklichen Schmerz des andern?

Zürich

Zürich, o Zürich! Mein Zürich? du bist es nicht mehr. Das kam allmählich. Ich merkte es lange nicht, denn du warst der Ort, den ich gewählt hatte: deine Uni, weil sie früh Frauen zum Studium zugelassen, weil sie politisch Verfolgte aufgenommen hatte. Zwar warf ich den Verkleideten am Sechseläuten keine Blumen, habe die hoch zu Ross nie beklatscht, aber als ich durch Heirat von einer Bielerin zur Zürcherin wurde, und nach einer Scheidung das Bürgerrecht dieser Stadt mir blieb, war ich froh, denn Zürich war ein guter Ort für meine Arbeit. Habe sie auch ausgeführt; vielerlei Arbeit. Schwierigkeiten stärkten, damals, und ich sah keinen Grund, Auszeichnungen aus der Hand von Stadtpräsident oder Regierungsrat abzulehnen.

Nur jetzt bin ich gelähmt von dir und deinen Mächtigen. Sie lügen uns an, sie missachten, sie verachten unsere Beobachtungen, sie sind hämisch geworden; sie haben jetzt Wasserwerfer und Gummigeschosse und verstärkte Polizei, die immer Recht bekommt, auch von der Rechtsprechung. Gehe ich durch deine Strassen, stolpere ich bei jedem zweiten Schritt über eine Baustelle, stosse an Abschrankungen. Dann sehe ich in die Gesichter der Francescos, Franciscos, Slavkos, welche deine Unterhöhlungen vorantreiben. Es sind offene Gesichter, sie sind voller Arbeit und Anstrengung. Ich grüsse sie. Ich denke, wir sind gleichermassen ausgeliefert. Und ohnmächtig.

Denn man wagt uns zu sagen, nicht angepasste junge Menschen seien alles Kriminelle, man behauptet, die Isolationshaft im Hochsicherheitstrakt sei keine, zwei hohe Chargen in der Diskussion über einen Film – der jüngste Vergangenheit von einer andern Wirklichkeit als der offiziellen her dokumentiert – wagten es, sich dem Filmer und einem Journalisten zu einer Diskussion gegenüberzusetzen, ohne den Film gesehen zu haben. Gipfel der Arroganz! Taten sie es, weil sie wissen, dass ihre Schamlosigkeit von einer Mehrheit nicht bemerkt wird? Übrigens, in diesem Film über die Bewegung erzählt ein Zeuge, ein gemütlicher Töff-Fahrer, wie ein Polizist einen Jungen vor seinen Augen niederknüppelte; er habe jahrelang unter diesem Eindruck gelitten, der Töff-Fahrer, und wenn er an dieser Stelle vorbeifahre, komme ihm die Sache in den Sinn. Und schliesst: «Seit da ist

Zürich nicht mehr das gleiche für mich, es ist etwas anderes geworden.»

Zürich ist etwas anderes geworden, seit man auf die Jugend einschlägt. Für mich wars die Demo Weihnachten 80, wir zogen mit hunderten von betroffenen Eltern ruhig durch die Strassen, wir demonstrierten für die Wiedereröffnung des Jugendhauses.

Da fuhren sie heran, die Wasserwerfer mit Gasgemisch, beschilderte Polizei sprang auf uns zu, wir flohen, einige durchs Sihlwasser auf die andere Seite. Ich hatte etwas abgekriegt, die Augen brannten, ich hustete. Da fasste mich ein Unbekannter hilfreich am Arm, sagte: «Kotz es aus!»

Seither tue ich es.

Die Diskriminierung hat viele Gesichter

Von Ende August bis Ende September 1928 hatte die 1. Schweizerische Ausstellung für Frauenarbeit (Saffa) in Bern stattgefunden. Als Schulmädchen in Biel habe ich sie nicht wahrgenommen, auch auf familiärer Ebene nicht, meine Mutter gehörte nicht zu den streitbaren Schweizerinnen.

Den Schlussbericht über jene Ausstellung, ein über 500 Seiten dickes Buch, las ich 30 Jahre später, gezwungenermassen.

Es wurde nämlich auf den Sommer 1958 eine zweite Saffa in Zürich geplant, und das Organisationskomitee war auf die Idee gekommen, mich zur Pressechefin zu wählen; das war ein gutes halbes Jahr vor der Eröffnung der Ausstellung.

Ich bezog ein Büro, organisierte den ersten Spatenstich – es war eine heitere Pressefahrt – und stellte einen genauen Plan für die Presseorientierungen der kommenden Monate auf.

Es gab aber nach etwa drei Wochen Krach, und ich trat zurück.

Der Krach diente meiner Nachfolgerin, denn alle Forderungen, die ich stellte, wurden ihr dann gewährt.

Es ging um Professionalität, ich fühlte mich als Journalistin nicht ernst genommen in meinem Handwerk; ja, man könne es vielleicht doch anders machen und man werde ja dann sehen, hiess es stets. Ich stand nicht stramm, ich wehrte mich für mein Handwerk, dessentwegen ich ja angestellt worden war («Wenn Ihr ein zerschlagenes Fenster habt, lasst Ihr ja auch den Glaser kommen und schreibt ihm dann nicht vor, welchen Kitt er nehmen soll, oder?»), ich verwahrte mich auch gegen das Ansinnen, mit freiwilligen Arbeitskräften zu arbeiten – das sei doch ein Nonsens für eine Frauengruppe, die unter anderem die Devise «Gleiche Arbeit, gleicher Lohn» vertrete, im übrigen komme eine Freiwilligenarbeit am Schluss immer teurer zu stehen. (Die freiwilligen Damen hatten am Tag, an dem man ihre Arbeit brauchte sowieso immer grosse Wäsche oder mussten mit dem Ehemann auf Geschäftsreisen.)

Es reute mich nicht, dass ich diese ehrenvolle Stelle verlassen hatte. Ich besuchte ohne Reue die Saffa mehrere Male. Das Lob der Frauentüchtigkeit aber fiel mir auf die Nerven. Erst nach Schluss der Ausstellung schrieb ich meine kritischen Notizen und publizierte sie im «Frauen-Spiegel» des Luzerner Tagblattes, eine Beilage für Frauen und Kinder, die ich von 1950 bis 1962 redigierte. Nota bene: Im Mai des Saffa-Jahres war das schockierende Buch «Frauen im Laufgitter» von Iris von Roten erschienen, eine Publikation, die nicht nur den Männern sondern auch offiziellen Frauenkreisen arg missfiel.

Zwischen Bazar und Höhenweg

Ein paar herbstliche Notizen

Dem hohen Saffa-Sommer folgt der kühle Herbst. Gestählt können wir Schweizerinnen dem Winter entgegensehen, dessen Stürme uns nicht schrecken, denn wir haben die Saffa im Rücken. So denkt man, und es ist gut so. Wer sich trotz des Saffa-Erfolges nicht gestählt fühlt, dem ist nicht zu helfen, womit auch? Er kann sich höchstens in der Kunst, hässlich und unpopulär zu sein, üben! – Oder vielleicht in der Kunst, ein Mann zu sein? – Unken gab es immer, werden die Gestählten mit Achselzucken sagen. Und es ist immer unfein, dem jüngst verblichenen Helden – in unserm Falle der Heldin, der Saffa nämlich, in die Asche zu spucken. Wir spucken nicht. Wir erlauben uns nur, darüber nachzudenken, warum wir der Selbsterhöhung der Schweizerfrau – die wir auch sind, deshalb! – nicht recht froh werden können. Ganz am Rande seien darüber einige Notizen gestattet.

Ein zwölfjähriger Bub, der mit wachem Sinn seine Umwelt beobachtet, hatte sich die Saffa genau angesehen und meinte nachher nachdenklich: «Etwas ist vergessen worden, man hat nirgends gesehen, dass Frauen immer aufräumen müssen.» Er dachte an seine Mutter, ohne deren leichte Griffe und ständige Sorge, Herumliegendes dorthin zu bringen, wohin es gehört, sein Heim sich in ein Chaos verwandeln würde, dachte wohl auch an seine eigene und die Zerstreutheit seiner Geschwister, an den Vater, der auch zuhause die Gedanken noch bei der Arbeit hat, kurz, das tägliche ständige Aufräumen der Frau des Hauses steht für ihn als echt weibliche Leistung im Mittelpunkt. Die Aufräumearbeit einer Frau konnte wohl nun nicht gut in einer Ausstellung gezeigt werden. Vielleicht war die ganze Ausstellung als ein grosses Aufräumen zu verstehen, ein notwendiges Grossreinemachen in allen Stuben und auf allen Etagen, notwendig, um nachher die Übersicht zu haben und sich zu fragen: Wo stehen wir? Sich über seinen Standort zu besinnen, ist von Gutem, zu jeder Zeit. In Perioden der wirtschaftlichen Hochkonjunktur jedenfalls, nur hat man dann verflixt wenig Zeit dazu. In den Zeiten der Krisen ebenfalls, nur hat man da auch nicht Zeit, ist man doch damit beschäftigt, sich durchzubringen.

Heute leben wir in einer Zeit äusserer Hochkonjunktur und innerer Krise, also Grund genug, doppelt über Standort und Lage nachzudenken und aufzuräumen. Die Saffa war bestimmt Anlass dazu, sich zu besinnen, zu überlegen, zu fragen: Wo stehen wir? Einige gute Beiträge zu dieser Standortsbestimmung, wir erwähnen nur die Publikation der Schweizerischen Helvetischen Gesellschaft, sind in diesem Jahre erschienen. Für die Saffa selbst ist viel gedacht worden und sie darf wohl als Demonstration eines grossen Teiles der Schweizer Frauen aufgefasst werden. Also was hat sie uns über unsern Standpunkt ausgesagt?

«Eine Ausstellung wie eine andere auch», so sagte die resolute Frau H. aus M., die von ihrem Juraberg herabgestiegen war und drei Tage in Zürich an der Saffa verbracht hatte. «Wie Ausstellungen heute eben so sind», sagten viele, die unvoreingenommen das Gelände am See besichtigten. Sie wollten damit kein vernichtendes Urteil aussprechen, keineswegs. Sie hatten etwas Gutes erwartet und fanden das Gute. Heute pflegen Ausstellungen, da wir in einem visuellen Zeitalter leben, gut zu sein, Architektur und Graphik pflegen zu brillieren. Nur die Dummen waren überrascht, wie gut sie sei, diese Saffa. Zu ihnen gehören ein paar wenige Journalisten, die am Pressetag sich nicht genug damit tun konnten, wie prächtig das sei, dass die Frauen mit der Ausstellung überhaupt fertiggeworden seien, und überhaupt sei sie so gross. Ausgerechnet die Menschen, die täglich dem Leben auf der Spur sind, Augen und Ohren berufshalber aufsperren müssen, wunderten sich über die Leistung der Frauen. Was nicht unbedingt gegen die Frauen spricht!

Die Schweizerin hat diese Ausstellung tüchtig, überaus tüchtig geschmissen. Dass während ihrer Entstehung viel geschimpft worden ist, spricht nicht gegen die Tüchtigkeit. Es ist damals, wie man aus sicheren Quellen vernimmt, auch während der Entstehung der Landi viel geschimpft worden, und reihum sollen die starken Männer Nervenzusammenbrüche gehabt haben. Nicht nur dank des guten Wetters wird die Saffa nun auch zu einem finanziellen Erfolg werden, worüber wir uns von Herzen freuen. Nur die Kleinlichkeit und Ängstlichkeit der Männerwelt wollte es nicht wahrhaben, dass die Saffa zum äussern, zum materiellen und zum finanziellen Erfolg werden würde. Nun sind wir also so weit. Der Riesenbeweis der Tüchtigkeit ist angetreten worden.

Eine andere Frage, ob er nötig war, mit so viel Aufwand, Mühe und Schweiss? Vor dreissig Jahren war eine Demonstration auf der Frauenseite sicher eine Notwendigkeit. Damals wusste man noch nicht, wo die Frau überall steht, was sie zu leisten vermag. Heute? Wer durchschnittlich intelligent, wer Augen für seine Umwelt hat und wer je mit Frauen beruflich zusammengearbeitet hat – Mann oder Frau – weiss, dass die Frauen tüchtig sind. Wir haben Gelegenheit, ob beruflich oder hausfraulich tätig, das jeden Tag des Jahres zu beweisen. Unter die Riesentüchtigkeit der Saffa möchten wir den Satz schreiben: quod non erat demonstrandum, was nicht zu beweisen war.

Oder doch?

Ist es nicht merkwürdig, dass den Frauen nun in ihrer Tüchtigkeit eigentlich nichts anderes gelang, als eben eine Ausstellung, eine Ausstellung wie irgend eine, das heisst eine, die ebenso gut von Männern hätte gemacht werden können?

Haben wir für uns selber den Riesenbeweis noch nötig? Sind wir unsicher in dieser von männlichen Regeln beherrschten Welt? Gehen uns diese Regeln noch nicht so leicht von der Hand, wie wir gern wollten? Es ist eine allgemeine Erscheinung, vor allem hier bei uns in der Schweiz, dass Damen, welche an Vorstandstischen präsidieren und die Kunst der Traktandenliste beherrschen, also den Laden schmeissen, sich sehr oft einen männlichen Anstrich geben. Nicht in Kleidung, das ist überholt und man ist weiblich elegant, wohl aber in Gehaben und Gebärde. Müssen wir uns so die männliche Welt, eine Welt der Traktandenlisten und Vorstandstische, erobern? Wie, wenn wir unser so sicher würden, dass wir die Traktandenliste nach uns ausrichteten, nicht uns nach ihr?

Als kurz vor der Eröffnung der Saffa der Securitaswächter am Eingang, in Ausübung seiner Pflicht, eine Dame nach ihrem Ausweis, das Gelände betreten zu dürfen, fragte, brüllte diese, eine bekannte Architektin, «Ich bin Frau M., Stärnecheib!» Worauf der Securitaswächter, der Frau M. ohne weiteres passieren liess, da ihm der Name geläufig war, freundlich bemerkte: «Stärnecheib wär nüd nötig gsy.» Frau M. hätte durchaus genügt, genügt heute immer und überall. Warum nachdoppeln? Warum Stärnecheib? Es geht ohne Stärnecheib, bei Securitaswächtern wie bei andern Herren.

Vielleicht nicht bei Frauen? Müssen wir uns selbst mit Stärnecheib ermutigen? Es scheint so. Wenigstens in Kreisen der obersten Saffa-Leitung. Da war man offenbar nicht von einem überschäumenden Glauben an weibliche Tatkraft und Fähigkeit beseelt, suchte man doch, auf architektonischem Felde vor allem, Frauen, die einen handfesten Mann samt Büro im Hintergrund hatten, der notfalls, beim Nervenzusammenbruch der Weiblichkeit nämlich, samt Büro einschreiten könnte. Also war die Stählung auf eigener Front ein Ding der Notwendigkeit?

Wobei zu untersuchen wäre, ob die Hausfrauen, die bei uns in der Schweiz leider Gottes immer noch an Minderwertigkeitskomplexen leiden (leider, leider, wir Berufstätigen bekommen das in unschöner Weise zu spüren) durch eine Saffa nicht unbedingt gestärkt worden sind, weil ihnen da die berufliche Tätigkeit ihrer Mitschwestern in goldenen Lettern eingeprägt wurde.

Doch lassen wir diesen Komplex! Und wenden wir uns der echt weiblichen Aussage zu, die hier geschah.

Die Welt ist ein Riesenbazar. Wer am lautesten schreit, hat am meisten Erfolg. Nur wer mitschreit, kommt auch in die Ränge und macht den Handel mit. Der Zeitgeist ist laut.

Das hat sich die Saffa gemerkt. Der Messebetrieb an der Saffa ist zumindest als zeitnah zu bezeichnen. Strickmaschinen, Haushaltvörteli auf Verkaufsbasis, Gutes für den Magen, bequeme Stühle sind dem lockern Portemonnaie der Ausstellungsbesucher günstig. Es wurden gute Geschäfte gemacht, mussten gute Geschäfte gemacht werden, denn der Platz war teuer.

So eine Art oder Abart Schützenfest hat, besonders in der Schweiz, immer sichern Erfolg. So waren auch die Ladenstrasse und die vielen Restaurants ausgesprochen ein Erfolg.

Man kann verschiedener Meinung darüber sein, ob Schützenfest auf Schützenfest gepflastert, Messe an Messe gehängt werden muss? Ob den vielen Firmenausstellungen eine weitere hinzugefügt werden musste? Ob im Riesenbazar Welt ein kleiner am Zürichsee mitreden wollte? Das ist eine Frage des Geschmacks und darüber lässt sich bekanntlich nicht streiten.

Eine andere Frage, scheint uns, ob ausgerechnet eine Frauenausstellung dem lauten Bazargeist Vorschub leisten soll? Hier wird die Frage schon ernster, scheint uns.

Halt! Halt! Da war ja doch die «Linie», die der Stille und Besinnung, da war die Kirche, die der Andacht Rechnung trug. Wir möchten die Kirche ihrem Frieden überlassen, sie hat sicher das schlechte Gewissen aller Betriebsamen und Geschäftstüchtigen auf schönste Weise beruhigt. Und wir begeben uns auf die «Linie», deren etwas dünner Name wohl ganz einfach unsern Weg bezeichnen sollte. Wenn man Glück hatte, traf man auf diesem Weg ja wirklich auch einige Leute. Wir schritten also die Ehrenfront unserer Altvordern ab und gaben uns Mühe, mit den einzelnen hehren Gestalten früherer Jahrhunderte Bekanntschaft zu machen. Sie habens geschafft und sollten uns, überlebensgross und eintönig, ermutigen, es auch zu schaffen. Wir konnten uns leiser Wehmut nicht entziehen, als wir uns die Frage stellten: müssen wir uns heutzutage denn also ausstellen, damit man uns wirklich sieht?

Der zweite Teil hat uns mit überaus ansprechenden Photos etwas über unsere Lage heute ausgesagt. Aus der warmen Wohnstube sind wir in die grosse Welt geraten und sollen mitbestimmen, mitgestalten an der Welt von morgen.

Gut und recht, gewiss. Und wenn diese Linie einige zum Nachdenken anregte und sie im Spiegel, der da mitten drin aufgestellt war, nicht nur ihre in Unordnung geratene Frisur sahen und das etwas verwischte Lippenrot auffrischten («wie gut, endlich ein Spiegel!» rief meine Kollegin und holte sich flugs den Kamm aus der Tasche), dann dürfen die, welche unsern Weg zeichneten, zufrieden sein. Nachdem in einer Atmosphäre der Wohltemperiertheit und Zufriedenheit der Saffa-Sommer zu Ende ging, möchten wir nun doch noch einige Gedanken festhalten, die uns zu den Tatsachen zurückführen.

Die Tatsachen? Es ist nicht leicht, die eigene Situation zu sehen und festzuhalten, wenn man selber in der Situation drin ist. Kaum ist es einem gelungen, sie mit Worten zu bezeichnen, ist man vielleicht schon wieder in eine andere gerutscht.

Sicher verkörpert jene Schweizerfrau, die an unserer Frauenausstellung folkloristisch herausgeputzt und kantonal festgenagelt wurde, nur einen sehr kleinen Teil der heutigen Frauen. Zwar gibt es sie noch, diese Frauen in Trachten, sogar diejenigen, die sie nicht nur als Sonntagsstaat für den Umzug tragen können, sondern echterweise auch im Alltag. Wohl ihnen, wenn ihre Tracht noch ihr Leben, ihre Umgebung, ihre Arbeit spiegelt. Dann wirken und werken sie noch in der ungebrochenen Welt von früher und können in dieser festgefügten Welt ihre Rolle als Frau, Mutter und Hausmutter spielen. In unsern Tälern und auf unsern Höhen treffen wir sie noch an, und sie sind das Zeichen dafür, dass bei uns auf engstem Raum beisammen völlig verschiedene Zeitalter leben.

Irgendwo zwischen Bazar und Höhenweg nun hätten wir also jene andere, die moderne, die Frau von heute, zu suchen.

Vielleicht tummelt sie sich wirklich genau hier, umhergeworfen zwischen dem Angebundensein an eine intensive Beschäftigung und der Sehnsucht, eine Linie einzuhalten, einen Ort zu finden, wo sie über sich und die Welt Überblick gewänne.

Eins ist klar: die Frau heute ist hinausgeworfen aus der festgefügten Welt von früher, nicht nur die berufstätige, sondern auch die Hausfrau und Familienmutter. Wenn sie das nicht wahrhaben will, dass die alte Welt, die ihre, zerbrochen ist, dann ist sie einfach blind und sieht nur ihren eigenen winzigen Kreis, der zufälligerweise noch unangetastet existiert. Die Frau von heute hat – trotzdem eine Saffa glaubte stattfinden zu müssen und trotz Protest einer Iris von Roten – die Berufswelt erobert und spielt in der männlichen Welt erfolgreich mit. Sie hat die Aufklärung in Sturmesschritten durcheilt, so sehr sogar, dass sie ihr gar nicht mehr verhaftet ist. Die Kämpferinnen, welche vor dreissig und vierzig Jahren sich für den sogenannten Platz an der Sonne mit Überzeugung einsetzten, sehen wohl mit Entsetzen, dass die Eroberung der Berufswelt der Frau nicht, wie sie selbstverständlich annahmen, das grosse Glück und die restlose Befriedigung gebracht hat. Jene Kämpferinnen beschuldigen die Heutigen, die an den endlich eroberten Plätzen nicht unendlich glücklich sind, der Lauheit und Fadheit. Aber ist es nicht so, dass die Frau ihren eroberten Platz schon irgendwie überwunden hat? Nicht, dass sie sich nach der Wohnstube zurücksehnte, die sie verlassen musste. Sie weiss zu gut, dass es diese Wohnstube nicht mehr gibt und dass sie ein für allemal, ob berufstätig oder nicht, das schützende Dach verliess. Übrigens gäbe sie nicht leichten Herzens ihr erworbenes Stück Selbständigkeit wieder auf. Warum hat nun aber die kurze Spanne der Aufklärung das volle Glück nicht gebracht? Warum erschauert sie, jetzt wo sie drin ist, vor der seelenlosen männlichen Welt? Sicher deshalb, weil die Frau den Sinn für das Naturgemässe nie verlieren kann. Heute sieht sie wieder eine Tatsache ein, eine unübersehbare Tatsache, dass nämlich die Männer es sind, welche die Kinder zeugen und dass die Frauen es sind, welche die Kinder gebären. Diese seit Adam und Eva aktuelle Konstante wird wohl auch in allernächster Zeit nicht unaktuell. So muss sicher die Frau immer aus der Situation ihrer Zeit, gleichzeitig aber auch aus der Situation der ewig alten Schöpfung gesehen werden. Diese doppelte Situation bringt für die Frau heute verschiedene Konflikte. Sicher werden an der Berufsfront ihre Nerven über Gebühr strapaziert, wie kann sie da noch ihre frauliche Substanz bewahren? Wie wird sie mit den veränderten biologischen Fakten ihres Frauenlebens fertig? Wie mit ihrer sexuellen Situation? Fragen, die meistens nicht berührt und selbstverständlich nicht öffentlich besprochen werden, aber doch im vorläufig ruhigen Vulkan brodeln.

Der Mann steht der Frau heute sicher nicht mehr in der Sonne. Deshalb ist sie längst keine Feindin des Mannes mehr, sondern mehr als je seine Verbündete. Das weiss zwar sie, er weiss es weniger. Er hat zwar nichts gegen die Arbeit der Frau einzuwenden, aber vorläufig noch sehr viel gegen die Zeit, welche die Frau dafür braucht. Mit der Frau und der Zeit hat sich auch die Ehe geändert, der Mann aber keineswegs. Er ist und bleibt derselbe. Wäre es da nicht aktueller, wenn sich einmal die Männer – nicht gerade in einer Ausstellung, der Himmel bewahre uns davor! – überlegten, wie sie sich zur veränderten Zeit und ihren Institutionen und den veränderten Frauen stellen? Doch es sind gerade die Frauen, die eingesehen haben, dass heute die straffe Einteilung in männlich und weiblich nicht gut angeht, schon gar nicht eine Opposition. Es gibt im Grunde nicht zwei Fronten, sondern nur eine, die menschliche Front. Nur gemeinsam sind die Probleme zu lösen. Die Frau, die nicht abstrakt leben will, sondern alles in Beziehung zueinandersetzt, ist davon überzeugt. Sähen die Männer das ein, wäre manches besser gestellt. Wenn wir unsere Aufgaben als Menschen lösen, dann sind wir sicher richtige Frauen – und richtige Männer. Das freilich lässt sich nicht in einer Monster-Ausstellung, es lässt sich höchstens im Täglichen demonstrieren. Erziehen wir doch nicht nur unsere Töchter für die neue veränderte Welt, sondern unsere Söhne auch.

Das erste Tages Anzeiger-Magazin erschien am 1. Februar 1970. Im vorbereitenden und verantwortlichen Redaktionsteam war ich die einzige Frau, aber in dieser Rolle nun schon so gestählt, dass ich als erstes ein rasantes Frauenthema durchsetzen wollte. Das ging sehr leicht, stiess dann nur bei Verlag und Lesern auf Verärgerung. Ich wollte den Schweizer-Frauen einen Spiegel vorhalten, und das geht ja bekanntlich leichter, wenn das jemand von aussen tut. Die Person, die wir dafür einflogen, war Irma Kurtz, eine prominente amerikanische Journalistin, die in London arbeitete. Sie hatte damals im Sunday Times Magazine – ein erstes europäisches Magazin, das uns Vorbild war und Pate stand – eine Serie über die Frauenszene in USA, England, Italien unter dem Titel «Die weibliche Revolution» publiziert. Also eine Fortsetzungsgeschichte, deren Schlusskapitel die Schweizerfrauen betreffen würde.

Auf dem Titelblatt eine junge Frau in Helm und mit Mundschutz, auf dem Helm die Devise «Make war not love». Der Artikel hiess «Die weibliche Revolution/Frauen gegen Männer (Über die neuen radikalen Frauenbefreiungsbewegungen in den USA).»

Am 14. Februar die Fortsetzung der «Weiblichen Revolution». Die Autorin fand heraus, dass englische Frauenrechtlerinnen als zu intelligent beschimpft werden und dass die Italienerinnen ihren Kampf um Emanzipation nicht ohne die Familie führen.

Und eine Woche später dann, nach den Untersuchungen in Amerika, England, Italien, der Bericht von Irma Kurtz über ihre Reise durch die Schweiz, mit vorurteilslosen Augen und unparteiischen Ohren für die vielen Gespräche. Es sei nicht anders als anderswo, urteilte die Journalistin, nur fünfzig Jahre zurück. Die Schweizerinnen schlügen sich mit Problemen herum, die man in anderen zivilisierten Ländern zu Grossmutters Zeiten gelöst hatte. Dort musste man inzwischen Kriege ausfechten, Mauern ertragen und schickte Menschen auf den Mond. Es werde Zeit, dass die älteste Demokratie aus ihrem Dornröschenschlaf erwache, und schliesst «Die Prinzessinnen müssten aber wohl allein aus ihren Träumen finden. Denn viele Schweizer Prinzen sind noch nicht bereit, sie zum Leben wach zu küssen.»

Sätze, die Musik waren für die Ohren einer Redaktion, die in Frauenfragen Anlass zum Aufwecken bieten wollte, wusste, dass sie etwas zu früh dran war, deshalb setzte sie über das Kapitel «Die weibliche Revolution in der Schweiz» den lieben Titel «Die Frau ist gescheiter als sie glaubt.»

Und als Einleitung das Editorial: «Vorurteile».

Vorurteile

Ist der Bericht über ein Häuflein extremer Frauen in Amerika das Thema für ein Magazin, das sich mit Zeitfragen beschäftigt? Weckt er nicht Erinnerungen an rechthaberische Suffragetten und berührt peinlich heute, wo nicht nur jeder Mann, sondern bald auch jede Frau wünscht, dass die Frauen endlich Ruhe gäben! Es geht hier aber keinesfalls darum, ob die paar Amerikanerinnen, von denen die Rede ist, in ihren Protestäusserungen recht haben oder nicht und ob sie die Ansicht vieler oder nur weniger ausdrücken. Es geht allein darum, dass Unerschrockene, Unentwegte sich dazu entschlossen, Festgefahrenem den Krieg zu erklären und ungelöste Probleme auf ihre Weise zu lösen.

Denn die Frauenfrage ist völlig ungelöst.

Was bis heute über das Wesen der Frau erforscht und geschrieben wurde, wurde meistens von Männern erforscht und geschrieben. Männer aber haben ganz gewiss kein Interesse daran, das «Rätsel Frau» zu ihren Ungunsten zu enträtseln. Sie finden es ehrenvoller, vor einer Sphinx die Waffen zu strecken als mit einer Partnerin auf gleicher Ebene auszukommen.

Und die Frauen? Für sie gilt wohl, dass Menschen sich meistens so verhalten, wie man es von ihnen erwartet, dass sie sich verhalten. Die Psychologie lehrt, dass das Verhalten und Selbstverständnis des einzelnen davon bestimmt wird, was die Menschen in seiner Umwelt von ihm erwarten und welche Rolle die jeweils aktuelle Gesamtsituation ihm vorschreibt.

Wenn also von den Frauen verlangt wird, sie hätten zuallererst gute Ehefrauen und Mütter zu sein, dann ist zu vermuten, dass es genau das ist, was die Gesellschaft sich von ihnen wünscht. Ob es aber das ist, was die Frauen sich selber wünschen, bleibt zum mindesten ungeklärt. Klar scheint nur, dass die gesellschaftlichen Erwartungen, die an Frauen und Männer geknüpft sind, heute noch sehr ungleich sind und vor allem unsere Vorurteile widerspiegeln.

Vorurteile nach Möglichkeit abzubauen, heisst ganz sicher eine Pflicht unserer Tage. In diesem Licht besehen muss es interessant sein wahrzunehmen, was extreme Frauen denken, fühlen und leben. Denn eins ist sicher: sie sind – ob wir es schätzen oder nicht – auf jeden Fall Exponenten der grossen Unruhe, die in den Reihen der Frauenheere mottet; einer Unruhe, die vorläufig in der Öffentlichkeit nur hie und da ausbricht. In der privaten Sphäre aber wird die Auseinandersetzung mit der ungelösten Frauenfrage heute von jedem einzelnen als Betroffenem erlebt. Gerade dies sollte ihn veranlassen, die mangelnde Entwicklung der Frauenfrage in unserer Welt einzusehen und über Ungelöstes vorurteilslos nachzudenken.

Zwischenbemerkung: Am 7. Februar 1971 entscheiden die Stimmbürger darüber, ob auf eidgenössischer Ebene das Frauenstimm- und -wahlrecht eingeführt werden soll. An diesem Tag wurden wir Frauen in der Schweiz endlich Bürgerinnen dieses Landes.

Es geht weiter mit der «Weiblichen Revolution» – jedenfalls in Amerika. Das Titelbild vom 19.6.1971 trägt den Titel «Die Beziehung der Geschlechter ist politisch», ein Satz der Autorin Kate Millet. Kate Millett wurde auf der Redaktion von «L'Express» interviewt, wir druckten das Gespräch ab.

Überflüssig?

Wir Frauen unseres Landes (so werden wir bei Gelegenheit oft genannt) durften vor zwei Wochen erstmals auf eidgenössischer Ebene an einer Abstimmung teilnehmen. Eine kleine Schwierigkeit ergab sich bei den Ordensfrauen; ihnen musste die schweizerische Bischofskonferenz die Erlaubnis erteilen, für die Stimmabgabe die Klausur zu verlassen. Was denn auch geschah.

Wenn höheren Ortes erlaubt wird, die Klausur zu verlassen, geht die Sache in Ordnung.

Freilich nicht nach strengen Ordensregeln, aber doch nach Regeln eingefleischter Lebensgewohnheit und traditionsreicher männlicher Übung, die unsern Alltag bestimmen, leben Frauen in einer behüteten Klausur. Frauen werden, solange die Sache allein zu bewältigen ist in der Welt, gern unter Verschluss gehalten. Fällt es einem weiblichen Wesen ein, den – nach Männermentalität – zugewiesenen Raum von sich aus zu verlassen, wird es gern als indezent empfunden. Man lächelt.

Suffragetten von damals, die für Frauenrechte auf die Barrikaden stiegen, wurden als unpassende Revolutionärinnen belächelt. (Dass wir, dank ihnen, heute abstimmen, steht nicht mehr zur Diskussion.) Und jetzt fällt es jungen Amerikanerinnen ein, die Türe ihrer intimsten Klausur, des Schlafzimmers nämlich, zu öffnen und der von ihnen empfundenen Unterdrückung im Bereich des Geschlechtslebens vehement Ausdruck zu geben. Man lächelt. Man lächelt über ihre Manifestationen, Dissertationen, Karatekurse und über ihre Benennung von Dingen, die bisher Aufklärungsbüchern und männlichen Stammtischgesprächen vorbehalten waren. (Was bei dieser weiblichen Revolution herauskommen wird, ist freilich noch nicht auszumachen.)

Sie nennen sich Frauenbefreiung – Women's Liberation. Eine aus ihren Reihen, Kate Millett, legte Ende 1969 ihre fast 400 Seiten dicke These «Sexual Politics» vor; für den Verleger ein Bestseller, für die Frauen eine notwendige Überlegung, für die betroffenen Männer, deren Texte von Kate Millett zerzaust wurden, eine unliterarische Herausforderung. Von den Betroffenen D. H. Lawrence, Henry Miller und Jean Genet setzte sich der vierte, Norman Mailer, mit seiner Schrift «The Prisoner of Sex» zur Wehr.

Die streitbare Kate Millett auf wissenschaftlichen Leichtfertigkeiten zu ertappen, fällt der Kritik nicht schwer. Der Autorin fehlt die Akribie einer Simone de Beauvoir. Aber wenn in langen Essays amerikanischer Zeitschriften darauf hingewiesen wird, dass die Männer ebenso wie die Frauen sozial Unterdrückte seien, dass die revolutionären Forderungen der Millett verdächtig bourgeoisen Charakter haben und dass es eine strategische Torheit sei, die Beziehungen zwischen Männern und Frauen – die so verflochten mit den höchst geheimnisvollen Elementen unseres psychischen Lebens seien – vom sexuellen Monismus einer Miss Millett her zu verstehen, dann kann ich mir vorstellen, dass Miss Millett lauthals lacht. Zu konstatieren, dass heute von Männerseite die Beziehung Mann-Frau mit ängstlicher Zartheit geschützt wird, welch ein gewaltiger Erfolg dieser Doktorarbeit.

Wir verfolgen im Interview mit Kate Millett, wie die französischen Journalisten mit leichter Überheblichkeit gegenüber einem weiblichen Monster ans Fragen gingen, dann aber, wie sie zu verstehen geben, vom Humor der amerikanischen Autorin geschlagen wurden. Steht Humor für Harmlosigkeit? Ist es überflüssig, wenn eine junge Frau sich von der Seele schrieb, was sie über den Machtkampf zwischen den Geschlechtern dachte?

Die Frauen-Befreiungs-Bewegung in der Schweiz heisst FBB. Die Frauen solidarisieren sich im Herbst 1971 mit dem Volksbegehren für straflose Schwangerschaftsunterbrechung, sie sammeln Unterschriften, diskutieren mit Passanten über das Thema «Vorbeugen statt unerwünscht schwanger werden.»

Hier und jetzt zu überdenken: Artikel 65 bis

Junge Frauen – zum Teil politisch organisiert, einige davon nur gerade in dieser Sache mit ihnen solidarisch vorgehend – sind fest davon überzeugt, dass das Begehren für straflose Schwangerschaftsunterbrechung in der Schweiz wichtig, dringlich ist. Diese Engagierten stellen Transparente und Stände auf Strassen und Plätze, legen Unterschriftenbögen für die Initiative auf, sie konfrontieren sich mit den Meinungen der Passanten, sie diskutieren (Fragen der Abtreibung sind schon deswegen zu diskutieren, weil sie bis jetzt unter Verschluss gehalten wurden), und als Engagierte lassen sie sich auch als unmoralisch, als leichte Ware beschimpfen. So stossen diese jungen Menschen unmittelbar auf die Empfindung und Meinung vieler – und sind betroffen. Betroffen, weil sie sehen, wie viele der Befragten unwissend, unselbständig denkend, vielleicht irregeleitet sind; noch mehr betroffen aber von denjenigen Frauen, die an die Stände herantreten, nicht reden, dann aber ihren Namen schreiben, ihn gleichsam hinsetzen unter viel erfahrene Not, unter Mühsal und Leid.

Wenn junge Dinger achtlos an den Ständen mit den Forderungen nach strafloser Schwangerschaftsunterbrechung, Erziehung zur Familienplanung und Aufklärung in der Schule vorbeigehen oder lustig betonen, sie gehe das nichts an, dann ist das wahrscheinlich nicht ein Zeichen für ihren geübten Umgang mit der Pille, sondern ein Mangel an Vorstellungsvermögen, ein unreifes Verhalten gegenüber dem eigenen und dem Leben anderer; wenn Männer in ihrer Würde entsetzt sich zurückziehen, dann ist es ein Zeichen eingewurzelter Vorherrschaft und Arroganz, die abzubauen die junge Generation einsichtig und tapfer übt.

Schauen wir auf diese Strassenerfahrungen und die nackten Zahlen (Wiederholung: 70000 Abtreibungen pro Jahr in der Schweiz, 50000 davon illegal), so beschleicht uns das unbehagliche Gefühl, dass im Zusammenhang mit der Berner Volksinitiative vom Juni dieses Jahres jetzt in Gremien von Gynäkologen, Juristen, Theologen manchmal mit einer Moral, die an Scheinheiligkeit grenzt, über die Abtreibungsgesetze diskutiert wird, wo es doch heute und jetzt darum geht, die soziale Wirklichkeit endlich zur Kenntnis zu nehmen.

Entspricht es der aktuellen Wirklichkeit, wenn ein Arzt beispielsweise meint, diese Sache sei so kompliziert, am besten rühre man gar nicht daran? Entspricht es der aktuellen Wirklichkeit, wenn zwar nun auch Theologen den Juristen zugestehen, dass eine straflose Schwangerschaftsunterbrechung in der Schweiz nur eine Frage des Geldes sei, sich aber gleichzeitig darüber auslassen, Kinder seien eben doch Geschenke Gottes und deswegen anzunehmen? Wenn die aktuelle Wirklichkeit die ist, dass Umweltschützer und Futurologen den Familien zurufen, nicht mehr als zwei Kinder auf die Welt zu stellen, wir seien schon jetzt zu viele; wenn die aktuelle Wirklichkeit die ist, dass Psychologen Eltern davor warnen, mehr Kinder zu haben, als sie sorgfältig erziehen können, und unerwünschte Kinder seien ungeliebte Kinder und gerieten fehl.

Indessen hat man die Frauen in ihren Gewissensentscheidungen völlig sich selbst überlassen und meint heute noch, sie könnten sich zu leichtfertigen Wesen entwickeln, wenn sie bei einer Schwangerschaftsunterbrechung straflos davonkämen.

Ist es denn etwa nicht leichtfertiger, wenn eine Frau, im unredlichen Mäntelchen ihrer Gebärfreudigkeit, Kinder auf die Welt bringt und sich darauf verlässt, dass die Umgebung Verantwortung und Erziehung dann mit ihr teile? Wo doch Einsichtige wissen, dass es manchmal besser ist, auf die Frucht seines Leibes zu verzichten, denn um ein Kind aufzuziehen, braucht es ausser Geld ein Unmass an Aufmerksamkeit, Vertrauen, Zuspruch, Liebe, Einsatz. Erst dann nämlich, wenn dies geleistet wird, kann ein Kind in der Welt heute bestehen und vielleicht wirklich zum Geschenk Gottes werden.

Das ist hier und jetzt zu überdenken. Hier und jetzt muss ein Gesetz mit der sozialen Wirklichkeit in Einklang gebracht werden. Für die Schweiz heisst der Artikel 65 bis: «Wegen Schwangerschaftsunterbrechung darf keine Strafe ausgefällt werden.»

Rollenverteilung nach altem Muster

Für den Schweizerkalender ein günstiges Datum, sich einige Erkenntnisse der Ethnologin Margaret Mead zu Gemüt zu führen: In einer Woche wählt die Schweiz ihr Parlament, die weibliche eidgenössische Bevölkerung wählt zum erstenmal mit und ist zum erstenmal wählbar.

Die Wissenschaftlerin Mead fordert nämlich, dass die Rollen der Erwachsenen neu definiert werden müssen, weil die Erwachsenen der Zukunft andere Erwachsene sein werden. So werden zum Beispiel zukünftig die Erwachsenen nicht mehr ihr ganzes Leben lang Eltern sein, weder der Vater noch die Mutter. Beide, Mann und Frau, werden weniger Kinder haben, sie werden weniger arbeiten, und es wird ihnen Zeit übrigbleiben, die sie für die Gesellschaft werden einsetzen können. Aus diesem Grund werden, so Margaret Mead, auch die komplementären Geschlechtsrollen von Mann und Frau nicht mehr so wichtig sein, weil es eben nicht mehr allein auf die weiblichen oder männlichen Eigenschaften ankommt.

Die Erwachsenen der Zukunft werden andere Erwachsene sein. Wer in einer Woche an die Urne geht, darf bei diesem Akt gern einmal an die Zukunft, an die Schweiz von morgen denken, nicht nur an die Tradition vom Rütli her. Denn der Stimmbürger wird Erwachsene als seine Vertretung zu wählen haben, die seine Zukunft politisch bestimmen. Wenn der Leser des Interviews mit Margaret Mead und ihres Vortrages überlegt, dass es sich beim Wählen in einer Woche um Erwachsene von morgen handelt, wird er die Rollenverteilung unter Männern und Frauen nicht mehr wie üblich definieren können; er wird an Menschen denken müssen, denen er die Zukunft anvertrauen will.

Der Wahlkampf zeigt übrigens wenig Anzeichen dafür, dass die Diskriminierung der Frauen weitergeht. Sie kommt nur da zum Ausdruck, wo Frauen als Extrazug formiert werden, etwa dort, wo Männergremien nun Frauen als Zugpferde einspannen – weil eben eine Frau «mit muss». Die Frauen zeigen bis jetzt im Wahlkampf die ruhige Selbstverständlichkeit derjenigen, die wissen, dass ihre Zulassung zur Politik wohl spät, aber durch einen Mehrheitsbeschluss aller Stimmbürger kam, also durch einen gereiften Beschluss. So wissen sie auch, dass für ihre Tätigkeit im öffentlichen Leben Tüchtigkeit und Sachkenntnis und Vorstellungsvermögen für Zukünftiges den Vortritt vor frauenrechtlichen Positionen haben.

Die Erwachsenen der Zukunft werden nicht dieselben sein wie die Erwachsenen von heute. Neue Rollen, neue Lebensstile müssen gesucht werden.

Wenn in den nächsten Jahren Frauen nun in vermehrtem Masse, gemeinsam mit den Männern, mitreden werden in der Politik, bringen sie – weil sie in keiner Weise festgefahren sind – alle Voraussetzungen mit, neue Möglichkeiten aufzudecken, neue Entwicklungen einzuleiten.

Die Erwachsenen von morgen entfernen sich von ihrer künftig nur noch temporären Aufgabe als Vater oder Mutter, sie werden mehr Zeit zur Verfügung haben, sich für die Gesellschaft einzusetzen. Bei den gigantischen Veränderungen, die auf uns zukommen, wird der Einsatz aller neuen Erwachsenen ohnehin immer dringlicher. Diese Gedanken sollten beim Urnengang vom kommenden Wochenende im Vordergrund stehen.

Ist die Schweizerin emanzipiert?

Vor 15 Jahren:
Am 17.6. 1972 stellten wir unseren Leserinnen die Frage nach der eigenen Emanzipation. Ein Fragebogen wurde eingerückt, ein Aufforderungstext geschrieben und, zur Anregung, waren von mir dieselben Fragen an verschiedene Schweizerinnen gestellt worden, u.a. Jenny Humbert-Droz-Perret in La Chaux-de-Fonds und der Barrierenwärterin Milly Diener.

«Ist die Schweizerin emanzipiert?» fragte mich ein Ausländer herausfordernd. Darauf mit Ja oder Nein zu antworten wäre falsch, unzulässig vereinfachend. Man müsste Vergleiche anstellen mit der Amerikanerin, die sich gern emanzipiert gibt, mit andern Mitteleuropäerinnen, die zwar meistens selbstbewusster sind als wir, aber zögern, das Eigenschaftswort auf sich anzuwenden; Vergleiche auch mit der Frau aus den Oststaaten, die von einer sozialen Revolution zur Emanzipierten gemacht wurde, ohne gefragt zu werden, ob sie wolle.

Die herausgeforderte Schweizerin wird zunächst, um ausländischen Hohn und Spott abzuwenden, darauf hinweisen, dass sie das Stimm- und Wahlrecht auf eidgenössischer Ebene bekommen habe, dass es mit ihren Rechten im eigenen Land weder zum schlechtesten noch zum besten stehe, dass ihr Ansehen in der Familie traditionsgemäss etwas gelte, ihre Tüchtigkeit gefragt sei; sie wird hinzufügen müssen, dass die beruflich arbeitende Frau die ganz aufs Männliche ausgerichtete Mentalität täglich bitter zu fühlen bekomme und dass die überaus schwerfällige Lebensorganisation jeder Frau, sei sie Hausfrau oder übe sie ausserhalb des Hauses einen Beruf aus, das Leben sauer mache und ihr viele Möglichkeiten von vornherein beschneide. Die Liste wäre ins Mehrfache abzuwandeln.

Doch ruft nicht die Frage nach der emanzipierten Schweizerin nach der Frage nach der Schweizerin überhaupt? Kennen wir die Schweizerin? Wie lebt sie? Ist sie glücklich? Was denkt sie? Nutzt sie ihre Möglichkeiten?

Jeder, befangen in seiner eigenen kleinen Wirklichkeit, nimmt die

Wirklichkeit des andern nur mit Mühe wahr. Wir wissen viel zuwenig über uns, um uns verstehen zu können. Erst dann aber, wenn wir uns kennen, können wir Zukünftiges angehen.

Ich stellte, stellvertretend für viele andere, zwei Schweizerinnen verschiedenen Alters, Herkommens, Zuschnittes ein paar Fragen. Auf der Suche nach Meinungen bekam ich aber mehr als nur Antworten auf meine Fragen, ich bekam Berichte aus dem Leben. Erfahrene, bewiesene Antworten sozusagen. Deshalb lassen wir die Gespräche in der Form, wie sie sich ergaben, einmal mehr als Interview, einmal mehr als Lebensbericht.

Es sei der Interviewerin erspart, aus diesen Begegnungen nun Schlüsse zu ziehen. Sie stehen für sich selbst. Der Leser, wenn er Lust dazu hat, kann sich Gedanken darüber machen, ob diese Schweizerinnen emanzipierte Frauen seien oder nicht. Und auch darüber, ob emanzipiert vielleicht nichts anderes meint als Kraft und Unabhängigkeit der Überlegung, das Fest-in-die-Hände-Nehmen des eigenen Lebens, tapferes Sicheinsetzen für Dinge, die man als Wert erachtet und die auch der Allgemeinheit nützen?

Jenny Humbert-Droz-Perret:

«Hatten Sie nicht Angst im Gefängnis?» – «Non, jamais, j'étais révoltée»

Von Delsberg her über einnachtende schmale Strassen nach La Chaux-de-Fonds. Frostschäden im Asphalt, links und rechts einsame Juraweiden, ein Haus, ein Baum; hier ist die Schweiz aufrichtig hart. Das grosszügige La Chaux-de-Fonds mit seinen geraden Strassen und den freundlichen Menschen begrüsst mit «Salut au milieu du monde». Im Hotelzimmer gibt es eine Uhr.

Am nächsten Morgen überquere ich die grosse Chaussée, ein paar Schritte hinauf, hier die einfache Fassade des grossen Reihenmietshauses. Das Treppenhaus, die hohe Wohnungstür, die karg-gemütliche, bürgerliche Wohnung – es war wie früher, als man den welschen Uhrmacheronkel besuchte. Hier also wohnte der bekannte Kommunist, der Revolutionär Jules Humbert-Droz, der mit Lenin befreundet war, dem Stalin den Prozess machte. Er ist letztes Jahr gestorben. Seine Frau, Jenny Humbert-Droz geborene Perret, Pfarrerstochter aus Neuenburg, aufrichtige Kämpferin für kommunistische und später sozialistische Ideale, heute immer noch lebhaft tätig nicht nur mit der Herausgabe der Lebenserinnerungen ihres Mannes, sondern eigenständig in politischen Kommissionen, sitzt zurückhaltend, zierlich und fein in ihrem Stuhl. Sie hat Zeit, sie gibt brav Auskunft. Sie muss, diszipliniert, ein enormes Tagespensum erledigen mit ihren mannigfachen Tätigkeiten. An einem Wochentag fährt sie hinunter nach Neuenburg, um ihrem Sohn in der Arztpraxis zu helfen. Madame Humbert-Droz hat sich vorbereitet und sorgfältig, auf deutsch, die Interviewfragen beantwortet.

Wie war ihr Leben?

«Ich bin in Môtier (Vully), Kanton Freiburg, auf die Welt gekommen. Das ist ein Bezirk von Freiburg, der protestantisch ist. Mein Vater war Pfarrer. Als ich vier Jahre alt war, sind wir umgesiedelt nach Corcelles, ganz nahe bei Neuenburg. Das ist ein Winzerdorf. Ganz einfache Leute. Dort ging ich in die Schule.» Später die Ecole Normale in Neuenburg, anschliessend die Universität, Faculté des lettres. Das Studium wurde unterbrochen, weil die Eltern wünschten, dass Jenny Deutsch lernen sollte. Sie war zwei Jahre Hauslehrerin in Bonn in einer Professorenfamilie. Dann kam 1914 der Erste Weltkrieg. Wieder Kurse an der Universität in Literatur, Philosophie und Geschichte. Dann England. «Es war sehr schwierig.» Denn der Mann, den Jenny heiraten wollte, konnte nicht mit ihrer Familie verkehren, weil er Sozialist war. In Verbindung mit der Politik war die Studentin schon vorher gekommen, durch die Association chrétienne d'étudiants. Dort, im Foyer, kam Jenny Perret zusammen mit ausländischen Studentinnen, hauptsächlich Russinnen. In den studentischen Kreisen diskutierte man antimilitaristische Ideen. Jules Humbert-Droz, damals Pfarrer in London, wurde an die Redaktion der «Sentinelle» zurückgerufen. Jenny Perret kam aus Irland zurück, 1916 heirateten sie. «Zwei Wochen nach der Hochzeit wurde mein Mann wegen Verweigerung des Militärdienstes zu sechs Monaten Gefängnis verurteilt.» Die junge Ehefrau wohnte wieder bei den Eltern, die, nachdem sie ihren Schwiegersohn kennengelernt hatten, die Ehe billigten. Jenny Humbert-Droz war während der Gefangenschaft ihres Mannes für die Verbindung zur sozialistischen Jugend, deren Führer ihr Mann war, besorgt und reiste zweimal in der Woche nach La Chaux-de-Fonds. Der Neuenburger Staatsrat sei sehr liebenswürdig gewesen, er erlaubte, dass sie ihren Mann zweimal in der Woche in seiner Zelle besuchte. Es war gut, dass sich Jenny Humbert-Droz frühzeitig ans Gefängnis gewöhnte, denn in den folgenden Jahren wurde ihr Mann viermal eingesperrt. Das war in La Chaux-de-Fonds während des

Generalstreiks, vier Monate. Dann wegen eines Artikels, den er geschrieben hatte, und so weiter. «Im Jahr 1921 sind wir nach Moskau gefahren. Dann sind wir wieder zurückgekommen für eine Zeitlang, und später waren wir illegal in Russland, Frankreich und Italien, mit den Kindern. Seit mein Mann 1926 offen gegen Stalin gesprochen hat, war es auch für uns in Russland nicht mehr rosig.» Aber die Jahre 1931 bis 1941, in Zürich, das waren die schwierigsten unseres Lebens.» (Diese Jahre werden im dritten Band der Erinnerungen Jules Humbert-Droz' beschrieben, der im Mai dieses Jahres bei Payot erscheint.) Es war die Zeit des drohenden Faschismus. Frau Humbert-Droz wurde viermal verhaftet. Es gab Zeiten, wo Humbert-Droz im Bezirksgefängnis in Zürich sass, seine Frau im andern Flügel ebenfalls und der junge Sohn irgendwo in einer Zelle. Die Mutter wusste es immer, denn sie erkannte ihn am Pfeifen, keiner pfiff die Internationale derart falsch wie der Sohn. Als Sohn eines bekannten Kommunisten wollte man ihn an seinen Studien hindern. Es gelang nicht, der junge Humbert-Droz wurde Arzt.

Auf die Frage, wie man Verfolgung und Gefängnis überstehe, meint Frau Humbert-Droz: «Man ist so überzeugt von der Richtigkeit seiner Ideen, dass man nicht nachgibt. Man ist so überzeugt, dass man recht hat, dass man sich bis zum letzten verteidigt. Bei den Verhören vor der Polizei habe ich nie, nie nachgegeben.» Sie verachtete den Polizeikommissär, der sie verhörte. Angst? Nein. «J'étais révoltée», ich war empört.

Wir möchten wissen, ob die Kinder es den Eltern nie verübelt haben, dass sie politisierten? Sie hätten darunter sicher gelitten, aber nie hätten sie Vorwürfe gemacht. «Sie haben beide eine grosse Verehrung für ihren Vater, und sie haben ihn verstanden. Man konnte ihm nichts vorwerfen. Auch seine Gegner nicht. Es war absolut integer.»

«Heute endlich, endlich hat man meinen Mann kennengelernt. Die Zeiten sind nicht die gleichen wie früher. Die Gegensätze, die Gegenmeinungen sind nicht so hart wie früher. Die Bourgeoisie hat viel gelernt, vom Krieg, von den Nazis, vom Faschismus. So viele Ideen, die mein Mann hatte, sind jetzt anerkannt. Mein Mann hatte noch die grosse Freude, dass man in der Schweizer Armee auf die Atomwaffen verzichtet hat, er war sehr aktiv in der antiatomaren Bewegung.»

Zeit ihres Lebens war Jenny Humbert-Droz beruflich tätig als politische Journalistin. In Moskau arbeitete sie als Übersetzerin. Sie ist noch heute journalistisch tätig, machte bis vor kurzem die Frauenseite der «Sentinelle», heute wirkt sie mit am Konsumentenblatt «J'achète mieux». Während der Zürcher Jahre hatte sie zwei Halbtagsstellen und ernährte damit die Familie, weil ihr Mann damals stellenlos war (er besorgte den Haushalt, machte die Wäsche). Sie bezeichnet sich als Sozialistin und Gegnerin des Militarismus.

Welche Einrichtungen, Gesetze, Verordnungen in unserm Land halten Sie, von Ihrem Standpunkt als Frau aus, für revisionsbedürftig?

Da ich keine Juristin bin, ist es mir nicht möglich, alle die Gebiete zu erwähnen, wo in Einrichtungen, in Verordnungen, in der Gesetzgebung noch Mängel herrschen. Hingegen bin ich mir bewusst, dass es noch sehr viel zu verbessern gibt. Mir scheinen hauptsächlich und vor allem die Regeln und Gesetze über die Berufsbildung der Mädchen und die Lehrprogramme der Schulen revisionsbedürftig zu sein. Wenn schon manche – eher kleine – Fortschritte in der Berufsbildung gemacht wurden, bleiben doch noch gewisse Branchen, die den Frauen sehr entsprechen würden und die ihnen immer noch verschlossen bleiben. So war es zum Beispiel vor kurzem bei uns in La Chaux-de-Fonds für Lehrstellen in der Bijouterie oder Joaillerie (Goldschmiede- oder Juwelierkunst): Mädchen, die diesen Beruf hätten lernen wollen, wurden nicht ins Technikum aufgenommen. Heutzutage werden sie aufgenommen, aber unter der Bedingung, dass sie später keine Stelle im Kanton selbst annehmen. Sie können zwar selbst ein Unternehmen gründen, sonst aber dürfen sie den Beruf im Kanton nicht ausüben. Darum glaube ich, dass die Gewerkschaften besser für die Interessen der Frauen eintreten sollten und intervenieren, bis die absolute Gleichheit in der Berufsbildung garantiert wird. Ausserdem ist bekannt, dass man in den eidgenössischen Büros in der höheren Kategorie der Beamten keine einzige Frau findet. In der zweiten Kategorie der Funktionäre, der Klasse 7 bis 1, findet man auf eine Gesamtzahl von 8451 Funktionären nur 111 Frauen.
Obwohl das Prinzip der Lohngleichheit eigentlich schon anerkannt ist – im Sinne der Konvention Nr. 100 der Internationalen Arbeitsorganisation –, wird diese Ungleichheit noch immer praktiziert. Ich meine, in allen Berufsbranchen müssten die Löhne für Mann und Frau gleich sein für eine gleichwertige Arbeit.
Auf dem Gebiet des Frauenrechts bleibt auch viel zu verbessern. Ich denke besonders an die Alimente, deren Betrag ein geschiedener Mann seiner früheren Frau für die Kinder schuldig bleibt. Diesbezügliche Gesetze sollten erlauben, auch wenn der Vater im Ausland lebt, den schuldigen Betrag, zwangsweise auf seinem Salär zu erheben.
Die erste Initiative für die Entkriminalisierung des Abortus wurde von einem Juristen aus La Chaux-de-Fonds lanciert (die erste für den

Kanton, vor der eidgenössischen). Ich habe sie sofort unterstützt und Artikel für die Presse in diesem Sinn geschrieben. Ich sehe in dieser Initiative eine Möglichkeit, die Zahl der illegalen Abtreibungen in der Schweiz – pro Jahr ungefähr 50000 – herabzusetzen.

Um die Integrität und die Vollwertigkeit der Frau zu wahren, zu behaupten, da bleibt auch noch viel zu machen.

Ich bin auch der Meinung, dass die Einführung eines Zivildienstes für die jungen Militärdienstverweigerer dringend ist und nächstens in Bern beschlossen werden müsste. Ich bin nicht dafür, dass die Mädchen Militärdienst tun müssen, obwohl wir volle Rechte besitzen. Die Lage in unserem Land ist nicht günstig für die Militarisierung der Frau. Dagegen scheint mir ein Zivildienst für Mädchen als annehmbar, aber nur freiwillig.

> Könnten Sie sich vorstellen, in einem anderen Land als der Schweiz zu leben?

Im Laufe meines Lebens habe ich mehrere Jahre in andern Ländern verbracht. Deutschland, England, Russland, Frankreich, Italien. Und nie habe ich mich dort heimatlos gefühlt. Wohl war ich dort mit Mann und Kindern, und das Familienleben ging weiter wie in der Schweiz. Heute, wo ich allein lebe, wäre es wohl anders, falls ich meine letzten Jahre im Ausland verbringen müsste. Wenn ich noch jung wäre, würde ich gerne in ein Entwicklungsland gehen, wo man eine nützliche soziale oder wirtschaftliche Arbeit leisten kann. Ich würde heutzutage am liebsten nach Israel fahren und dort bleiben. In diesem Land hat man so viele Möglichkeiten, zu arbeiten, zu lernen und mitzuwirken für eine bessere Zukunft, dieses Land ist für jung und alt sehr anziehend.

> Haben Sie Ihre Tochter anders erzogen, als Sie erzogen worden sind?

Ich habe meine Tochter nicht so erzogen, wie ich erzogen wurde. Im Laufe einer Generation werden Prinzipien und Methoden der Erziehung ganz anders angewendet. Meine Geschwister und ich als Pfarrkinder wurden sehr streng erzogen. Zum Beispiel waren uns Theater und Tanz verboten. Meine Tochter hatte schon als Kind Tanz und Theater äusserst gern, und ich habe sie nie am Tanzen oder Theaterbesuch gehindert. Im Gegenteil. Ausserdem, wenn ich das getan hätte, wäre es ihrer temperamentvollen Natur zuwidergelaufen. Trotzdem bleibe ich meinen Eltern dankbar für ihre tüchtige Erziehung, diese hat mir für das ganze Leben eine solide Basis gegeben. Ich hätte aber nie dieselben Methoden für die Erziehung meiner

Kinder angewandt. Wir haben sie viel freier erzogen, als ich erzogen wurde.

> Finden Sie, man zähle in der Schweiz mehr als verheiratete Frau denn als ledige?

Eine verheiratete Frau wird vielleicht in gewissen Kreisen für mehr angesehen als eine ledige Frau. Aber solche Kreise, die die verheiratete Frau als vollwertiger betrachten, sind altmodisch und werden allmählich verschwinden, soweit sich die Frau emanzipiert, soweit sie im Berufsleben eine Situation erwirbt, die ihr erlaubt, selbständig zu sein und ihre Kapazitäten geltend zu machen. Je mehr die Frau bewusst wird, je mehr sie sich sowohl im Berufs- wie im Gesellschaftsleben behaupten kann, desto mehr wird die Mentalität verschwinden, eine verheiratete Frau mehr zu beachten als eine ledige Frau. Eine solche Mentalität gehört der Vergangenheit an. Es ist möglich, dass es in der welschen Schweiz nicht ganz gleich ist wie in der deutschen Schweiz. Vielleicht zählt eine verheiratete Frau in der deutschen Schweiz mehr als in der welschen.

> Was bedeuten die Auslandsaufenthalte in Ihrem Leben?

Auslandsaufenthalte lehrten mich sehr viel. Im Ausland musste ich feststellen, dass die Denk- und Lebensweise dort nicht so kleinbürgerlich ist wie bei uns. Ich will nicht verallgemeinern, aber ich glaube, man kann schon sagen, dass die Frauen im Ausland, zum Beispiel in Deutschland, in Frankreich, mehr Zuversicht zu sich selbst haben, mehr Mut, um sich auszudrücken; vielleicht denken sie auch mehr über Dinge nach, die nicht direkt ihren Haushalt, ihre Gesundheit, ihre Toilette betreffen. In manchen Ländern haben die Frauen einen breiteren Ideenhorizont, sie überlegen sich Fragen, die über den Familienkreis hinausgehen.

Während meines längsten Auslandaufenthalts, das war in Russland, arbeitete ich als Übersetzerin und Redaktorin. Das Lernen anderer Sprachen war sehr wertvoll, sowohl für meinen Beruf als Journalistin wie auch, um Kenntnisse auf verschiedenen Gebieten zu erwerben.

> Glauben Sie, dass Ihr persönliches Schicksal sich völlig anders gestaltet hätte, wenn Sie nicht verheiratet gewesen wären?

Ganz bestimmt wäre mein Schicksal anders gewesen, wenn ich nicht verheiratet gewesen wäre. Sehr wahrscheinlich wäre ich nicht so viel im Ausland herumgereist. Trotzdem wäre meine Überzeugung als Sozialistin und Gegnerin des Militarismus die gleiche gewesen und geblieben wie auch jetzt. Beruflich hätte ich vielleicht etwas anderes gewählt als Literatur. Mathematik und Kunst waren nämlich meine Lieblingsfächer. Aber in unserer zahlreichen Familie, acht Kinder, fehlte das Geld, um auch den Mädchen lange und kostbare Studien zu gewähren. Als ledige Frau hätte ich mich sicher gegen allerlei Ungerechtigkeiten wehren müssen, um mein Recht zu behaupten und anständig auskommen zu können.

Würden Sie Ihr Leben anders leben, wenn es Ihnen wieder geschenkt würde?

Ich würde kein Jota an meinem Leben ändern, wenn ich nochmals zu wählen hätte. Und das trotz der schweren Erlebnisse und Enttäuschungen, die mein Mann und ich durchgemacht haben. Unser Zusammenleben war immer harmonisch, dank dem gleichen Ziel, das wir verfolgten, und dank den gleichen Ideen, die uns bewegten. Deswegen habe ich auch die schwierigsten Zeiten unseres gemeinsamen Lebens ohne schwerwiegende Folgen bestanden. Ich würde nichts von all dem, was ich in meinem Leben ausstehen musste, streichen, weder Leiden noch Freuden, weil ich von beiden lernte, meine Fehler zu beherrschen, meine Kräfte zu stärken und meinen Charakter zu verbessern. Sicher ist es eine harte, aber auch sehr heilsame Schule gewesen, um das Leben kennenzulernen und meistern zu können.

Sind Sie Mitglied einer Partei? Eines Klubs? Eines Vereins?

Ich bin Mitglied der Sozialistischen Partei seit 1916. In der Zwischenzeit aber, von 1921 bis 1943, war ich Mitglied zuerst der Kommunistischen Partei der Schweiz, von 1920 bis 1923, dann der Kommunistischen Partei der Sowjetunion von 1924 bis 1931 und wieder von 1931 bis 1943 Mitglied der Kommunistischen Partei der Schweiz. Im Jahre 1943 wurde ich aus der Kommunistischen Partei ausgeschlossen und bin kurz nachher in die Sozialistische Partei, auf meine Anfrage hin, aufgenommen worden. Von 1954 bis 1959 war ich Präsidentin der sozialdemokratischen Frauen der Stadt Zürich. Heute bin ich noch aktiv in der Sozialistischen Partei von La Chaux-de-Fonds, bin Mitglied der Soziokulturellen Kommission und ihrer Kommission für Umweltschutz. Ich bin auch Mitglied des städtischen Komitees der Arbeiterbildungszentrale und als Beauftragte der Partei Mitglied der administrativen Kommission des Stadtspitals. In der Bewegung der Konsumentinnen habe ich von Anfang an, das heisst seit zehn Jahren, aktiv mitgewirkt. Momentan arbeite ich im kantonalen Vorstand sowie in der lokalen Arbeitsgruppe von La Chaux-de-Fonds. Ich gehöre auch der Association pour les droits de la femme, früher Stimmrechtsverein, an und bin ebenfalls Mitglied der Kommunalen Kommission der Stadt für Familienplanung als Vertreterin der sozialdemokratischen Frauen.

Wo besprechen Sie Ihre persönlichen Probleme?

Ich vertraue meine persönlichen Probleme weder einem Pfarrer noch einem Psychiater an. Meine engsten Vertrauten sind meine Kinder, meine Tochter und mein Sohn. Ich habe auch in La Chaux-de-Fonds eine jüngere Schwester. Wir besprechen zusammen viele Probleme, die mich persönlich betreffen, und sie ist mir mit ihrem grossen Verständnis behilflich. Ihre Gegenwart ist mir äusserst wertvoll. Mit Freundinnen spreche ich lediglich über soziale, politische oder ökonomische Probleme, die mir auch am Herzen liegen, und wo ich gerne die Meinung anderer kennenlerne, was mich auch anregt, darüber nachzudenken und vielleicht meine Meinung zu ändern. Denn meine Überzeugung ist, dass ein besseres Verständnis dessen, was die anderen denken, sehr viel dazu beitragen könnte, ein besseres Klima für eine gemeinsame und fruchtbare Tätigkeit zu schaffen, um eine Welt ohne Hass und Krieg aufzubauen.

Gab es einen Augenblick in Ihrem Leben, wo Sie wirklich dankbar dafür waren, Schweizerin zu sein?

Am 7. Februar 1971 habe ich mich wirklich über den Sieg der Schweizer Frauen gefreut. Vielleicht war es auch ein Gefühl der Dankbarkeit, vor allem für die Frauen, die so tapfer gekämpft haben. Den Schweizer Bürgern war ich weniger dankbar, weil sie uns das Stimmrecht viel früher hätten gewähren müssen. Andere Momente in meinem Leben, die mich veranlasst hätten, dafür besonders dankbar zu sein, sehe ich wirklich kaum.

Kümmern Sie sich um den Einkauf in Ihrem Haushalt?

Da ich mich aktiv mit der Konsumentinnenbewegung befasse, ist es selbstverständlich, dass ich den Einkauf für den Haushalt als ein wichtiges Problem betrachte. Mein eigener Haushalt stellt für mich keine grosse Frage, da ich jetzt allein bin, aber für Familien mit Kindern sind die Verproviantierung sowie der Einkauf von Haushaltutensilien äusserst wichtig. Und die Mütter müssten in dieser Hinsicht bei der Konsumentinnenbewegung Rat und Hilfe finden. Unsere zweimonatliche Zeitschrift der Fédération romande des consommatrices «J'achète mieux» wird von den Hausfrauen sehr viel gelesen und sehr geschätzt, sie wird auch von den Männern gelesen und gelobt. Die FRC zählt heute 18 000 Mitglieder. Heutzutage, in einer Ära der Überproduktion der Konsumgesellschaft, scheint es mir nötig, den Frauen mit Haushaltsverantwortung bei der Wahl der Produkte, hauptsächlich der Nahrungsmittel, behilflich zu sein. Eine notwendige Mitarbeit und Mitverantwortung auf diesem Gebiet ist der Grund, warum ich in der Fédération romande des consommatrices schon von Anfang an tätig war und jetzt noch bin.

Was ist Ihrer Meinung nach wichtig, damit die Schweizer Frau sich emanzipiert?

Ich glaube, dass es für die Emanzipation der Schweizerin sehr wichtig ist, dass sie endlich lernt, nicht mit dem Kopf ihres Mannes, sondern mit ihrem eigenen zu denken. Sie muss sich endlich eine persönliche Auffassung verschiedener Fragen, die jede von uns angehen, bilden. Da hat zum Beispiel kürzlich eine der Teilnehmerinnen an einer Tagung der Konsumentinnen mitgeteilt: «Wenn ich Unterschriften für eine Initiative sammle, sagen mir die Frauen meistens: ‹Ich muss zuerst meinen Mann fragen, was er davon hält.›» Die meisten Frauen lehnen es ab, irgend etwas zu unterschreiben, wenn ihr Mann nicht zuhause ist, denn der Ehemann denkt für die Frau. Wenn die Schweizerinnen sich emanzipieren wollen, müssen sie endlich lernen zu denken.

Wie erreicht man das?

Die Schweizer Frauen sind viel zu sehr in ihren eigenen Mauern eingeschlossen. Meistens sind sie gute Hausfrauen, gute Mütter, sie pflegen ihren Haushalt – ein bisschen zu viel meistens –, sie sollten sich ein bisschen weniger um ihren eigenen Haushalt und dafür mehr um die Probleme, die draussen bestehen, kümmern. Wenn sie Zeitungen lesen, sollten sie nicht nur die Todesfälle, die Geburten, die überfahrenen Hunde registrieren, sondern sich mit dem beschäftigen, was ausserhalb ihres Dorfes, ihres Kantons, in der Schweiz und in der Welt passiert.

Denn ich bin überzeugt, dass die Schweizerin Möglichkeiten hat, die sie nutzen sollte. Sie verfügt über Eigenschaften wie Grosszügigkeit, Grossherzigkeit, die nutzbarer gemacht werden müssten. Man müsste den Schweizerinnen zu verstehen geben, dass sie mit dem, was sie haben, der Gesellschaft nützen können. Meiner Meinung nach muss ein menschliches Wesen alles, über was es verfügt, auch zum Nutzen der Gemeinschaft einsetzen, die Frau genauso wie der Mann. Das ist die Aufgabe eines jeden. Das muss man begreifen lernen und dann wissen, wie es tun.

Ich habe noch eine andere Idee: Jetzt, wo wir die Möglichkeit haben, in den Parlamenten vertreten zu sein, jetzt, wo Frauen in den Parlamenten sind, müssen wir uns bewusst werden, dass wir Frauen Themen haben, die uns einander näherbringen, viel näher, als je die Männer sich nahekommen. Über Fragen der Erziehung, über soziale Fragen zu diskutieren nämlich finden wir Frauen viel eher Kontakt; bei den Männern sind sehr oft persönliche Probleme vorherrschend. Ich bin tief überzeugt, dass das etwas ist, was wir ausprobieren sollten. Für mich zum Beispiel ist die Konsumentinnenbewegung ein typisches Beispiel. Wir haben in dieser Vereinigung Vertreterinnen aller Parteien und aller Milieus. Unter den Mitgliedern gibt es einfache Frauen und auch sehr gebildete Frauen, was uns nicht hindert, zu einer bemerkenswert schwesterlichen Zusammenarbeit zu kommen. So gibt es, glaube ich, noch viele andere Fragen, wo wir zu einer Zusammenarbeit kommen könnten, in weitergehenden Gebieten als die Männer. Zum Beispiel auf dem Gebiet der Wohnung und der Wohnungsnot. In dieser Domäne arbeiteten Vertreter aller Parteien. Jede Partei in sich war getrennt, aber es haben sich doch Gruppen gebildet, die zusammengearbeitet haben.

In unserem Konsumentinnenforum hatten wir eine Wohnkommission gebildet, die sich für Inneneinrichtungen und Verbesserungen der Küchen einsetzt. Ein Architekt, der eine Küche plant, beschäftigt sich vor allem mit dem Aussehen der Küche, aber die Frau sieht alle kleinen Einzelheiten, sie sieht Dinge, die der Mann nie beachtet. Hier ist der Rat der Frauen notwendig.

Milly Diener

Barrierenposten Fronwaldstrasse Affoltern/Zürich

So steht es auf der Visitenkarte und dazu, von Hand, die Dienstzeiten: eine Hälfte des Monats von 5 bis 14 Uhr, die andere von 14 bis 23 Uhr. Wählt man, um Frau Diener, zur Zeit Barrierenwärterin, zu besuchen, die Zeit zwischen zwei weit auseinanderliegenden Zugsabfertigungen, so kann man ungestört plaudern. Es ist gemütlich im kleinen Raum. Wir trinken Kaffee. Strickzeug und Buch, die sonst die Zeit ausfüllen, werden auf die Seite gelegt. Alles schön in Ordnung. Denn das Glokkensignal hat nach Fahrplan geläutet, Frau Diener hat sich nicht beirren lassen durch das Gehupe des Autofahrers, der noch durchflitzen wollte, und hat die Barrieren vorschriftsmässig heruntergelassen, den vorbeifahrenden Zug gegrüsst und kontrolliert, so wie es im Dienst verlangt wird, die Barrieren wieder hochgezogen. Es ist 10 Uhr 15, der Lebensbericht fängt bei der fröhlichen «Bagage» an, das sind die Kinder, die Schwiegersöhne, Schwiegertöchter, neuerdings die kleinen Enkel in der Familie und der Freund der Seniorin. Weiter zurück: da ist die Rede von Schwierigkeiten, von Not, von sehr viel Krankheit. Heute genieße sie, sagt Frau Diener, die ihr angepaßte Arbeit, die erst seit kurzem eingerichtete Zentralheizung zu Hause, den Spannteppich. Sie könnte sich jetzt etwas leisten. Aber das ist es nicht, warum Milly Diener den Eindruck einer glücklichen, einer emanzipierten Frau macht. Wir fragen sie.

Ihr Leben in kurzen Zügen:

Seit vier Jahren im Dienst der SBB. Es brauchte, um Barrierenwärterin zu werden, vierzehn Tage Einarbeit, es braucht Gewissenhaftigkeit; man darf einfach nicht zu spät kommen, auch wenn es einem gar nicht paßt, am Morgen so früh aufzustehen. Milly Diener, geborene Strickler, Zürcherin aus Wollishofen, aufgewachsen im Kreis 1, oben am Rennweg, drei Jahre Sekundarschule, keine Lehre. Muß sofort dienen gehen, in die Fabrik. Verträgt während fünf Jahren die «NZZ».

Heiratet Hans Diener, von Beruf Küfer, Kellermeister im «Baur au Lac», das ist kein Beruf, um eine Familie zu ernähren. Hans Diener läßt sich umschulen zum Metallschleifer und arbeitet als Präzisionsschleifer 24 Jahre lang bei Bührle. Die Ehefrau arbeitet immer mit, 24 Jahre lang, weil's sonst nicht reicht für vier Kinder. Das dritte Kind, ein Töchterchen, wird mit einem schweren Geburtsfehler geboren; acht Gesichtsoperationen sind nötig, bis es hübsch aussieht. Nach vier Operationen bezahlt die Krankenkasse nichts mehr. Das älteste Töchterchen verliert mit 15 Jahren das Gehör und muß operiert werden. Ein Kind stirbt im Alter von fünf Jahren an Diphterie. «Wenn ich so darüber nachdenke, was wir alles gehabt haben an Krankheiten, sicher hat vor den Ferien eins das Bein gebrochen oder mußte sich den Blinddarm herausnehmen lassen.» Alle Jahre geht die Familie ins Tessin, oberhalb von Agno, in die gleiche Wohnung in die Ferien. Am Neujahr fängt man an, dafür zu sparen. «Die blöde Sparerei», schimpfen die Kinder, «sie fängt wieder an zu schmalhansen wegen den chogen Ferien.» Aber am ersten Tag, an dem die Familie Diener dann unten ist, sagt jeder, es habe sich doch gelohnt. Gleich nach den Ferien fängt dann wieder die Sparerei für Weihnachten an.

Milly Diener half mitverdienen mit Maschinenstricken. Muß aus gesundheitlichen Gründen nach Jahren aufhören, richtet auf Anraten des Arbeitsamtes eine Flickstube ein, muß nach zwei Jahren eine zweite Nähmaschine kaufen, derart floriert die Flickstube. Wird wieder schwer krank, hört ganz auf. Nach einer Kropfoperation werden Krawatten genäht. Folgten Angina pectoris und Kur in Clavadel. Jetzt sagt der Mann: «Schatz, jetzt hast du 24 Jahre für zwei gearbeitet, jetzt tust du noch 24 Jahre lang nichts, dann geht's auf.» Er geniesst es, wenn er nach Hause kommt, und «du bisch nöd eso im Schuss». Man ist aus dem Gröbsten. Dann das grosse Unglück.

Vier Monate konnten die Dieners ihr beruhigtes Leben geniessen, dann wurde der Mann, auf dem Heimweg von seiner Arbeit, von einem Auto überfahren. Er starb am selben Abend.

Wie alt waren die Kinder, als der Vater starb?

Der Pauli sei noch in die Schule gegangen, der Hans in der Lehre gewesen, die Meitli waren 21- und 22jährig. Sie hätte sich schon Sorgen gemacht mit so zwei Burschen. Aber irgendwie sei es gewesen, wie wenn das Unglück allen den Kopf zurechtgesetzt hätte.

Nein, finanziell habe sie keine Sorgen gehabt, sie habe die Rente bekommen, und weil der Unfall auf dem Heimweg von der Arbeit passiert sei, habe die Suva bezahlen müssen für die Buben. Mit den Versicherungen freilich habe sie es verspielt, es gab eben keine Zeugen des Unfalls. Heute würde sie anders handeln, heute ginge sie bis vors Bundesgericht, denn der Autofahrer sei ja betrunken gewesen. «Aber ich ha mer gsäit, ob i echli mee Gäld han oder echli weniger, ich bin ja doch d Fra Diener...» Dann habe eins ums andere geheiratet, zuerst die Töchter, die seien jetzt schon acht Jahre verheiratet.

Wo ist der Unfall passiert?

Bi miir vor em Huus, vor em Chuchifäischter isch es passiert. S isch am 30. Novämber gsii, und ich han s Huushaltigsbuech abgrächnet, nöd, das isch ja immer Ändi Monet, und doo – susch bin ich immer uf de Loggia gsii, wänn er häichoo isch, Mittag und Aabig – aber doo han i mi vertüüft und has nöd gsee, ich han s nur ghööre tätsche, schpring as Fäischter, gsee öpper ligge – s isch tunkel gsii am halbi sächsi Ändi Novämber, gsee öpper ligge und säge zum Pöili, em Jüngschte: Chumm, rüef sofort de Polizei und de Sanitäät, dä isch allwääg schwäär verunglückt, da liit äine uf de Schtrass. Und dänn säg ich zuen em, duu, jetz müe mers use goge säge. Ich bin ja ganz degäge, dass mer gaat goge gaffe. Dass s wüssed, dass s chömed. Und do bin ich use und ha dä Maa immer no nöd aagluegt, ha nume gsäit zu dem, wo biin em am Bode chnüünlet, d Sanitäät und d Polizei chunt sofort. Und do hät er gsäit, jaa, dä Maa isch grauehaft verletzt. Und do lueg ich abe, und do tänk ich, wisoo hät jetz dää am Bappe sis Gwand aa? Und dänn, dänn isch es dänn ineggange. Und dänn hani schiints furchpaar glärmet uf de Schtrass. Aber da cha mer äigetli nöd säge, wie mer sich würd benää, das cha mer nöd säge, nöd.

Nach dem Unfall sei sie immer kränker geworden, und 1964, zwölf Monate danach, kam die Herzkrise. Spital. Dr Aarzt hät gsäit, ich törf nüüpme tue, nüme singe, nüme luut rede, äifach nüütme mache. Was ich dänn törf mache, wänn ich verruckt sig, öb ich dänn no törfi d Tüüre schletze? Ein junger Arzt habe sich dann ihrer angenommen und ihr geholfen. Die Stelle als Kassiererin bei der Migros sei nach neun Monaten zu streng geworden, dann Aushilfe als Kassiererin an der Kasse eines Reformhauses. Aber alles war zu streng. Sie habe aber einfach etwas tun wollen, die drei Grossen seien verheiratet und fort gewesen, sie allein mit Paul. Sie habe immer Kinder gehabt zum Hüten, sie habe Freude a de Chnöpf, aber so ring sei das auch nicht, die Kleinen seien halt einfach schnell. Die erwachsenen Kinder raten zu einer Schnellbleiche fürs Büro, weil die Mutter die Sprachen kenne. Und dann die Annonce in der «Vorstadt», Anmeldung, sie wurde Barrierenwärterin. Und habe es sehr schön mit der ablösenden Kollegin Theres, die putze gern, und sie selbst besorge das Administrative. Auch die Steuererklärung mache sie für die Theres, für andere alte Leute übrigens auch. Und im Verband geht's auch sehr gut. Der würde zwar wieder reklamieren und sagen, sie dürfe nicht so rühmen. Aber sie sei recht bezahlt; klar, sie habe samstags und sonntags auch Dienst, in elf Monaten 55 Freitage, das sei wenig, aber eben doch fünf Wochen Ferien und einen Nettolohn von 1200 Franken. Dazu komme die Rente, noch nie habe sie es so schön gehabt.

Wie alt sind Sie, Frau Diener?

58. Ich möchte schon, dass es noch ein wenig weitergeht. Gesundheitlich sind mir Grenzen gesetzt. Aber weil die Theres das Putzen des Häuschens übernommen hat, geht's. Jede Woche müssen nämlich die Fenster geputzt werden, das Häuschen muss inwendig abgewaschen werden. Man hilft sich aus. Der Theres stricke ich hie und da eine Jacke.

Sind Sie Mitglied eines Vereins? Einer Partei?

Nein, nicht mehr, ich war im Verein für Volksgesundheit, aber jetzt nicht mehr.

Mit wem besprechen Sie Ihre persönlichen Probleme?

Mit meinen Kindern vor allem. Und dann auch mit der Theres, meiner Partnerin hier. Wämmer öppis hät, wo äim plaaged, si verzellts miir, und iich verzells ire. Und dann habe ich seit einem Jahr einen Freund. Die Kinder haben immer gmüedet und haben gesagt, du solltest einfach jemanden haben, weil wir alle weg sind. Ich habe gesagt, dass ich nie mehr heirate, ich sei als Frau Diener glücklich gewesen. Jedes Jahr am Hochzeitstag haben der Bappe und ich zueinander gesagt, wir nähmen uns wieder. Schliesslich habe ich doch ein Inserat gemacht, im Tages-Anzeiger. Jetzt habe ich einen guten Freund, der kommt immer übers Wochenende, wir haben es gut miteinander. Er ist ein Fröhlicher, er hat auch viel durchstehen müssen, er will auch nicht mehr heiraten, wie ich. Trotz allem vergesse ich meinen Mann nicht, und er vergisst seine Leonie nicht. Aber er hat grosse Freude an meinen Kindern, und letzte Weihnachten, als ihm meine Tochter das Jüngste in die Arme legte, hatte er feuchte Augen und sagte, er halte zum erstenmal ein kleines Kind im Arm und ob er es wohl recht mache. Politisch sind wir nie derselben Meinung, er ist ein Republikaner, Schwarzenbachanhänger, und ich bin im Herzen immer eine Sozialistin geblieben. Wir haben die grössten Diskussionen miteinander. Ich sage ihm immer, er dürfe einfach nicht gegen die Menschen, die wir zum arbeiten hierher geholt hätten, etwas sagen, er hat einfach eine Abneigung gegen Süditaliener, da muss ich halt wieder rebellieren. Sonst haben wir es gut. Wenn er zu mir auf Besuch kommt, bezahle ich das, was ich koche. Wenn wir auswärts essen, zahlt er.

Glauben Sie, dass sich Ihr persönliches Schicksal ganz anders gestaltet hätte, wenn Sie nicht geheiratet hätten?

Ja, ich bin in eine dumme Zeit hineingeboren worden, ich bin in der Krisenzeit aus der Schule gekommen und durfte keine Lehre machen. Wäre ich ledig geblieben, so hätte ich da viel nachgeholt mit Lernen. Ich hätte Freude gehabt an einer leitenden Stellung, ich hätte Freude gehabt, Heimleiterin zu sein, so etwas.

Fühlen Sie sich als vollwertige Schweizerin, seit Sie das Stimmrecht haben?

Ich habe mich immer als ganz vollwertig aaglueget. Ich habe immer gefunden, ich hätte das Leben gemeistert. Solange mein Mann lebte, hatte ich mehr oder weniger das Stimmrecht, mein Mann sagte immer: «Du bist besser orientiert, was stimmen wir heute?» Ich konnte ihm auch sagen, hör mal, diesmal sind wir dann nicht parteitreu, diesmal stimmen wir für den Landesring, aus diesen und jenen Gründen.

Wie haben Sie sich jeweils orientiert?

Ich lese alles, Zeitungen, Flugblätter, und dann versuche ich, mir eine Meinung zu bilden. Nach dem Tod meines Mannes konnte ich dann nicht mehr mitmachen, dann habe ich mich gewaltig gefreut, als wir das Stimmrecht bekamen. Endlich ist ein Recht in Kraft getreten, das wir schon lange hätten haben sollen.

Haben Sie Vorstellungen darüber, welche Gesetze und Verordnungen bei uns in der Schweiz geändert werden sollten, von Ihrem Standpunkt als Frau aus?

Ich finde es nicht recht, dass das Einkommen der Eheleute zusammengelegt und so versteuert werden muss. Bis zu einer gewissen Grenze natürlich. Wenn er einen Dreitausender verdient und sie einen Zweitausender, dann sollen die auch Steuern bezahlen. Aber da, wo die Frau arbeiten geht, damit die Familie ohne Unterstützung durchkommt, da sollte man nicht so viel versteuern müssen. Die Frau arbeitet ja dann zur Entlastung der Gemeinde. Wir wären nie durchgekommen, wenn ich nicht gearbeitet hätte. Die vielen Male, wo ich krank war, kam die Gemeindehelferin und meinte, wir sollten uns doch ans Fürsorgeamt wenden, ich solle doch auch ein wenig demütiger sein und das annehmen. Dann sagte ich, wieso demütig, das Fürsorgeamt ist doch keine göttliche Einrichtung, oder? Ich will frei bleiben, den Kindern zuliebe, da soll mir keiner dreinreden.

Dann aber ist zu sagen, im grossen und ganzen stehen wir doch gut in der Schweiz. Können wir doch ein dummes Maul haben über die sieben Mannen in Bern, wir werden deswegen nicht verhaftet. Bin immer sehr daran interessiert, was wir für Bundesräte haben. Habe mich gefreut, als der Furgler nach Bern kam, nicht dass ich ihn gut möchte, den Herrn Dr. Furgler, der ist mir zu zynisch, aber er ist ein Paragraphenreiter und wird den andern auf die Finger schauen.

Dann finde ich noch, die 8. AHV-Revision ist schon recht, aber ich sehe ringsum, dass sie nicht genügt. Selber würde ich gern noch etwas mehr bezahlen, denn mit 400 Fränkli kann heute keiner leben. Ich kenne viele alte Leute und bin dankbar, dass ich da hie und da ein Loch stopfen kann. Ich kenne ein Ehepaar, die leben von der AHV und der Altersbeihilfe, haben einen Wohnungszins von 300 Franken zu bezahlen, die sagen auch, wie alle anderen, dass sie nicht darben müssen, sie können sich aber nichts, auch gar nichts Aussergewöhnliches leisten, wissen Sie, keinen Franken für eine kleine Freude, das ist auch zermürbend mit den Jahren.

Haben Sie Ihre Töchter anders erzogen, als Sie erzogen worden sind?

O ja. Bei uns wird über alles geredet. Sie wurden auch früh aufgeklärt. Ich habe meine Kinder von klein an an allem teilnehmen lassen, habe ihnen erklärt, warum und wieso es bei uns fleischlose Tage gebe, sie mussten auch sehr früh ganz allein und selber einkaufen gehen. Als meine grössere Tochter elf Jahre alt war, musste sie für ihren dreijährigen Bruder die Schuhe kaufen gehen, mit sechzehn schickte ich sie, damit sie ihrer um ein Jahr jüngeren Schwester den Wintermantel kaufte. So lernten sie mit Geld umgehen, die Sachen anschauen, bevor man sie kauft.

Dann war ich ganz scharf drauf, dass alle etwas lernten. Wie gern wäre ich selber aufs Seminar gegangen. Die Kinder sind denn auch alle etwas geworden, alle vier haben einen Beruf, sie stellen sich gut an, und sie haben familiär einen engen Zusammenhalt. Alle wohnen heute in Kloten, an derselben Strasse. Die Töchter sind, neben dem Haushalt, teilweise beruflich tätig.

>Könnten Sie sich vorstellen, in einem andern Land als der Schweiz zu leben?

Wir haben das einmal mit den Kindern diskutiert, was wir sein möchten, wenn wir nicht Schweizer wären, wir haben es nicht gewusst. Vielleicht ist das Grössenwahn. Aber ich bin gern Schweizerin. Ich glaube, ich wäre nicht glücklich, wenn ich in einem andern Land leben müsste.

Ich kenne Deutschland, Österreich, Italien und war an der Weltausstellung in Montreal; Quebec kam mir vor wie Zürich vor 50 Jahren. Von New York war ich begeistert. Wenn ich anderswo leben müsste, hätte ich wahnsinnig Heimweh.

>Ärger im Beruf? «Mais» mit den Automobilisten?

Wunderselten. Letzthin kam einer ins Häuschen herauf und fragte, ob ich spinne, dass ich so früh die Barrieren hinunterlasse. Habe ihm dann erklärt, dass ich das Signal bekäme; kommt der Zug von Affoltern, dann muss ich bei Grün hinunterlassen, kommt er von Seebach, auf Rot. Wenn der Zug dann halt langsam kommt, kann ich auch nichts dafür, ich weiss es ja nicht zum voraus. Eine Frau meinte einmal, es sei gemein, immer wenn sie komme, schlösse ich die Barrieren. Sie käme halt immer zur gleichen Zeit, sagte ich ihr, sie könne ja fünf Minuten früher kommen, dann sei noch offen. So gut, wie ich es jetzt habe, hätte ich es nirgends sonst. Der Dienst ja, aber zwischendurch kann ich viel lesen, was ich will, ich kann stricken, wenn ich Lust habe; und dann schreibe ich gern Briefe. Ich führe eine grosse Korrespondenz mit ehemaligen Schulkameradinnen.

Inzwischen hatte sich der Ausdruck «Male Chauvinisme» auch bei uns bemerkbar gemacht. Es ging ja nicht mehr nur darum, auf Ungerechtigkeiten, denen die Schweizerinnen ausgesetzt waren, hinzuweisen, sondern auch gegen Mentalitäten zu kämpfen. Der Beitrag eines Amerikaners über den Tageslauf in einem Büro gab den Anlass zu diesem Editorial.

Herr Chauvin im Büro

Nicolas Chauvin, ein Veteran der Napoleonischen Armee, soll seinen Kaiser fetischartig verehrt haben, und seit er in einer von Scribes Komödien auf Pariser Vaudeville-Bühnen geprahlt hatte, nannte man nicht nur alle überhitzten Napoleon-Schwärmer, sondern alle säbelrasselnden Patrioten «Chauvins».

Neunzehntes Jahrhundert mit blindem Nationalismus ist passé, übersteigerte nationale Empfindlichkeit kommt nicht mehr an, überrollt von drängenden Zukunftsproblemen; das Wort Chauvinismus aber wird immer dann verwendet, wenn von blinder Voreingenommenheit die Rede ist. Es fällt die Bezeichnung «männlicher Chauvinismus», gebräuchlich vor allem an der Front aufmerkender Frauenbefreiung.

Gemeint ist also nicht mehr die einseitige, überspitzte Begeisterung fürs Vaterland, sondern für das Männliche an sich, für den Napoleon im Manne. Als Ersatz für andere Ländereien hat dieser Napoleon im Manne die Geschäftswelt erobert und für sein Gebiet erklärt, es herrschelig besetzt und nach seinen Massstäben eingerichtet. Flugs hat er dann das Unangenehme wie etwa Maschinenschreiben, Protokolleführen, abwehrende Telefonate machen, Agendaführung und Teekochen (heute allerdings ersetzt durch Verabreichung vitaminöser Getränke) weiblichen Kräften delegiert. Die weiblichen Kräfte ihrerseits konstatieren erst jetzt ihre Unterwerfung unter dieses Regime, merken erst jetzt, dass es den Sekretär im Sprachgebrauch und in Wahrheit nur als Generalsekretär oder Schreibschrank (= Möbelstück) gibt, die Sekretärin aber immer eine Angestellte in Vertrauensstellung mit besonderer beruflicher Vorbildung bleiben wird, zu der man sagen kann: «Sie gefallen mir, Sie bekommen die Stelle.» Es gehört zu den Vorbedingungen, sie muss gefallen. Was ist schliesslich Böses dabei? Man muss nur wissen, dass es vielleicht nicht unbedingt und immer so bleiben müsste. (Es könnte ja auch eine Chefin sein, die einen Sekretär einstellt oder eine Sekretärin, welche die Stelle ablehnt, weil der Chef sein Haar nicht pflegt. Beispielsweise.) Wie es eben so ist, davon redet unser Beitrag «Ein Tagesablauf im Büro». Selbstverständlich war es die Absicht, diesen Aufsatz aus New York einerseits zur Unterhaltung, andererseits zur gefälligsten Überlegung heimischer Verhältnisse zu publizieren. Denn so oder so, jede Veränderung fängt mit dem Überdenken seines eigenen Alltags an, mit den Fragen wie etwa diesen: «Haben Sie sich einmal die Situation Ihrer Sekretärin klargemacht, Herr Chauvin?» – «Wissen Sie, liebe Sekretärin, wann Ihr Chef Herr Chauvin heisst?»

An der Stellung der Frau, so stellen grosse Enquêten vereinfachend heute fest, habe sich grundsätzlich nichts geändert. Denn zugebilligte vermehrte politische Rechte werden nicht genützt, schreiende Ungerechtigkeiten werden zwar diskutiert und korrigiert, gesellschaftliche Vorurteile aber fröhlich weiter praktiziert. Bis einer Sekretärin eines Tages die Heiterkeit vergeht, dann wird's für alle Chauvins unheiter. Aber nur so werden unrechte Vorrechte eingesehen und neue Lösungen geübt.

Das Eidgenössische Justiz- und Polizeidepartement setzte im Herbst 1971 eine Expertenkommission ein, die eine Revision des Schweizerischen Strafgesetzbuches vorberaten sollte. Am 1. Dezember 1971 wurde eine Volksinitiative für die Straflosigkeit des Schwangerschaftsabbruches eingereicht. Im Juli 1973 hat nun das Eidgenössische Justiz- und Polizeidepartement die drei Lösungsvorschläge der Expertenkommission den Kantonsregierungen, politischen Parteien und interessierten Organisationen zur Vernehmlassung unterbreitet. Nach dieser Vernehmlassung wird der Bundesrat seine Stellungnahme zuhanden der Bundesversammlung formulieren.

In Vernehmlassung und Revision

Bis Ende Oktober 1973 läuft die Frist zur Vernehmlassung in Sachen strafloser Abbruch der Schwangerschaft, es geht um die Abänderung oder Streichung der geltenden Artikel 118 bis 121 des Strafgesetzbuches. Dem Magazin scheint es der richtige Augenblick zu sein, um abzuklären, wie die Situation von Rechts wegen ist, und darzulegen, worum es geht.

Eine Revision des Bundesgesetzes wurde notwendig und drängt sich gebieterisch auf, weil die heute gehandhabten Praktiken zu Rechtsunsicherheit und zu Rechtsungleichheit führten und sich daraus schwerwiegende soziale Ungerechtigkeiten ergaben: Heuchlerisch wird das

Gesetz durch die, welche wissen, wie's gedreht werden kann, und dafür auch zu bezahlen imstande sind, umgangen. Unbeholfene und sozial Schwache aber sind der Strafbarkeit ausgeliefert.

Das ist zu wiederholen. Zu wiederholen wäre auch, dass die Frauen die Betroffenen waren, die Betroffenen sind und immer die Betroffenen sein werden. Frauenverbände, die sich für die Rechte der Frau einsetzen, befassen sich deshalb intensiv mit dieser Gesetzesrevision und überlegen, ob die Indikationenlösung oder die Fristenlösung angemessen sei. Und die Frauenrechtskämpferin Dr. Gertrud Heinzelmann, die den komplexen Stoff analysierte, wählte den Titel «Wege oder Umwege zur Rechtsgleichheit».

In Vernehmlassung und Revision also ist ein Gesetzesartikel und seine brauchbare und gerechte Anwendung. Wenn aber in der Diskussion um Schwangerschaftsabbruch immer vom heissen Eisen die Rede ist, an dem man sich ungern die Finger verbrenne, kommt zum Ausdruck, dass es um mehr geht als um Rechtsfragen. Das Wort «legal» wird dann gern ersetzt mit dem Wort «moralisch», das Wort «illegal» steht für «unmoralisch», beurteilt wird mit «gut» und «böse». Das ist gefährlich, weil dadurch die Rechtsfrage vernebelt wird, ist aber verständlich, weil es hier tatsächlich um ein allgemein gesellschaftliches Problem geht, das mit sittlicher Wertung gemessen wird. Aber die Massstäbe für diese Wertung sind uns abhanden gekommen: In der Frage nach dem, was erlaubt und was nicht erlaubt ist, sind wir tief unsicher geworden. Die gesellschaftlichen Regeln sind verändert, seit die Möglichkeit der Geburtenregelung und die neuen Techniken des Schwangerschaftsabbruches dem Menschen Mittel für die Entscheidung über sein Leben in die Hand gaben wie nie zuvor. Die Freiheit scheint total, Grenzen sind nicht mehr einsehbar. Nur in Zeiten schwerer Krankheit, die zum Tode führt, werden Grenzen sichtbar, zeigt sich die Freiheit als fiktiv, dann erst wird Annahme seines Schicksals als Sinn des Lebens erkannt.

Mit diesen schwierigen Fragen aber wird jede Frau, mehr oder weniger bewusst, konfrontiert, wenn sie vor der Entscheidung steht, eine Schwangerschaft auszutragen, einem Kind das Leben zu geben, es aufzuziehen, in allen Belangen für es zu sorgen oder eine Schwangerschaft abzubrechen, weil sie sich dieser Aufgabe nicht gewachsen fühlt. Leicht gesagt, der Gewissensentscheid sei der mündigen Frau überlassen. Ist sie ihm psychisch gewachsen? Zuwenig sieht man ein, dass die Frau sich da immer in einer schweren Krise befindet, dass sie fühlt, es geht, so oder so, in diesem Entscheid tatsächlich um den Sinn des Lebens. Sie fühlt dann auch, dass sie von der Gesellschaft, die sich ja selber nicht mehr auskennt, sehr allein gelassen wird und dass ihre

Erziehung ihr nur mangelhafte Möglichkeiten gab, derart eingreifende Entscheidungen zu fällen. Hier kann scheinheilige Moral nichts mehr ausrichten, hier hilft nur Verständnis, Hilfereichung durch umsichtige Information, Einsicht in die eigene Ratlosigkeit. Wie die Gesellschaft das zu bewältigen hat, wie und was dem einzelnen zumutbar ist, das steht zusammen mit den Artikeln 118 bis 121 auch in Vernehmlassung und Revision.

Gleiche Rechte, gleiche Verantwortung

«Wenn Frauenrecht heisst, dass eine Frau, die ihre Fähigkeiten und Begabungen einsetzt, nicht mehr benachteiligt wird, wenn Frauenrecht bedeutet: gleiche Rechte aufgrund gleichen Könnens, dann bin auch ich eine Frauenrechtlerin.»
Premierministerin Indira Gandhi am Kongress der International Alliance of Women in New Delhi am 7. November 1973

Ein Kongress ist an seinen Rändern meistens eindrücklicher als in der vorbereiteten Tagesordnung, besonders wenn er in New Delhi, mitten in der Unfassbarkeit des indischen Subkontinents, stattfindet, wenn Staub, Hunger und Schreie Unzufriedener in den klimatisierten Ballsaal des «Imperial»-Hotels dringen.

«We five-star hotel», hatte der Room-Boy meiner Zimmergenossin bedeutet, die sich wegen der nur zwei Scheiben Toast zum Frühstück beschwert hatte – sie hatte anschliessend eine Kommission zu leiten und glaubte, sich dafür ernähren zu müssen –, und das Heranholen der fünf Sterne hiess, dass hier zwei Toastscheiben zu haben seien anstatt keine.

Wie an jedem Kongress wurden Erklärungen verlesen, Resolutionen gefasst, die dann den Regierungen eingereicht werden, man war gegen Prostitution und Sklaverei, für Familienplanung und bessere Schulung der Mädchen. Das Motto des Kongresses, der alle drei Jahre stattfindet, hiess «Partnership for Progress», und die Rapporte über die Arbeit der verschiedenen Kommissionen, die während der letzten drei Jahre geleistet wurde, zeigten zähen und unermüdlichen Einsatz für gleiche Rechte der Frauen, die dann aber auch gleiche Verantwortung übernehmen, gemäss dem Wahlspruch, an dem seit der Gründung der Allianz – im Jahr 1905 – kompromisslos festgehalten wird. Die Idee für diese Vereinigung stammt aus den USA, gegründet wurde sie in Berlin, geprägt von klug kämpfenden englischen Suffragetten; diese klare Linie war der Präsidentin des Kongresses in Delhi, Edith Anrep, einer Juristin aus Schweden, eng vertraut.

Mitglied der IAW (International Alliance for Women) in der Schweiz ist der «Verband für Frauenrechte», der frühere Schweizerische Stimmrechtsverband. Die Schweizer Delegation am indischen Kongress wurde von Irmgard Rimondini-Schnitter aus Basel geleitet, Uno-Beobachterin in Genf für den «Verband für Frauenrechte».

Ist eine Diskussion möglich, wenn sich 250 Delegierte aus 31 Ländern treffen, wenn das Englisch als Kongresssprache allen zwar fliessend über die Lippen kommt, die Begriffe von Lebensqualität aber, von Ernährung, von Gleichberechtigung zwischen Mann und Frau als zwischenmenschlicher Beziehung gänzlich anders gesehen und erlebt werden in Colombo als in Kopenhagen, anders in Nassau als in Solothurn? Zwar hatten wir alle die gleichen Papiere mit sorgfältig vorbereiteten Bestimmungen und Paragraphen in der Hand, aber hiess das nicht für die eine Mond und für die andere Sonne? Es war jedoch der Begriff für Einsatz und Arbeit und Kampf – an der Stelle zu leisten, an der man steht –, der von allen gleichzeitig verstanden wurde, und es waren Frauenarbeit und Fraueneinsatz, die spontan geehrt wurden, als der Kongress sich von den Stühlen erhob, um Indira Gandhi für ihre nachdenkliche Rede zu danken, und ein zweites Mal, am zweiten Kongresstag, als Dame Marjorie, 92jährig, frisch aus Sussex in New Delhi eingetroffen, am Stock gehend, aber aufrecht, den Kongresssaal betrat. Marjorie Corbett Ashby, geadelt für ihre Dienste in der Frauenarbeit, ist Ehrenpräsidentin der IAW. Dame Marjorie begleitete ich hinterher zum Tee, auf den sie ungern verzichtet, eine liebe Gewohnheit, wie sie sagt, aber sie hielt sich schon ein wenig darüber auf, wie schlecht die Referentinnen heute stimmlich dran seien. Man müsse, um eine Versammlung in Bann zu halten, ganz einfach zu jemandem in der hintersten Reihe sprechen, nicht wahr? Ich konnte von Dame Marjorie lernen.

Dass die Premierministerin Indiens die Eröffnungsansprache hielt und Staatspräsident Giri an einem Empfang betonte, er wünsche eine fünfzigprozentige Beteiligung der Frauen im Parlament, brachte dem Kongress lebhafte Presseberichte ein.

«Frauen sollten ihre Rechte geltend machen», meldete «The Times of India»: «The Statesman» schrieb, zum erstenmal habe sich Indira Gandhi als Feministin deklariert, und «The Hindustan Times» betonte, dass 250 Delegierte aus 25 Ländern (es waren 31) eine ganze Woche in der Hauptstadt tagten. Der «National Herald», von Nehru gegründet, schrieb den Titel «Noch immer keine Gleichheit für die Frauen», der «Indian Express» brachte ein Bild auf der ersten Seite und meinte in einem langen Bericht über die enorme Steigerung der Lebensmittelpreise, es sei Zeit für die Frauen zu handeln, und es wurde zu einem Hausfrauenprotest auf Sonntag, den 18. November, aufgerufen. (Das Saisongemüse ist seit Dezember 66 um 61 Prozent gestiegen, Fleisch um 67 Prozent, Butter ist nur im Schwarzhandel zu bekommen, Milch keine). «Es ist Zeit für die Frauen zu handeln», ein etwas hilfloser Zeitungsschrei angesichts einer verzweifelten Ernährungslage, aber ich dachte an einen Satz der Frauenrechtlerin Gertrud Heinzelmann, die sich über die dringlichen Frauenpostulate in der Schweiz ausgesprochen und mit dem Satz geschlossen hatte: «Der Stoff ist so gross und so vielschichtig kompliziert, dass ich mir auch für die Zukunft zu dessen Bearbeitung und Bewältigung starke Frauenorganisationen wünsche.» Also doch Frauenorganisationen, also doch nicht nutzlos, wenn Ost und West sich treffen und ihre Erfahrungen austauschen.

Die in Hindustani geschriebenen Zeitungen konnte ich nicht verfolgen, aber die Kenntnisnahme auf englisch genügte, um sich sehr zu wünschen, dass alle Meldungen über den Frauenkongress der Arbeit der «All India Women's Conference», der einladenden Organisation, zugute kommen möchten.

Es genüge heute längst nicht mehr, auf dem laufenden zu sein, hiess es in der Präsidialadresse am ersten Kongresstag, offener Geist sei nötig, neue Ideen, Sicht und Vorstellungskraft. Vision, Imagination braucht nun auch die neue Präsidentin, Irène de Lipkowski aus Paris. Sie will, als Weltbürgerin, mit der IAW das Jahr 1974, welches das Weltjahr der Bevölkerung sein wird, herausfordern und dann vor allem das Jahr 1975, das zum Jahr der Frau ernannt wurde, mit vielen Kommissionen bestimmt vorbereiten. Ihren Arbeitsplan hat sie in klare drei Punkte eingeteilt: Erstens sei zu bedenken das Problem der Entfernung zwischen unterentwickelten und entwickelten Ländern, die internationale Zusammenarbeit auf dem Gebiet der Erziehung, der Bevölkerungszunahme, der Familienplanung. Zweitens Probleme des Krieges, der Aufrüstung, der militärischen Ausgaben. Und drittens Umweltschutz und internationale Solidarität.

Hie und da haperte es ein wenig mit dem Mikrofon im Ballsaal des «Imperial», trotz gut lesbarem Schild «Chicago Radio». Die jeweilige Sprecherin, ob schwarz, braun oder weiss, klöpfelte dann leise an die Apparatur und fragte: «Can you hear me? Does it work?» Ein belangloser Satz, der mich im Schlaf verfolgte: «Können Sie mich hören? Klappt's?» Hören wir sie, die Not der andern, dringt sie an unser Ohr? Erkennen wir die eigene? «Partnerschaft für den Fortschritt» wurde für die Journalistin leitmotivisch zugedeckt mit dem bangen Ruf: «Hören Sie mich?»

Tage später sass ich im pakistanischen Peshawar, in der Nähe des Khyberpasses, einer 34jährigen Schweizer Ärztin gegenüber, die als Leprösenärztin dem ganzen Distrikt Peshawar vorsteht. Das heisst wochenlang mit zwei oder drei Krankenschwestern unterwegs, im Autobus, im Jeep, zu Fuss, wochenlang unter Wanzen und Läusen, um Kranke zu suchen, bevor man sie zur Heilung heranbringt. Es war spät in einer kalten Nacht. Die Ärztin hat rasche Bewegungen und ein entschlossenes Gesicht, sie hatte ein paar kurze Stunden Schlaf eingeplant, ein Aufbruch sollte früh am andern Morgen stattfinden. Ein Gespräch aber war ihr willkommen. So, ein Frauenkongress in Delhi, was tut man da, meinte sie zögernd, um sofort selber zu antworten: Doch, das ist wichtig, sehr wichtig. Und weiter: «Wissen Sie ich spreche kein Urdu, die Dialekte hier verstehe ich auch nicht, aber mit den Frauen hier habe ich nie die geringsten Verständigungsschwierigkeiten. Sie lachen, wenn sie mich sehen, ich lache, sie wissen dann von mir, ich von ihnen, dann geht alles wie von selbst.» Und das strahlendste Lächeln glitt über das Gesicht der Ärztin. Sie konnte es auch verstehen, dass eine Nepalesin, um am Frauenkongress in Delhi teilzunehmen, sieben Tage Fussmarsch auf sich genommen hatte, um nach Katmandu zu kommen. Von dort wurde ihr die Flugkarte nach New Delhi bezahlt. Das Zusammensein mit anderen Frauen war ihr wichtig, mit allen andern aus der Welt der diskriminierten überzähligen Minderheit.

Die Stimmen der jungen Generation wurden am 23. Dreijahreskongress der IAW auch laut, am deutlichsten im Beitrag einer Schweizerin, Dr. Anneliese Truninger, die über «Frauen und Männer, Partner in der Gesellschaft» referieren musste, sich energisch über die «Partnerschaft» mokierte und zunächst einmal Solidarität unter den Frauen forderte. Mehr Solidarität verlangten auch die Engländerinnen. Als in einem Panelgespräch nur immer von Familien die Rede war, stand eine auf und sagte, 44 Prozent der arbeitenden Frauen in England seien unverheiratet, die verheirateten Frauen sollten doch endlich weniger possessiv vorgehen. Grosser Applaus.

Das Verständnis sei eine Sache des Lächelns, meinte U. G. in Peshawar, eine Sache der Geste, fiel mir ein, als ich vom Hausdach eines pakistanischen Dorfes in der Nähe von Rawalpindi in die umliegenden Höfe hinunterschaute. Es dunkelte, nur hinter den Bergen war's noch hell. Die Frauen hatten die getrockneten Kuhfladen vom Dach genommen, das Feuer angezündet, der Ofen war heiss, flink wurden die Fladenbrote zum Backen auf den heissen Stein gelegt. Ein Esel schrie erbärmlich, Kinder jauchzten und zeigten mit den Fingern auf die Fremde. Ich legte die Hand auf die Stirn, sie riefen mich in den Hof, holten einen Stuhl, weil es mir nicht gelang, so auf den Fersen zu hocken, ohne umzukippen. Ich bewunderte die Kinder, trank die dargebotene Tasse Tee, vergass alle Hygienemassnahmen, schämte mich, dass wir am Hygienemassstab den Grad an Kultur zu lesen uns herausnehmen.

Kuhmist werde auf dem verrotteten Subkontinent zur Seife, hatte der «Spiegel» tadelnd geschrieben. Mit welcher Zartheit sah ich die Frau im nächsten Hof den kleinen Buben mit Asche einreiben; dann übergoss sie ihn mit einem Kübelchen Wasser. Das Kind jauchzte vor Vergnügen. Wer hat von wem zu lernen? Am gleichen Abend las ich in «The Pakistan Times» eine Meldung aus London, dass in Grossbritannien jedes Jahr 700 Kinder zu Tode geprügelt würden. (Die Nachricht fand ich später ausführlich bestätigt im «Observer» und in der «Sunday Times».) Es ist noch nicht statistisch erfasst worden, wie viele Schweizerkinder verzweifelter Mütter in unsern hygienisch getrimmten Wohnsiedlungen seelischen Schaden erleiden, halb oder ganz zugrunde gehen, weil das Leben in unserer unmenschlichen Architektur nicht mehr zu leben ist, die jungen Mütter daran kaputtgehen, leiden, ohne zu wissen, warum, und die Unerträglichkeit an ihrer Nachkommenschaft auslassen. Davon zu reden, dieses auszudrücken wäre ein Beitrag für das Frauenjahr 1975.

Und noch einmal die Schweizer Ärztin aus Peshawar. Als junge Witwe hatte sie früher in Indien in einem Spital gearbeitet, zwei kleine Kinder waren bei ihr. Das sei, im Gegensatz zu ihren Arbeitsjahren in Europa, nie ein Problem gewesen, selbstverständlich seien die Kinder in ihr Berufsleben integriert worden.

Wenn am Kongress die Inderinnen, gewandt im Debattieren, mit Uno-Erfahrung die meisten, das Wort ergriffen, strahlten sie die ruhige Sicherheit aus wie die Frauen, die mit langsamen Bewegungen das Wasser aus dem Ziehbrunnen schöpfen und in Krügen auf dem Kopf nach Hause tragen. Das sei eine Frage der Kleidung, meinte die baslerische Hoteldirektorin, die sich im Sari anders bewegt als in Jeans, das sei eine Frage der materiellen Sicherung, meinte die Frau eines Schweizer Konsuls; die Frauen wüssten, dass entweder der Vater oder der Ehemann oder der Bruder oder der Sohn für sie aufkommen müsse. Die Frau sei in der Sippe verwurzelt, von der Sippe getragen. Ich vermute, dass andere als modische oder materielle Gründe das Selbstbewusstsein der indischen Frau, der gebildeten und der ungebildeten, zum Blühen bringen. «Ein Leben lang dienen», spöttelte der «Spiegel» in seinem Report über «Asiens kranken Riesen». Der Report mag stimmen, die Frauen haben zu dienen. Aber dienen sie dem Mann? Manchmal schien mir – wenn ich mit Mala sprach und so viel Wärme von ihr ausging, wenn ich mit ihr hinduistische Tempel betrat, die Schuhe auszog, sie mir Blumen reichte –, dass hier das Dienen eine religiöse Haltung dem Leben gegenüber sei und mit der Einbildung des Mannes wenig zu tun habe.

Indira Gandhi, Politikerin in Schwierigkeiten, betonte in ihrer Kongressansprache ausser ihren feministischen Sympathien unter anderem: «Eine der grössten Herausforderungen an die Menschheit ist die bisher ungelöste Aufgabe, grossen Bevölkerungsgruppen einen Anteil am Fortschritt zu gewähren. Trotz all der glänzenden Errungenschaften der Technik ist ja die Mehrheit der Menschheit immer noch unterernährt, ungenügend gekleidet, ungenügend untergebracht, und es fehlt ihr an ärztlicher Betreuung und Schulbildung. Sogar in den reichen Ländern sollen sich ja die alten Menschen vernachlässigt und ungeliebt fühlen, während die Jungen durch ein Schulsystem geschleust werden, das ihnen weder ein Ziel setzt noch ihre Gefühle anspricht.»

Wer aus Europa stammte und gut zuhörte, seufzte hier. Und stolz fuhr die Premierministerin fort: «Die Männer haben sich ihre demokratischen Rechte zuerst erkämpft, und die mochten sie nicht mit den Frauen teilen, weil sie ihnen kein Urteilsvermögen zutrauten. Aber es gab Staaten – wie etwa Indien –, wo Männer und Frauen gemeinsam für ihre nationalen und persönlichen Rechte kämpften. Geschlecht und Herkunft spielten da keine Rolle. Wichtig war die Fähigkeit, zu handeln, zu arbeiten, zu dienen und Opfer auf sich zu nehmen.» Und dann die Antwort auf die Frage an Dr. Samuel Johnson, wer eigentlich intelligenter sei, die Männer oder die Frauen: «Welche Männer und welche Frauen?»

Je mehr man von den Problemen sieht, desto schwerer werden sie, antwortete mir Edith Anrep in einem Gespräch über ihre Amtszeit als Präsidentin der IAW. «Denn Gleichberechtigung ist immer etwas anderes.» In jedem Land sei der Ausgangspunkt in der Erziehung ein völlig anderer. Und niemals dürfe man andere Kulturen beeinflussen. Aber eine solche internationale Frauenvereinigung habe doch die Möglichkeit, die nationalen Verbände in ihrem Kampf um Gleichberechtigung zu unterstützen, zu stärken, zu ermutigen. «Die Frauen müssen selber finden, was sie unter Gleichberechtigung wollen. Doch alle wollen wir, auf verschiedenen Wegen, zum gleichen Ziel kommen, zu einer bessern Menschlichkeit.» Aber was sei zu tun, wenn die Gesinnung derart hinter den Gesetzen nachhinke? fragte die skeptische Journalistin. Das mit der Gesinnung gehe überall sehr sehr langsam, gestand die emanzipierte kluge Schwedin, die Vorurteile sässen tief. Aber zuerst und immer käme in jedem Land und an jedem Ort die Gesetzesänderung. Die Gesetze müssten für die Frauen gerecht werden, denn die rechtlichen Grundsätze beeinflussten psychisch das Selbstbewusstsein und die Selbständigkeit der Frau.

Die Gesetzesungleichheit, fügten wir hinzu, mache die Frau also unsicher und unselbständig.

So gehen von Frauenkongressen, ob barfüssig oder in Strümpfen an ihnen teilgenommen wird, ob sie in New Delhi oder in drei Jahren in London stattfinden, doch wesentliche Impulse aus. Und Begegnungen sind fruchtbar.

«Alle Schweizer sind vor dem Gesetze gleich. Es gibt in der Schweiz keine Untertanenverhältnisse, keine Vorrechte des Orts, der Geburt, der Familien oder Personen.» So heisst der Artikel 4 der Bundesverfassung. Sind aber die Frauen im Bund tatsächlich gleichberechtigt?

Sind alle Schweizer vor dem Gesetze gleich?

Freiheit ist kein Naturzustand. Wir brauchen Gesetze, damit wir frei leben können. Wenn Freiheit funktionieren soll, ist ein Mindestmass an gemeinschaftlichen Regeln notwendig. Dadurch, dass Gesetze abgrenzen, garantieren sie Freiheit.

Wenn Frauen heute ihre Freiheit wollen – nachdem sie ihre Unfreiheit einsahen und sich bewusst wurden, dass der Kampf um Freiheit lang und zäh und einsam ist –, sollten sie nie vergessen, dass der Weg zur Freiheit nur über die Gesetze geht. Andererseits sind diskriminierte Staatsbürger – und Schweizerinnen sind immer noch diskriminierte Staatsbürger – besonders empfindlich für eine gerechte Gesetzgebung. Als Betroffene haben sie erfahren, dass einzig und allein der Weg über die Rechtsgleichheit zur Gleichberechtigung führt. Der Weg über die Gesetze aber ist ein mühsamer Weg, das zeigt von neuem die Untersuchung der Juristin Gertrud Heinzelmann. Dass, von der Materie her, dann auch die Lektüre mühsam ist, kann in diesem Fall nicht erspart werden. Unsere Unfreiheiten müssen, eingeengt in Paragraphen und Bestimmungen, als solche erkannt und formuliert werden, nämlich als Ungerechtigkeiten, die ein weibliches Leben in der Schweiz täglich betreffen. Es geht darum, dass immer noch Ungleichheit besteht zwischen Knaben und Mädchen in der Ausübung des Rechts auf Unterricht, es geht, auch auf Verfassungsstufe, um die Grundsätze des Schweizer Bürgerrechts, die geändert werden müssten, es geht um die Revision von Eherecht und Ehegüterrecht, um nur einige der von Gertrud Heinzelmann angeführten Frauenpostulate zu erwähnen.

Sie zeigt, wie langsam Gesetzesänderungen vor sich gehen und wie entwicklungshemmend die historische Interpretation der Verfassung ist. Die Autorin schlägt deshalb vor, dass Artikel 4 der Bundesverfassung, «Alle Schweizer sind vor dem Gesetze gleich», in einer Teilrevision umgeändert werden könnte in «Männer und Frauen sind gleichberechtigt». Auf diesem Weg kämen die Schweizerinnen eher zu ihrer Rechtsgleichheit.

Als kürzlich Amnesty International gegen unsere Militärjustiz protestierte, nämlich dagegen, dass Zivilisten durch militärische Behörden abgeurteilt werden können, tat sie es mit der Begründung, der schweizerische Bundespräsident müsse «sehr ernsthaft die Frage der Vereinbarkeit grundlegender Menschenrechte mit dem Gesetz prüfen». Diese Stellungnahme zielt auf die Europäische Menschenrechtskonvention hin. (Der Europarat, dem wir angehören, hat darin das Gedankengut der Erklärung der Menschenrechte der Uno übernommen.) Bei der Ratifizierung der Menschenrechtskonvention werden diese Unvereinbarkeiten zwischen unserer Gesetzgebung und der Konvention geklärt werden müssen. Dass auf Widersprüche zwischen unserer Militärjustiz und der Menschenrechtskonvention hingewiesen wurde, wird in der Schweiz als unpassende Einmischung empfunden. Nun besteht ganz gewiss keine Gefahr, dass von aussen auf die Rechtsungleichheit der Schweizer Frau hingewiesen würde, wer schon sollte sich darum kümmern! Aber das Erwähnen der Menschenrechtskonvention, das Wissen, dass der Bundesrat sich anlässlich des Beitritts zur Menschenrechtskonvention um Rechtsungleichheiten in unserer Gesetzgebung wird Gedanken machen müssen, wird die Schweizerinnen dafür hellhörig machen, wo und wann sie Rechtsgleichheit fordern müssen, um endlich gleichberechtigt zu werden.

Das geltende Recht beeinflusst die Stellung der Frauen vor allem insofern, als es eine natürliche Entwicklung zur Gleichstellung von Frauen und Männern erschwert. Soll dieser Einfluss aufgehoben werden, ist es unumgänglich, der Ehe in ihrer rechtlichen Ausgestaltung den Charakter eines «Ver-sorgungsinstitutes für Eheleute» zu nehmen und die Ehegatten in gleicher Weise für sich selbst und ihre Kinder verantwortlich zu machen. Dies hätte zur Folge, dass Männer und Frauen in Familie, Beruf, Politik vermehrt einen ähnlichen, vielschichtigen Aufgabenbereich zu erfüllen hätten und dass sich sowohl Staat als auch Wirtschaft auf diese Aufgabenverflechtung einstellen müssten.
  Dies der Inhalt einer juristischen Dissertation, die auf dem Redaktionstisch landete. Verfasserin: Margareta Haller-Zimmermann, heute ist die Berner Politikerin bekannt unter dem Namen Gret Haller.

Aus fremdem Land

Wäre das Magazin nur vorsichtig und klug, brächte es im Augenblick keinen Text, der sich mit der Stellung der Frau in unserer schweizerischen Gesellschaft befasst. Die Wetterlage ist gewittrig gestört. Unlustgefühle haben sich breitgemacht. «Was soll's schon – die haben ja das Stimmrecht, nur alte unzufriedene Emanzipatorische meckern noch», dies von männlicher Seite; «Wir fühlen uns nicht diskriminiert – was soll's schon», tönt's angepasst aus weiblichen Lagern. Das Thema ist zerredet, verfasert, von Lösungen keine Spur, es schwelt in Emotionen, es ist noch nicht einmal ins allgemeine Bewusstsein gedrungen.

Könnte doch eine Redaktion, frei nach Montesquieu, einen schweizerischen Autorennamen in einen persischen verwandeln, die Zürcher Dissertation als juristischen Bericht aus einem fernen Land, das uns so direkt nichts angeht, publizieren. (Etwa: «Lettres persanes über die Rechtsordnung in Familien der siebziger Jahre» von Ater Narem-Rella)

Es ging aber nicht an zu kaschieren, noch weniger, bildlich für ein unbeliebtes Thema zu werben und es zu besänftigen. So wählte die Grafik, eingedenk des Überdrusses für leidiges Frauenrecht, die schlichteste Form, setzte Zeile an Zeile, numerierte zur besseren Lesehilfe, repetierte, wie bei einem Übungsstück, die Zusammenfassungen der Thesen auf jeder Seite in Kleinschrift.

Denn nach ZGB untersuchte die Autorin Dr. Margareta Haller-Zimmermann die Paragraphen der familiären Rechtsordnung, oskulierte das Gebiet, in dem wir leben, untersuchte die rechtliche Zweiteilung von Innerhäuslichem und Ausserhäuslichem, nämlich hier die haushaltführende Ehefrau, dort den erwerbstätigen Ehemann, fand diese Unterscheidung den heutigen Verhältnissen nicht mehr entsprechend, drehte, ohne zu werten, das Ganze um hundertachtzig Grad und kam zu recht erstaunlichen Ergebnissen.

Machen Sie sich an die Lektüre, wir bitten darum, in distanzierter Objektivität wie die Autorin selbst; stellen Sie sich vor, es handle sich um eine Bestandsaufnahme mit entsprechenden Schlussfolgerungen aus fremdem Land, und Sie werden einen neuen Zugang zu einem aktuellen Alltagsthema finden. Viel Vergnügen.

1975, das Jahr der Frau, ist in Vorbereitung. Die schweizerische Unesco-Kommission hatte das Soziologische Institut der Universität Zürich beauftragt, eine Enquête über die Situation der Schweizer Frau zu machen. Wir brachten im April 1974 die Zusammenfassung der wichtigsten Untersuchungsergebnisse, diejenigen über das statistische Leben der Schweizer Frau, geschrieben von Isolde Schaad, einer Kennerin der Auswertung. Am 17. August 1974 erschien ein Interview mit den Verfassern der Analyse, den Soziologen Thomas Held und René Levy, das Peter Frey und ich gemacht hatten.

Wie lange noch?

Wie lange noch müssen wir Themen zur Frauenemanzipation bringen, fragten wir uns, als wir in früheren Nummern blätterten und feststellten, mit welch aktueller Häufigkeit sie im Magazin bisher erschienen sind. Die Frage ist verfrüht. Denn noch immer ist in der öffentlichen Diskussion die Condition féminine nicht zum echten Problem geworden, über das man sich sachlich auseinandersetzt, sondern die Frauenfrage ist überhaupt noch gar nicht zur Frage geworden, welche Betroffene und Nichtbetroffene gleichermassen beschäftigt. Anders lassen sich die unsachlichen Reaktionen auf das Erscheinen der soziologischen Studie über «Die Stellung der Frau in Familie und Gesellschaft» nicht erklären. Missmut, Verleumdung und Hetze begleiten die Publikation, die, aus soziologischer Sicht und im offiziellen Auftrag, die ausserfamiliäre und die innerfamiliäre Stellung der Schweizerin untersucht. Darstellung eines Ist-Zustandes, für Kenner nicht neu, zu wenig neu sogar, und schon erhebt sich der Vorwurf, die Institution der schweizerischen Familie, unantastbar seit der Gründung der Eidgenossenschaft bis in unsere Tage, werde politisch unterwühlt.

Angst vor Veränderung? Ist nicht einmal die Frage erlaubt, wie die Frau in der männlich konditionierten Umwelt unter heutigen Umständen, Gesetzen, Mentalitäten leben soll, leben kann? Die Männerwelt, ungestört in Tradition, Macht, Unbekümmertheit, findet, die Frauen hätten es gut bei ihnen, sie seien doch nett zu ihnen. Das sind sie, in voller Naivität. Dass sich vielleicht hie und da eine Frau fragt – meistens erst, wenn ihre Normalbiographie einen Bruch erlitten hat –, wie sie Werte, die ihr wichtig sind, mit den hier üblichen Werten in Übereinstimmung bringen kann, ist beunruhigend, also abzuklemmen.

Die Wege zum Protest sind unabsehbar, wenn schon die Wege zur Frage verbarrikadiert sind. Der Frauenbericht – für Nichtsoziologen ist der Fachjargon leider etwas mühsam – stellt Interessierten eine

Fülle von Auskünften, Material, Feststellungen zur Verfügung, mit denen man an hundert Enden anfangen könnte, Themen zu überdenken, Probleme aufzugreifen, Lösungen herbeizuführen. Das Magazin hofft, durch seinen Beitrag über die Frauenstudie einige unvoreingenommene Leser für die «soziologische Studie am Beispiel Schweiz» zu interessieren.

Alimente für Sozialwaisen – wie sie zu bemessen wären und was getan werden könnte, wenn sie nicht eingehen. Die wissenschaftliche Mitarbeiterin des Statistischen Amtes Zürich, Käthe Johannes-Biske, hatte im Auftrag des Sozialamtes der Stadt Zürich eine Untersuchung für das Jahr 1971 durchgeführt und sich dafür eingesetzt, dass die Stadt Zürich als erste Gemeinde der Schweiz eine Alimentengarantie für ausserehelische und aus geschiedener Ehe stammende Sozialwaisen einführte. Die sensationelle Lösung eines Missstandes, von dem ungern gesprochen wurde. Damals erst in Vorbereitung.

Was getan werden könnte

Eine Ehe geht auseinander. Der Richter hat das Scheidungsurteil gesprochen. Die Kinder bleiben in der Obhut der Mutter, der Vater hat Unterhaltsbeiträge in der vom Richter bestimmten Höhe zu leisten. Die geschiedene Frau muss sich selber darum kümmern, wie ihr die Unterhaltsbeiträge, die Alimente, bezahlt werden.

Vier trockene Sätze zu einem Ablauf mit hundertfältig bittern Variationen, ein Ablauf, belastet mit Vorurteilen, begleitet von Schuldgefühlen. Vorurteile führen ein beharrliches Leben. Und die Auflösung einer Ehe – ebenso wie das Nicht-Zustandekommen einer Ehe –, das Alleinsein eines Elternteils bringt immer und auf jeden Fall Konflikte mit sich, die das Innerste im Menschen anrühren. Man muss mit einer menschlichen Enttäuschung – derjenigen über sich selbst zum Beispiel (sie ist die schwerste) – fertig werden. Ans Geld denkt man in diesen Situationen oft zu wenig oder zu unsachlich; das wird sich schon geben, wenn nur erst alles andere vorbei ist. Und dann ist es gerade das Geld, um das es geht, das seine Macht grausam ausspielt, Verhältnisse, Beziehungen zwischen Menschen, Erziehung der Kinder, Existenzen alleinstehender Mütter grausam vergiftet.

Über diese komplizierten, belasteten Sachen kann man nur sachlich reden. Ich halte deshalb diese Arbeit für eine Sensation auf dem Felde des Frauenrechts und des Kinderrechts.

Der vom Zivilgesetzbuch vorgeschriebene Unterhaltsbeitrag bei Scheidung oder Ehelosigkeit wird «nach Ermessen» berechnet. Keine der handelnden Personen aber, Richter, Anwalt, Amtsvormund, ist imstande zu wissen, wie ein angemessener Unterhaltsbeitrag festgesetzt werden kann. Er ist überfordert. In der Frage über die Angemessenheit von Unterhaltsbeiträgen herrscht Rechtsunsicherheit, in der ganzen Schweiz erfolgt die Bemessung der Unterhaltsbeiträge nach der gleichen grundsatzlosen Methode. Die Dissertation Hans Winzelers bringt nun, endlich, ein Bemessungsschema, das ein Bestandteil der Rechtsprechung werden wird.

Im engsten Zusammenhang damit der zweite Beitrag: «Der Eingang von Unterhaltsbeiträgen für ausserehelische und für Scheidungskinder.» Auch darüber berichtet die Statistikerin Käthe Johannes-Biske, welche im Auftrag des Sozialamtes eine Untersuchung in der Stadt Zürich für das Jahr 1971 durchführte. Die Untersuchung ergab, dass im Stichjahr, grob geschätzt, in der Stadt Zürich 7100 Mütter mit 9300 alimentenberechtigten Kindern leben, dass die Gesamtsumme der geschuldeten Alimente schätzungsweise 14,3 Millionen Franken beträgt. In 73 Prozent der Fälle kann mit einer Bezahlung gerechnet werden, in 27 Prozent nicht, was einen Fehlbetrag von 4 Millionen Franken ergibt. Es ist unserer Vorstellungskraft überlassen, diese Millionen in demütigende, zermürbende Einzelschicksale umzurechnen.

Es sieht so aus, als ob die Stadt Zürich als erste Gemeinde in der Schweiz eine Alimentengarantie für ausserehelische und aus geschiedener Ehe stammende Sozialwaisen einführen wird. Es könnte getan werden.

Von der Schwierigkeit, hier eine Frau zu sein

In der Feststellung des Auslands «Aha, Sie sind Schweizerin» liegt oft ein wenig Mitleid wie mit den Frauen eines Negerstamms, die nicht gleichberechtigt sind, und gleichzeitig ein kurzes Staunen vor wehrhaften Institutionen wie Frauenvereinen, die Nachtleben zu verhindern imstande sind. Jedesmal scheint es mir unnötig, auf diese Assoziationen einzugehen. Aber natürlich bin ich betroffen, wenn ich gefragt werde, wie Schweizerinnen seien. Ich bin eine – statistisch gesehen eine von zwei Millionen siebenhundertdreissigtausenddreihundertsechsunddreissig.

Verbindet mich mit meinen Landsmänninnen, dass wir bei Grenzübertritten das gleiche rote Büchlein vorweisen mit der Aufschrift Passeport – Pass – Passaporto? Wäre dieses Ausweispapier nicht, würde ich Mitschweizerinnen im Ausland erkennen? Weder am Wuchs noch am Gehabe; an der Sprache nur, wenn es ein Dialekt ist. Es erweckt aber keine Heimatgefühle in mir, wenn ich in der Untergrundbahn von Montreal ein Mädchen St. Gallerisch reden höre. Denn meine Sprache ist der Dialekt Biels, nicht zu verwechseln mit dem Berndeutschen, dessen ich, fälschlicherweise, in Zürich, meinem Wohnort, bezichtigt werde.

Im roten Pass aber steht, dass ich heimatberechtigt bin in Zürich. Ich gehe im Zürcher Stadthaus an die Urne und kann meine Stimme abgeben bei kommunalen, kantonalen und eidgenössischen Abstimmungen. Übrigens, dass ich Zürcherin bin, kommt daher, dass ich einmal mit einem Zürcher verheiratet war, bei der Ehescheidung seinen Namen verlor, aber seinen Bürgerort beibehielt.

Zu persönliche Bemerkungen? Sie deuten die Variationsmöglichkeiten einer weiblichen Biographie auf schweizerischem Gebiet an und meinen auch, dass allgemein Schweizerisches sich zunächst nur im Pass äussert, andere Gemeinsamkeiten aber langfristig zu suchen sind. Denn die Schweizerin gibt es nicht – es gibt die Thurgauerin, die Walliserin, die Tessinerin, die Neuenburgerin und selbstverständlich die Baslerin und sehr viele mehr. Früher erkannte man sie an ihren Trachten. Heute werden diese nur in Umzügen, zu festlichen Veranstaltungen, bei Eröffnungen von Handelsmessen getragen, wenn es darum geht, einen Blumenstrauss zu übergeben und einen behördlichen Kuss zu empfangen. Das Schweizerische als Heimat, als Zugehörigkeit zu einem Ort, einer Landschaft ist also äusserlich nicht feststellbar, an der Sprache unsicher zu erkennen, offenbar im Häuslichen und im Innenleben zu suchen.

Es wäre zu fragen, ob im Unterschied zur Schweizerfrau der Schweizermann Merkmale aufweist, die ihn als Schweizer erkennen lassen. Der schweizerische Mann hat, im Gegensatz zur schweizerischen Frau, eidgenössische Erfahrung: Es gibt da gemeinsame Erinnerungen an die hohe oder missliche Zeit im Militärdienst, auch wenn es nur der Hilfsdienst war oder sogar die Dienstverweigerung mit Prozess und Gefängnis. Das verbindet. Der Schweizermann kann mitreden. Er kann auch mitreden, weil er Mitglied einer Partei oder eines Vereins ist. Ein Thema, das im Einklang steht mit dem öffentlichen Leben. Das gibt der männlichen Biographie Kraft und Gerechtigkeit und Unfehlbarkeit. Was ist daran auszusetzen, wo läge der Zweifel? Dieses Überblickbare fehlt den Schweizerinnen. So werden ihre Verdienste gern an männlichen gemessen, nämlich im patriotischen Einsatz, in der Haltung zum Frauenhilfsdienst etwa, dem FHD. Hätten wir Frauen bislang mehr Wehrwillen bewiesen, wären wir alle flotte Rotkreuzfahrerinnen, wer weiss, ob man uns nicht früher reif fürs Stimmrecht gehalten hätte. Man greift nicht nach den Sternen am Schweizerhimmel. Als 1970, ein Jahr bevor wir auf eidgenössischem Boden die bürgerlichen Rechte bekamen, die erste Frau als Kandidatin für den Zürcher Stadtrat aufgestellt wurde, meinte ein Schullehrer, der auch kandidierte, das gehe nun doch etwas zu schnell, die Frauen sollten sich doch politisch zuerst in niedrigeren Gremien bewähren. Emilie Lieberherr wurde gewählt, nach vier Jahren glanzvoll wieder, diesmal von männlichen und weiblichen Stimmbürgern. Die zweite Frau im Zürcher Stadtrat stiess bei ihrer Wahl, 1974, auf weniger Skepsis. Da ging man aber auch sicherer, denn ausser ihren beruflichen Erfolgen brachte diese Kandidatin etwas mit, das nachvollziehbar ist: einen angesehenen Ehemann nämlich, Söhne und ein Vermögen.

Das Handikap einer weiblichen politischen Karriere in der Schweiz wird immer die Tatsache sein, dass eine Frau, tüchtig im Beruf und tüchtig im Haushalt – der gutgeführte Haushalt gehört dazu, als Wahlschlager für eine freisinnige Politikerin wurden ihre Backrezepte publiziert, backen können flösst Vertrauen ein –, dass eine Frau nicht so oft ins Wirtshaus geht wie der Mann. Im Wirtshaus findet schweizerisches staatliches Leben statt. Im Wirtshaus sagt man nicht «meine Damen und Herren» so höflich wie «mesdames, messieurs», hier heisst es in richtiger Reihenfolge «d'Manne und d'Froue». Nicht, dass die Schweizerin nicht auch gern ein Bier tränke und einen guten Tropfen Wein von einem schlechten unterscheiden könnte, sogar einen Jass kann sie klopfen, aber in die heimelige Atmosphäre, das Halbdunkel des Wirtshauses gehört doch eher das Klärli, das Bier ausschenkt und ihren Klienten flott findet, als die diskutierende Kollegin oder die kritische Ehefrau.

Ich kenne des Schweizers Träume schlecht, aber ich vermute, sie fangen in der Behaglichkeit und der Obhut des Wirtshauses an und brechen jäh dort ab, wo die tüchtige Ehefrau – ausserhäuslich noch nicht mitzählend, innerhäuslich um so dominierender – ihn aus der Küche verbannt statt ihn mitkochen zu lassen. (Bei den Jungen hat sich die Sache geändert, die jungen Männer teilen die Küchenarbeit mit den jungen Frauen, und sie gehen gruppenweise in die Beiz.)

Etwas anders liegen die Verhältnisse in der französischen Schweiz: Da isst man in der Pinte und nimmt seine Frau mit; im Welschen haben die Frauen weniger Sorgen mit ihrer Emanzipation, sie bekamen auch das Stimmrecht früher als wir im deutschsprachigen Teil.

Die Frauenvereine sind noch zu erwähnen. Sie waren grossartig, initiativ, in solch handfester Fortschrittlichkeit in keinem anderen Land zu finden. Einer der vielen verdienstvollen ist der Zürcher Frauenverein für alkoholfreie Wirtschaften, der schon 1894 den Verderb des Alkohols erkannte und eine Gaststätte ohne Trinkzwang schuf, ein sauberes Lokal, wo jedermann etwas war und sitzen durfte bei einer Tasse Kaffee. Kühn, bahnbrechend waren auch alle anderen Frauenorganisationen: die gemeinnützigen Frauenvereine von 1885 wie die 1914 gegründete Frauenzentrale – nur zwei Beispiele für weibliches Organisationstalent, für weibliche Initiative und Phantasie, welche Nöte der Zeit entdeckten und etwas gegen sie unternahmen, unverdrossen sich unbeliebt machend in der schweizerischen Männerwelt.

Heute, wo endlich auch für die schweizerischen Massenmedien die Benachteiligung der Frau vor dem Gesetz ein Thema ist (sie hat, im Sinne der Menschenrechtskonvention, nicht das gleiche Recht auf Bildung und ist benachteiligt im Familienrecht, gehandikapt in der Versicherung), wird den Vorkämpferinnen für Frauenrechte vorgeworfen, sie seien nicht streitbar genug gewesen, sie hätten zu wenig protestiert. Und die klassenbewussten Jungen monieren, dass die Kämpferinnen ja meistens «von rechts» kamen, zur privilegierten Klasse gehörten, es sich leisten konnten, in Kommissionen zu sitzen, ohne bezahlt zu werden. Der vom Soziologischen Institut der Universität Zürich im Auftrag der schweizerischen Unesco-Kommission verfasste Frauenbericht zeigt deutlich: Es war der Kampf einiger Privilegierter; es gelang nicht einmal, die Problematik eines schweizerischen Frauenlebens ins allgemeine Bewusstsein zu heben, nicht einmal ins weibliche.

Der Alltag, das Mass aller Dinge: Auch er macht der Schweizerin das Leben schwer und tröstet gleichzeitig in seiner Vielfalt, seinen Möglichkeiten jede Frau darüber hinweg, ihn hier verbringen zu müssen. Zähflüssig in seiner Organisation, hartnäckig in eingefleischten Gewohnheiten (keine Tagesschule für die Kinder, Mittagessen zu drei verschiedenen Zeiten, nichtkoordinierte Arbeitszeiten und so weiter), bietet er der nicht in Arbeitsstunden eingezwängten Frau Möglichkeiten für Begegnungen, Anregungen, Weiterbildung übers Quartier hinaus wie in keinem anderen Land. Die Wege sind kurz, völlig andere Mentalitäten leben nur zwei Kilometer von mir entfernt. (Hiesige Soziologen reden zwar auch von grünen Witwen, die in Vorstädten dahinvegetieren, sie übernahmen sie aber aus dem Ausland.)

Wann bin ich stolz, Schweizerin zu sein? Wenn ich um sieben Uhr morgens im Zug von Dietlikon nach Zürich fahre, und eine zufällige Nachbarin von ihren Sorgen mit der Blochmaschine beim Büroputzen berichtet, sie meine Arbeitssorgen beim Fernsehen ernst nimmt, wir uns respektieren und einigen. Oder wenn in einer Arbeitsgruppe an einem wissenschaftlichen Kongress im Ausland eine Schweizerin die Leitung hat, selbstverständlich drei Sprachen spricht, kein falsches Wort sagt, den Stoff beherrscht. Sie wird von Fachleuten bewundert. Zu Hause ist sie «nur» Sozialfürsorgerin, während ihr männlicher Kollege in den Beamtenstand erhoben wurde, sich Direktor nennt und bald die Prokura bekommen wird. Dann ergibt sich so etwas wie Sisterhood schweizerischer Prägung, dann freuen wir uns aneinander. Schwestern, die auf Granit wohnen, aber das Lachen nicht verlernt haben. Mitleid ist da nicht am Platz.

Prämierte Neger

Es ist verlockend, das von der Uno für die Welt zum Jahr der Frau deklarierte Jahr mit der Bemerkung «Prämierung der Neger» abzutun oder zu denken: Es wird vorbeigehen, so vorbeigehen, wie das Jahr des Tieres vorbeiging. Im Dilemma zwischen beleidigtem Ärger und tiefer Resignation hilft es vielleicht, diesen Januar mit dem Buchstabieren neu anzufangen, nämlich zu notieren, was passiert und warum. Eine Bestandsaufnahme allerdings führt zu Protest, nicht zu Anpassung.

Das Jahr der Frau wird schweizerischerseits eingeläutet mit dem «Schweizerischen Kongress zum internationalen Jahr der Frau 1975». Sein Thema «Die Schweiz im Jahr der Frau» liegt uns wahrlich sehr nahe. Die Berner Veranstaltung wurde vorbereitet von einer Arbeitsgemeinschaft, der ARGE, die 1973 gegründet worden war und in der 80 Verbände und Organisationen vertreten sind. Es gibt aber in der Schweiz 230 Frauenverbände (52 schweizerische, 177 kantonale und lokale), die der Dachorganisation BSF, dem Bund schweizerischer Frauenorganisationen, angehören. Der BSF hat einen Mitgliederbestand von 300000 Frauen. Diese 300000 zur Wahrung von Fraueninteressen organisierten Schweizerinnen werden nicht alle am Berner Wochenende vertreten sein. Viele finden das Motto «Partnerschaft» viel zu fade, denn es geht um Gleichberechtigung in unserm Staat und um nichts anderes als Gleichberechtigung.

Die Zeiten sind endgültig vorbei, wo, wie im Jahr 1928, Frauen aller Parteien, Konfessionen und Kreise mit dem Ziel, Rechenschaft abzulegen über das «geistige und werktätige Leben der Schweizerinnen im Dienst von Volk und Heimat» mit einem ersten grossen Gemeinschaftswerk an die Öffentlichkeit traten und durch die Ausstellung SAFFA in Bern auf sich und ihr Schaffen aufmerksam machten. Die Schweizer Frauen glaubten, ein zweites Mal ihre Tüchtigkeit zur Schau stellen zu müssen, es gab 1958 wieder eine SAFFA, in Zürich. Die Demonstrationen beeindruckten, denn man hatte das unermüdliche Wirken der Frauen im Staatshaushalt früher nicht wahrgenommen, so wie das Wirken der Hausfrau in der Familie leicht übersehen wird. Die gemeinsamen Anstrengungen stärkten das Selbstbewusstsein der Frauen. Und damals, 1928, war es wohl notwendig und 1958 leider noch nicht überflüssig, auf eigene Verdienste hinzuweisen in der Hoffnung, dafür belohnt zu werden.

Und 1975? Kongress über Partnerschaft, wo es doch keine gleichberechtigten Partner gibt. Seit 1971, seit vier Jahren, besitzen zwar die Schweizerinnen nicht nur auf kantonalem, sondern auch auf eidgenössischem Boden die vollen bürgerlichen Rechte. Damit, denkt der Männerstaat, habe er das Seine getan. Politisch interessierte Frauen denken anders. Denn es leben 52 Prozent der Wohnbevölkerung der Schweiz, also eine Majorität, unter den Bedingungen einer Minorität. Über 2,7 Millionen Bürger dieses Landes, die weiblichen, sind nicht gleichberechtigt vor dem Gesetz.

Es sind Ermüdungserscheinungen eingetreten im Vorbringen der Frauenanliegen, noch gravierender sind aber die Ermüdungserscheinungen im Anhören dieser Wünsche. Das Jahr der Frau begünstigt nun das Klima, Frauenpostulate gesamtschweizerisch auf der Ebene der Verfassung, der Bundesgesetzgebung, der bundesrätlichen Verordnung zu verwirklichen. So kämpfen heute die politisch interessierten Frauen.

Die internationale Entwicklung nämlich, vor allem die sich immer mehr durchsetzende Anerkennung der Menschenrechte und Grundfreiheiten – zuerst formuliert in der Allgemeinen Erklärung der Menschenrechte von 1948 – schärft das Empfinden für Rechtsungleichheiten auch bei uns. Zum Beispiel die Erkenntnis, dass der Rechtsgleichheitsartikel (Art. 4 der Bundesverfassung) inhaltlich nicht einem Katalog der Menschenrechte moderner Konzeption gleichzusetzen ist, führte zur kürzlich angekündigten Verfassungsinitiative. Um die Gleichstellung der Mädchen im Schul- und Bildungswesen zu erreichen, werden Frauenorganisationen sich dafür einsetzen, dass die Schweiz das erste Zusatzprotokoll zur Menschenrechtskonvention unterzeichnet. Die für ihre Chancengleichheit kämpfenden Frauen wünschen auch, dass das Schweizer Bürgerrecht und das Kantonsbürgerrecht als durch Heirat unverlierbare Persönlichkeitsrechte behandelt werden. Das älteste Frauenpostulat ist die Mutterschaftsversicherung. Frauen müssen sich auch damit beschäftigen, dem Übereinkommen Nr. 111 der internationalen Arbeitsorganisation (über die Diskriminierung in Beschäftigung und Beruf), seit 1962 Schweizerisches Landesrecht, Nachachtung zu verschaffen und die Durchführung des Übereinkommens Nr. 100 (Gleichheit des Entgelts männlicher und weiblicher Arbeitskräfte für gleichwertige Arbeit) zu fordern.

Ein Stosstrupp scharfsinniger Juristinnen macht die Frauenorganisationen auf diese nur kurz angedeuteten, höchst kompliziert verlaufenden Forderungen nach Gleichberechtigung aufmerksam und zeigt Wege, wie parlamentarische Vorstösse vorbereitet werden können, um Postulate zu verwirklichen.

Eine schwierige Materie und eine nicht spektakuläre Kleinarbeit, unpopulär dazu und schwierig für die Information. Diese Kleinarbeit zu leisten, dazu sind die altbewährten Frauenorganisationen verurteilt; sie ernten Undank, und von der jungen Generation wird ihnen vorgeworfen, sie hätten für die Mentalitätsänderung im schweizerischen Klima nichts getan, und sie kämen «von rechts». Was unternimmt die junge Generation selbst?

Es scheint, dass am Berner Kongress, so wenigstens sieht es jetzt aus, nur ein Protest laut werden wird. Die Schweizerische Vereinigung für straflosen Schwangerschaftsabbruch (SVSS) reklamiert, das Thema Schwangerschaftsabbruch sei von der Kongressleitung bewusst ausgeklammert worden.

Die Progressiven Frauen und die FBB (Frauenbefreiungsbewegung) setzen sich nämlich zum Antikongress nach dem Gäbelbach ab und wollen in «Kreativität und Offenheit» unter sich sein. Ihr Motto «Frauen gemeinsam sind stark» ist weniger verlogen als die sanfte Tour der «Partnerschaft», aber vorläufig inhaltlich nicht fassbar.

Es ist auch eine Stilfrage, wie man Frauenprobleme heute anpackt. Eine Bewegung zur Freiheit sollte sich nicht darin erschöpfen, Besen und Flaumer wegzuwerfen, und Emanzipation ist nicht immer gleichzusetzen mit Berufstätigkeit. Abgleiten ins Modische passiert da leicht. Es schadet der Gleichberechtigung, wenn Frauenfragen «in» sind. Frauen werden dann «liebe Frauen» und nicht mehr ernst genommen.

Information, sachliche Information wäre dringend. Zum Beispiel über das wichtigste Buch, das je über und für die Schweizer Frauen geschrieben wurde, ein Ereignis erster Ordnung, nämlich die «Untersuchung über die Stellung der Frau in der Schweiz», im Auftrag der Nationalen Schweizerischen UNESCO-Kommission, durchgeführt vom Soziologischen Institut der Universität Zürich. Das Buch muss zur Pflichtlektüre erklärt werden für Politiker und Frauen, sollte kapitelweise in den Lehrplan der Schulen – für Buben und Mädchen – aufgenommen werden. Wie genau die Ergebnisse der soziologischen Untersuchung der Wirklichkeit entsprechen – katastrophale ausserhäusliche und innerhäusliche Diskriminierung der Schweizerin, ihr Bildungsnotstand –, beweist allein der Schock, den sein Erscheinen auslöste. Man reagierte, indem die Untersuchung lächerlich gemacht wurde, ihr Unterschiebungen angelastet wurden, man verfolgte die

Autoren. Nur ein paar Einsichtige, vor allem Frauen, welche diese Wirklichkeit selber erlebt haben, sagten «So ist es.»

Aktuelle Information wäre, Buchstabe um Buchstabe diese Untersuchung weiterzugeben an diejenigen, die nicht «lesen» können, und dann solidarisch vorzugehen. Das ist dringlichste Forderung an das Jahr 1975, das Jahr der Frau.

Es war ein Mann, Roger Müller, der sich die Mühe machte, zu untersuchen, wo und wann Frauen wirtschaftlich benachteiligt sind. 960 000 Schweizer Hausfrauen leisten jahraus, jahrein unentgeltlich Hausarbeit. Und: berufstätige Frauen verdienen ein rundes Drittel weniger als Männer in gleichen Berufen.

«Die Hausarbeit der Frau ist eben nicht Beruf, sondern sie ergibt sich aus dem Recht des Ehemannes, die Frau nach Massgabe seiner Verhältnisse wirtschaftlich zu nutzen.»

Ich wünschte mir, dass dieser Satz so provokativ wirkt, wie er gemeint ist. Er ist vor 17 Jahren von Iris von Roten geschrieben worden, der Autorin des leider vergriffenen Buches «Frauen im Laufgitter». Roger Müller pickte ihn heraus, weil er ihn für seine Arbeit über «Frauen, Geld und Arbeit» aktuell fand. Mir stach er in die Augen, weil er für Männer und Frauen gleich ärgerlich ist; und weil ich mir mit diesem Titel mehr Leser für die Untersuchung über die Beziehung der Frauen zu Arbeit und Geld verspreche.

Dass berufstätige Frauen im Erwerbsleben zu kurz kommen, dass sie nämlich ein rundes Drittel weniger als Männer im gleichen Beruf verdienen, ist hinlänglich bekannt. Es wurde bisher aber wenig darüber gesprochen, dass fast eine Million Schweizerinnen eine Arbeit leisten, nämlich Hausarbeit, die nie als Leistung eingestuft wird und von der man von vorneherein annimmt, dass sie niemals mit Geld aufgewogen werden dürfe. Der Verdacht ist begründet, dass man Hausfrauenarbeit deshalb mit dem Adel produktiver Tätigkeit ausstattet, deshalb ihr den Glorienschein fraulich-mütterlichen Daseins verleiht, um zu verwedeln, dass Abstauben, Einkaufen, Kinder in die Schule bringen, Kochen für die Lieben eine höchst undankbare, oft eine niederträchtige Arbeit ist. Wie sonst kämen die Frauen selbst dazu, zu sagen: «Ich bin nur Hausfrau»?

Die totale Abhängigkeit vom Ehemann und seiner Abgabe des Haushaltgeldes – «schon wieder, du kannst nicht sparen» – bringt die Hausfrauen in ein Malaise, das sie sich meistens nicht erklären können. Es geht um nackte Machtprobleme. Dadurch, dass die Naturalwirtschaft zur Erwerbswirtschaft wurde, rutschte der Mann in die ökonomische Vorherrschaft. Wer das Geld hat, hat die Macht. Diese Beweisführung gelingt unserem Autor auf schlagende Weise.

Neulich erklärte mir eine Hausfrau, seitdem sie sich ausgerechnet habe, welche erkleckliche Summe sich ergäbe, wenn ihr Mann ihr für ihre Präsenzzeit zu Hause eine kleine Entschädigung zahlen müsste, sehe sie ihre Hausfrauenarbeit als Berufsarbeit, erlebe diese distanzierter, erfahre sie aufgewertet und nehme sich nun beispielsweise ihre Freistunde (fürs Zeitungenlesen) ohne schlechtes Gewissen – notabene nach dem Morgenessen, sobald die Kinder in der Schule, der Mann im Büro seien – und erlaube sich selbst die ihr notwendig erscheinenden Alleinferien. Sie habe dadurch ihre Arbeit, sich selbst beträchtlich aufgewertet und ein ganz neues Selbstgefühl erlebt.

Diese und ähnliche Überlegungen sollte jede Hausfrau einmal anstellen, bevor sie unter der Last nicht anerkannter Leistung zusammenbricht und unglücklich wird. Sie würde sich selbst dadurch aktivieren.

Also, da gibt's nur eins: Lernt rechnen, Schwestern, rechnen!

«Es freut mich, dass Sie sich nun als Frauenrechtlerin bezeichnen», sagte Betty Friedan, amerikanische Kämpferin für die Frauenrechte, zur französischen Schriftstellerin Simone de Beauvoir. Simone de Beauvoir hatte 1949 «Le deuxième sexe» publiziert (deutsch «Das andere Geschlecht»), Betty Friedan schrieb 1963 «The feminine Mystique» (deutsch «Der Weiblichkeitswahn»). Beide Frauen waren sich in ihrem Gespräch 1975 einig darüber, dass die Frauenbewegung, die sie beide durch ihr Denken und durch ihre Bücher beeinflusst hatten, sich zu Beginn der siebziger Jahre als die grösste, die am raschesten anwachsende – die einzig wirklich bedeutende vielleicht – unter all den eine grundlegende Änderung der Gesellschaft fordernden Strömungen erwies.

Keine Rezepte

Zwei Schriftstellerinnen sprechen miteinander über die Frauenbefreiung. Die Amerikanerin war durch das Werk der Französin vor Jahren aufgerüttelt und zur Kämpferin geworden. Wie die eingeschlagenen Wege weiter zu beschreiben seien, wollte Betty Friedan von Simone de Beauvoir wissen, und ob es gemeinsame Wege seien. Sie wendet sich mit dieser Frage an jemanden, der älter und weiser sei, als sie selbst – so sagt sie –, und deshalb vielleicht eine Antwort auf alle bedrängenden Fragen wisse. Betty Friedan ist zu diesem Gespräch durch die Tatsache ermuntert worden, dass Simone de Beauvoir sich seit einiger Zeit zum Mouvement de Libération des Femmes (MLF) bekennt, zum radikalen Feminismus also, in der Einsicht, die Revolte gegen die Männer sei notwendig und ein Klassenkampf erfülle die Forderungen der Frauen nicht.

Es ging im Gespräch der beiden nicht darum, gemeinsame Front zu machen, die Grundlage aber war die gleiche, nämlich der Versuch, sein Leben als Frau anders als bisher zu leben.

War Betty Friedan ein bisschen enttäuscht, als sie von Simone de Beauvoir vornehme Zurückhaltung zu spüren bekam, während sie sich doch ein Rezept gewünscht hatte, mit dem sie in die Staaten hätte zurückreisen können? Oder werden junge Frauen, die ihr Leben bewusst in die Hand nehmen und nach neuen Lebensformen suchen, verunsichert, wenn sie lesen, dass zwei ihrer Vorkämpferinnen keine Statuten für richtiges Verhalten, für gemeinsames Vorgehen aufstellten?

So naiv sind junge überlegte Frauen nicht. Sie wissen, dass jedes Land einen völlig andern Ausgangspunkt für seine Frauenbefreiung hat und dass die Gewichte der Dringlichkeit sich unterschiedlich verteilen.

So naiv – oder grenzt hier die Naivität an Perfidie, der Verdacht läge nahe – können nur Männer sein, die bei Halbzeit des von der Uno deklarierten Jahres der Frau von den Frauen fixfertige Resultate der Pflichtübungen dieses Jahres 1975 verlangen. An Kommentaren zu den fraulichen Aktivitäten fehlt es nicht: erleichterte bei denen, die dachten, wir würden in den Krieg ziehen und die Schwerter schwingen, wohlwollende bis süffisante bei denen, die hervorheben, dass kein Mann sich grämlich entgegenstelle, wenn emanzipatorische Versuche witzig und charmant frech ausfallen. Halb gewonnen? Applaudiert oder zurückgepfiffen in der Arena des Jahres, hätten scheint's die Frauen den Weltfrieden herbeiführen oder mindestens für eine Humanisierung der Politik sorgen sollen, am Weltkongress in Mexiko diesen Sommer, beispielsweise.

Keine Einigung zwischen den beiden Schriftstellerinnen, keine Einigung zwischen den verschiedenen «Befreiungsfronten», keine Rezepte, wie Ziele zu erreichen wären, kein Wetteifern mehr mit den Männern, sondern die Einsicht, dass eine gewaltige Bewegung im Gange ist: Ausgebeutete entdeckten ihre Ausbeutung; das Vertrauen der Frauen in sich selbst steigt. Das ist die Radikalisierung des Feminismus.

Ein Bericht über Minangkabau in Westsumatra einer Ethnologin, die dort das Matriarchat beobachtete, gab Anlass, über das von Ausserrhoderinnen beklatschte gottgewollte Herrschen der Männer in ihrem Kanton zu apostrophieren.

Gottgewolltes Herrschen?

Nach der Ablehnung des kantonalen Frauenstimmrechts durch die Landsgemeinde am Sonntag, 25. April 1976, applaudierte eine Ausserrhoderin den Beschluss der «mutigen» Männer ihrer Heimat und apostrophierte ihn als «gottgewollt». Sie schien in der Adhoc-Umfrage des Schweizer Fernsehens, wie die meisten andern Ausserrhoderinnen, die Herrschaft der Männer voll und ganz anzuerkennen, sie in Ordnung und richtig zu finden, von höheren Mächten so gewollt. Eine demütige frauliche Haltung, heute so rar geworden und daher begehrenswert? Triumph und Verbissenheit der Aussagen dieser unentwegt Demütigen liessen aber darauf schliessen, dass es kaum um Herrschaftslosigkeit in ihrer reinen Form geht, um freiwilligen Verzicht auf Macht, sondern dass da Boden unter den Füssen ist, ein Ort, wo kräftig und lustvoll regenet und regiert wird; Aussenstehenden zwar nicht so sichtbar – vermutlich handelt es sich um den Alkoven. Ein beträchtliches Mass an Macht und Rechthaberei war den weiblichen Kommentaren und Gesichtern abzulesen.

So hätten also diejenigen Männer recht – es geht da vor allem um verheiratete Männer, die so reden, und solche, die im Wirtshaus mit Wys und Stich argumentieren –, die den Verdacht aussprechen, in der Schweiz gebe es, untergründig, das Matriarchat. Es muss sich allerdings um ein verborgenes Gewächs handeln, das nur noch im Alpengebiet vorkommt, im Asphalt der Städte jedoch längst verdorrte.

Knapp gehaltene Wörterbücher verweisen unter dem Stichwort Matriarchat auf das Wort Herrschaft, ausführlichere bezeichnen das Matriarchat als Herrschaft der Frau und Mutter in Familie und Gesellschaft, im Gegensatz zum Patriarchat, und fügen bei, dass eindeutige Herrschaft der Frauen über Männer selten sei.

Die Bezeichnung matriarchalisch verwendet die Autorin des Berichtes über die Minangkabau mit grosser Vorsicht, wenn sie, als Juristin und Ethnologin, die dort gültigen Gesetze untersucht und den Verhaltensweisen der Bewohner eines Dorfes nachgeht. In der Kultur der Minangkabau ist festzustellen, dass eigentlich «die Frauen bestimmen, was zu geschehen hat, und viele Männer klagen ihr Leid darüber». Nun ist es gewagt, ein islamisches indonesisches Dorf, wo der Reis wächst, zum Vergleich mit einem christlichen schweizerischen, wo die Kartoffel gepflanzt wird, heranzuziehen. Aber insofern ist es doch angebracht, als man dem Bericht entnimmt, dass die Frauen, im Gegensatz zu den nervösen Männern, die im Sprichwort als wegblasbare Asche vorkommen, deswegen psychisch stabil und sicher sind, weil Gesetz und Gewohnheitsrecht ihnen Freiheit und Unbekümmertheit geben: Sie besitzen nicht nur Haus und Familienland, bei einer Scheidung verlieren sie kaum etwas, die Kinder bleiben ihre Kinder. Männer hingegen, die ein zweites oder ein drittes Mal heiraten wollen, müssen die Zustimmung der ersten Frau haben. Ausserdem haben sie eine Doppelfunktion, denn ein Mann muss nicht nur gut mit seiner Frau auskommen, hat nicht nur für seine eigenen Kinder zu sorgen, sondern ist, bei sich zu Hause, der Bruder seiner Schwester und der Onkel seiner Neffen und Nichten mit allen Pflichten. Die Doppelbelastung liegt auf den Schultern des Mannes.

Das feine Zusammenspiel gerechter Verteilung der Pflichten und Rechte scheint zu funktionieren, und Reibereien scheinen sich nie als Kämpfe um die Herrschaft der einen über die andern abzuspielen. Es kommt gar nicht dazu, weil die Männer nie, nach patriarchalischem Muster, ihre Macht über die Frauen ausübten. Feministische Bewegungen fallen in Minangkabau demnach dahin.

«Mit einem Kissen mögt ihr eure Frauen ohne wehzutun herzhaft verhauen.» Dies am Anfang des 14. Jahrhunderts im okzitanischen Dorf Montaillou am Fusse der Pyrenäen. (Die Untersuchung über Sitten und Gebräuche von damals verfasste der französische Ethnologe Emmanuel Le Roy Ladurie, weil er das ausführliche Inquisitionsregister des Bischofs jener Diözese entdeckt und bearbeitet hatte.) Wir wählten das Prügelkapitel aus, weil gleichzeitig die ersten Berichte aus London über Häuser geschlagener Frauen in die Schweiz kamen und man sich mit Recht die Frage stellte: Wieviele Frauen werden in der Schweiz verprügelt und wem können sie es sagen, dass sie Angst haben?

Prügeln

Aussergewöhnlich am Bericht über das okzitanische Dorf Montaillou ist die Tatsache, dass Anfang des 14. Jahrhunderts eine umfassende ethnologische Studie über ein französisches Dorf gemacht wurde. Der Bischof von Pamiers, von der Kirche beauftragt, ein Inquisitionsregister aufzustellen, nämlich die Ketzer seiner Diözese aufzuspüren und zu überführen, war so geschickt im direkten Fragen, so genau im Beobachten, so unermüdlich im Notieren jeder geringsten Einzelheit, dass nach dreissig Jahren die Ergebnisse das gesteckte Ziel, nämlich die Ketzer zu registrieren, weit überflügelten. Dem eifrigen und liebend beteiligten Bischof war die Selbstdarstellung einer bäurischen Kultur des Languedoc gelungen, welche den Neid heutiger Ethnologen wecken muss.

Eine Textprobe aus diesem Werk, das sich wie ein Roman liest, zu bringen schien angebracht. Verlockend zum Beispiel, einen Auszug aus dem Kapitel über die Hygiene der Montalionesen abzudrucken – spärliches Waschen fördert die Sitte gegenseitigen Lausens – oder ein abendliches Gespräch zweier Dorfbewohner über die Güte eines Käses und über die Zubereitungsart eines Fisches mit dem Essdialog im bürgerlichen Milieu unserer Tage zu vergleichen. Aber da fiel mein Blick auf die Zeile: «Hat dein Mann dich geschlagen?» – «Nein, es ist eine blosse Unpässlichkeit.»

Der bischöfliche Forscher fand die Aussage der Zeugin nicht glaubhaft, er wollte auch mehr darüber erfahren, wie Ehemänner ihre Frauen verprügeln, wollte wissen, ob die Brutalität der Männer eine Besonderheit bäurischer Umgebung sei oder auch in städtisch-bürgerlichen Kreisen vorkomme.

So ist es dem Forscherdrang und der Unzimperlichkeit des Geistlichen Jacques Fournier zu verdanken, wenn wir, direkt aus dem Mittelalter, die Frage stellen: Wird heute in Ehen noch geprügelt? Ein verschämtes Thema, der Öffentlichkeit kaum preisgegeben, oft mit Unpässlichkeit entschuldigt, wenn die Folgen sichtbar werden.

Seit einigen Jahren ist in England Material über eheliches Prügeln einsehbar. Es ist dargelegt worden in Zeitungsberichten, Fernsehsendungen und vor allem im Penguin-Bändchen mit dem Titel «Scream quietly or the neighbours will hear» («Schrei leise, sonst hören's die Nachbarn»). Die Autorin, Erin Pizzey, erzählt undramatisch, schier gelassen, wie es dazu kam, dass die Frauen ihre Prügelwunden zeigten. Im Londoner Stadtteil Chiswick kamen 1971 einige Frauen zusammen, sie wollten etwas tun, um sich gegen die steigenden Preise der Waren in ihrer Strasse zu wehren. Der Vorschlag fiel, einen Raum zu suchen, ein Gemeinschaftszentrum, wo Frauen mit ihren Kindern sich würden treffen können, um für eine kurze Weile ihrer Einsamkeit, ihrer Isolation zu entfliehen. Ein Haus wurde eingerichtet, jemand schrieb an die Türe «Chiswick Women's Aid» («Frauenhilfe Chiswick»).

Schon nach drei Jahren gab es in ganz England 38 ähnliche Gruppen, und fünf grosse Häuser beherbergen heute 250 Frauen und Kinder. Gearbeitet wird auf die gleiche unmittelbare Weise, von Frauen zu Frauen, wie ganz am Anfang. Die Hilfesuchenden treten durch die Tür, sie werden nicht abgeschreckt wie sonst, durch telefonische Anmeldungen, durch Schreibmaschinenprotokolle und die Auskunft, der Sozialhelfer sei gerade in einer Sitzung. Die Frauen kommen und schreien ihr Elend hinaus. Sie kommen, zum Erstaunen der Initiantinnen, selbst wenn sie Angst haben, wenn ihre Kinder geschlagen, wenn sie verprügelt worden sind. Sie zeigen, endlich, ihre Wunden.

In eheliche Auseinandersetzungen, ganz besonders wenn sie handgreiflich werden, solle man sich nicht einmischen, ist die Parole unserer Sozialhilfe. Die sachlichen, tatkräftigen Engländerinnen bewiesen, dass Diskretion und Rücksichtnahme ein Elend verdecken, das gelindert werden kann: Sie schufen einen Ort, wo Frauen Schutz finden, wo sie sagen können, dass sie Angst vor Prügel haben, dass sie ihre Kinder schützen möchten. Mehr nicht, aber auch nicht weniger.

Mich bedrängt die Frage, wie viele Frauen werden in der Schweiz verprügelt, und wem können sie es sagen, wenn sie Angst haben?

756 Seiten brisanter Wahrheiten

Der Titel dieser Buchbesprechung ist subjektiv, zugegeben, ich hätte vielleicht schreiben sollen «756 Seiten Neues – und Altes neu gesehen» oder vielleicht «Das ganze Elend zwischen zwei Buchdeckeln und wie es anzugehen wäre»; aber da ich das Buch der Janssen-Jurreit als grossartige Herausforderung empfinde, kann ich über die Besprechung desselben nur diese subjektive Überschrift setzen, damit sie ihrerseits zur Lektüre des Werkes herausfordert.

Es gibt in diesen Jahren von Frauen geschriebene Bücher über die Frauenfrage in rauhen Mengen. Immer wieder werden von neuen Autorinnen neue Gebiete der Selbstäusserung entdeckt. Denn schreibende Frauen überprüfen, zu Recht, ihre Situation in der Gesellschaft, und auch die zahlreichen Versuche, eigenes Sexualleben neu zu definieren, meinen nichts anderes. Diese ganze Literatur spiegelt den Aufbruch aus Unmündigkeit und Abhängigkeit, zeigt aber auch, wie mühsam und vereinzelt er stattfindet, wie widersprüchlich und dornenvoll er ist. So ist denn auch in der Wahrnehmung dieser Äusserungen eine gewisse Ermüdung eingetreten. Nimmt man heute ein Frauenbuch in die Hand, so stellt sich sofort eine Art Langeweile ein und die Frage, ob wir denn wirklich noch nicht weitergekommen seien. Auch wurde uns zuviel Privates mitgeteilt, wir haben Mühe, dafür immer wieder die nötige Aufmerksamkeit aufzubringen. Denn die Gemeinsamkeiten eines Weges zu Selbstbewusstsein und Freiheit scheinen inzwischen verlorengegangen zu sein, die emanzipatorische Bewegung hat keinen Schwung mehr, gewonnenes Terrain wird lächerlich gemacht, man ist sich nicht mehr einig über Prioritäten, die Fragen selbst scheinen verharzt, das Vorgehen ist aufgesplittert. Unmündigkeit und Abhängigkeit sind noch nicht einmal genau formuliert, und auch die Verschiedenheit der weiblichen Situation in unserer Gesellschaft wird erst allmählich eingesehen.

So ist es verständlich, wenn man das mit 756 Seiten befrachtete Buch von Marielouise Janssen-Jurreit mit dem Titel «Sexismus. Über die Abtreibung der Frauenfrage» zunächst mit Trübsinn belastet zur

Hand nimmt. Es sei vorweggenommen: Man kann dieser Autorin und diesem Verlag für die Publikation dieser Arbeit nicht dankbar genug sein. Hier wurde ein enormes Material gesichtet und verarbeitet, wie es meines Wissens in dieser genauen Ausführlichkeit für die Frauenfrage noch nie unternommen wurde. Es ist ein Kompendium, zunächst einmal, denn da ist nachzuschlagen, wann was wo in der Frauenbewegung in Europa und Amerika passiert ist. In den Anmerkungen, kapitelweise angeordnet, finden sich Daten, Literaturangaben, Hinweise auf Publikationen, die man sonst wohl nur durch Zufall in der Kartothek einer grossen Bibliothek entdeckt und die interdisziplinäre Zusammenhänge aufreissen. So wären zuerst der Fleiss und die Sorgfalt zu rühmen, mit denen diese breitangelegte Studie angegangen wurde. Eine gewaltige Wühlarbeit; da wurde kein Seitengang ausgelassen, kein Stein blieb ungewendet.

Der Einstieg ins Bergwerk allerdings passiert von einem extremen Standpunkt aus, der Einsicht nämlich, dass durch sexistisches Denken von Anfang an die Frauenfrage abgetrieben worden ist. Diese radikale Überzeugung der Autorin nun aber gibt auch dem Leser Durchhaltevermögen, vermittelt ihm eine wahre Passion, den Argumenten über 756 Seiten zu folgen. Denn die Kühnheit der Gedankenführung ermöglicht eine völlig neue Sicht, und schliesslich stellt sich auch beim Leser eine Art Mut ein, sich eine bessere Rollenverteilung zwischen den Geschlechtern vorzustellen. Das ist, vorweggenommen, das Ergebnis der Lektüre.

Also: Die Studie leuchtet aus, dass das Erringen der Gleichberechtigung nicht erreicht wurde, weil die Frauenbewegungen, welcher Richtung auch immer, stets dafür kämpften, die Frau in die vom Mann geschaffenen Institutionen zu integrieren. Es wird festgestellt, das wissen wir ja zur Genüge, dass Diskriminierung, Rechtsungleichheit, Benachteiligung immer noch stattfinden, aber völlig neu ist die Annahme – und ihrer konsequent durchgeführten Beweisführung gilt das Buch –, dass das Ziel gar nie erreicht werden konnte, weil die Zielsetzung an sich falsch ist. Auch sie beruht auf sexistischem Denken. Die Eigenschaften, die als männlich oder weiblich gelten, seien völlig willkürlich und in der dialektischen Struktur des Denkens selber verankert. Das sei Sexismus, der Anfang des Übels. Es gebe, in Fragen der Erkenntnis, immer noch keine Geschlechtsneutralität. Grundelemente sexistischen Denkens werden sowohl im mythischen Denken primitiver Völker wie auch in den wissenschaftlichen Theorien des 20. Jahrhunderts aufgespürt.

Eine so neue Fragestellung eröffnet der Untersuchung unerwartete, überraschende Möglichkeiten. Als Beispiel ein Satz auf Seite 113:

«Da es heute ausreichende wissenschaftliche Beweise dafür gibt, dass weibliche Unterdrückung keine ‹Naturordnung› ist, sondern sich in historisch verfolgbaren Prozessen abspielt, muss jede weitere Spekulation über die Frauenherrschaft in der Frühzeit die Frauenbewegung auf eine falsche theoretische Fährte locken.» Diese falsche Fährte wurde, nach Janssen-Jurreit, verfolgt, und so ist die heutige Misere in historischen Wurzeln zu suchen.

Auch wird nachgewiesen, dass, beispielsweise, die Geschichtslosigkeit der Frau durch die Geschichtsschreibung selbst hergestellt wird und demzufolge neben grossen Männern nur namenlose Frauen existieren, eine Unterschlagung, die politische Folgen zeitigt. Sehr einleuchtend der Vergleich zwischen Frauenkult und Nationalgefühl, und Schlaglichter fallen auf Zusammenhänge zwischen Sexismus und Rassismus.

Zur Veranschaulichung sei aus der Fülle der Beispiele ein Abschnitt aus dem Kapitel «Psychoanalyse und Zoologie: Die neuen Fundamente des Mutterkults» willkürlich herausgegriffen, weil dieses Beispiel unserer gegenwärtigen Erfahrungswelt naheliegt. Aus einem Aufsatz Erik H. Eriksons aus dem Jahr 1968, «Die Ontogenese der Ritualisierung», wird zitiert: «Der erwachende Säugling sendet eine Botschaft an seine Mutter aus und löst in ihr sogleich ein ganzes Repertoire gefühlsgesteuerten Verhaltens in Worten und Handlungen aus. Sie nähert sich ihm, spricht ihn mit heiterer oder besorgter Stimme an und beginnt zu handeln, indem sie mit allen Sinnen, durch Sehen, Fühlen, Riechen die möglichen Quellen des Unbehagens feststellt. Dann beginnt sie, seinen Bedürfnissen durch die nötigen Dienstleistungen abzuhelfen, indem sie ihn neu wickelt und bettet... Die Mutter scheint sich verpflichtet zu fühlen (und zugleich grosse Lust daraus zu schöpfen), eine Handlungsfolge zu wiederholen...»

Dazu die Autorin: «Die Situation ist absurd – Männer, die nicht bereit sind, die mit der Säuglings- und Kinderpflege verbundene Arbeit mit ihren Frauen zu teilen, wählen als Forschungsgegenstand das frühe Kleinkindverhalten. Säuglinge sind für Männer als Forschungsobjekte interessant, nicht aber als Objekte väterlicher Betreuung und väterlicher ‹Dienstleistungen›. Liest man das Erikson-Zitat genauer, dann sind alle uralten männlichen Klischees vom Mutterinstinkt darin zu finden. Mütterliches Verhalten ist ausschliesslich ‹gefühlsgesteuert› ...» Und weiter: «Es gehört schon viel männliche Ignoranz dazu, zu glauben, dass der Mutter aus dem Riechen an kotgefüllten Windeln ‹grosse Lust› erwächst.»

Da kommt, wir lesen's, so ziemlich alles dran bei Marielouise Janssen-Jurreit. Man ist ihr dankbar, sie befreit mit scharfen Schlägen. Nach dem Lachen nun aber in ein paar Sätzen die Quintessenz des Werkes:

Aus der Theorie sexistischen Denkens erweist sich die Evolution selbstverständlich als totale Sackgasse. Denn die Übertragung geschlechtlicher Eigenschaften auf Begriffe und Dinge produziert immer neue Analogien. Man kommt nie weiter, wenn man versucht, soziale Unterschiede und Machtdifferenzen der Geschlechter durch die Integration der Frauen in politische Organisationen aufzuheben, denn diese selbst «sind unentwegte Hersteller und Instrumente männlicher Identität».

Also ist es völlig falsch, die Zulassung der Frau zu Bereichen und Berufen des Mannes zu erwirken: was aber dann? Es ergibt sich eindeutig die Forderung, dass Frauen durch eigene Organisationen und Zusammenschlüsse eine inhaltliche Veränderung und Überprüfung von Lehre und Forschung erreichen müssen.

Das ist nicht nur eine neue, kühne Theorie, die sich in Spekulationen verläuft, sondern die Konsequenz der Argumente führt zu erfreulichen Kehrtwendungen der Erkenntnis. Brisant neu, tatsächlich, und einleuchtend wahr.

«Die ältesten Geschichten der Frauen» hiess ein Beitrag am 20. 8. 1977. Es ging um die Frage, die sich viele Frauen bei Beginn einer Schwangerschaft stellen: Will ich dieses Kind, kann ich dieses Kind haben. Sie dürfen in dieser Frage nicht selber entscheiden, doch die Verantwortung für das geborene Kind bürdet man der Mutter in jedem Fall auf. Das geltende Gesetz kann Frauen in grösste materielle und psychische Bedrängnis treiben. Davon war wieder einmal die Rede.

Anhören der Betroffenen

Wenn auf einer Zeitungsredaktion das Wort «Frauenthema» fällt, werden meistens die anwesenden Frauen aufgefordert, sich dazu zu äussern. Das ist immer höflich und fortschrittlich gemeint, und wir antworten auch höflich und eilig. Diese übliche Einteilung setzt natürlich voraus, dass alle nichtfraulichen Themen Männerthemen seien, unangefochten zu behandeln aus Männersicht. Dies eine Beobachtung. (Wir lassen beiseite, dass das journalistische Kriterium nur anzuwenden wäre bei gut oder schlecht, bei aktuell oder nicht aktuell.) Es trifft zu, dass sogenannte Frauenthemen an Brisanz gewonnen haben, weil sich endlich die «Minderheit» in der patriarchalisch geprägten Umwelt ihrer eigenen Nöte annimmt, ihre Unterdrückung zu formulieren imstande ist: Frauen dürfen sich wehren, bekommen ihre Rechte, wenn sie darum kämpfen, werden ernst genommen, sind ein Thema geworden.

Ein Thema nun allerdings wird den Frauen vorenthalten, weil es als heiss und heikel angesehen wird, nämlich wenn es um die Gesetzgebung über das Kinderhaben oder nicht Kinderhaben geht, über den ethischen Entscheid, wann ein Leben beginnt – dann nämlich übernehmen die Bürger unseres Landes in unangefochtener Selbstgerechtigkeit das Gewissen der Welt. Dann ringen sie, im Namen der Frauen und aller ungeborenen Kinder, persönlich um ihr Ja oder ihr Nein zur Abstimmung über die sogenannte Fristenlösung am 25. September. Das ist dann kein Frauenthema mehr, da geht es um Wichtigeres. Dies festzustellen ist für uns Frauen zum Lachen, wenn es nicht zum Weinen wäre, besser gesagt, zum schmerzvollen Aufschreien.

Natürlich ist die Geschichte der Volksinitiative für die Fristenlösung eine verharzte Geschichte, und es gilt für jeden, viele Vorurteile und Ärgernisse vergangener Jahre hinunterzuschlucken. Aber aus der ganzen Diskussion geht doch hervor, dass man geneigt ist anzunehmen, bei den Männern handle es sich um Gewissenskonflikte, bei den

Frauen aber gehe es lediglich um Fragen der Bequemlichkeit und der egoistischen Selbstverwirklichung.

So sind wir Frauen wieder einmal in der Situation zu bitten, uns wenigstens anzuhören. Stellvertretend für viele sprechen sich Frauen darüber aus, wie es so ist, wenn man in die Lage kommt abzuwägen, ein unerwünschtes Kind auszutragen oder eine Unterbrechung der Schwangerschaft auf sich zu nehmen. Diese Frauen machen es für sich aus, sie wissen, dass sie – heute noch in einer Situation der Ohnmacht, ausgeliefert allen bedrückenden Traditionen einer Fremdbestimmung, einer Verfügung über sie, geplagt von Ungewissheit, Schuldgefühl und Angst – ganz allein die Konsequenzen einer Mutterschaft zu tragen haben und dass die Verantwortung für das Leben eines Kindes allein auf ihnen liegt. Sie sind zunächst anzuhören, denn sie sind die Betroffenen.

Sind die arbeitenden Frauen voll integriert in den Betrieben, zum Beispiel beim Deutschschweizer Fernsehen? Im Programm waren die sogenannten Frauenstunden verschwunden. Auf die Frage unserer Reporterin gab man ihr die Auskunft: «Die Gestaltenden am Fernsehen DRS versuchen, in ihren Beiträgen die Frau und ihre Welt voll ins Gesamtprogramm einzugliedern. Die Ghetto-Situation der speziellen Frauenmagazine soll aufgehoben werden.» Wie stehts damit?

Die Störung

Als störend, lästig, abgedroschen wird die Frage nach der Situation der Frauen empfunden. Im Jargon der Informationsmedien sagt man vielleicht gemässer: das Thema sei aus der Aktualität gefallen, die Diskrimination überwunden, die Integration habe stattgefunden. Und Beweise sind schnell bei der Hand, Alibifrauen können aufgezählt werden, und man sei doch nett zu den Frauen. Wer nicht dieser Meinung ist, stösst auf Barrieren, die zwar erst als Barrieren in der Vernebelung erkannt werden müssen. Dass die Fragerin beim Schreiben dann in einen etwas ironischen Ton verfällt, ist verständlich; denn niemand, weder Männer noch Frauen, will die Probleme wahrnehmen. Untersuchungen über dieses Thema gibt es noch nicht, jedenfalls sind sie im Gewirr von Paragraphen und Lohnklassen nicht zu finden. Es liegt eben nicht nur an den Zahlen, sondern an der Mentalität, und die zu entlarven ist schwierig.

Mir kommt es so vor, für einmal vereinfacht angepackt: Als wir noch im Laufgitter waren und als von Klugen und Einsichtigen die Stäbe des Laufgitters beim Namen genannt wurden (kein Stimmrecht, keine vollen bürgerlichen Rechte, keine Gleichberechtigung in Schulung und Ausbildung undsoweiter), handelte es sich um einen Kampf der Unterdrückten gegen ihre Unterdrücker. Nun sind die Eckpfeiler des Gitters gefallen, viele, noch nicht alle, sind ausgebrochen, tun erste Schritte im «Freien». Keine Stäbe mehr, sagen die Männer, laden uns ein, uns zu tummeln. Es ist aber eine Männerwelt, in der wir uns bewegen, von Männern bestimmt, von ihnen geprägt, nach ihrem Gesetz, ihrem Dafürhalten, ihrem Wohlwollen, ihrer Preisverteilung eingerichtet. (Für Kinder zu sorgen und sie zu lieben ist da kein Platz, beispielsweise!) Das Spiel der Unterdrückung geht weiter, schreien die Feministinnen, entlarven und verweigern Kinder. Zu Recht. Wer den Feminismus nicht als Hauptberuf wählte – und es ist einer, mit allen bittern Konsequenzen der Unbeliebtheit, der Gegnerschaft und Vereinsamung –, wer sich dieser Welt ausserhalb des Laufgitters anpasste, wer seine berufliche Karriere selbstverständlich absolvierte, der sieht nach einiger Zeit, dass er sich in einer Welt befindet, in der ein Frauenleben sich nicht verwirklichen lässt. Viele Stäbe wären da noch zu beseitigen, aber ohne dass Späne fliegen, geht's nicht.

Aber so klar steht die Welt, in der wir uns bewegen möchten, auch nicht vor uns. Sie wäre nur durch Einsicht, gemeinsam mit den Männern, die sich als Sexisten erkannt haben (nach Janssen-Jurreit) neu einzusehen, zögernd zu formulieren, schrittweise zu erleben. So weit sind wir noch lange nicht. Deshalb vermehrte Information in «Frauenfragen». Vorläufig muss Störung sein.

Die Frau als Chef? Männer, die unter Frauen arbeiten, hätten es nicht leicht – so wurde aus Amerika gemeldet – weil sie den Chef nicht als Chef sähen, sondern als Mutter, Schatz, Kumpel oder böse Hexe. Da wären die armen Männer also zu bedauern?

Chefin

Die wortreichen Ausführungen sind zusammenzufassen in die Erkenntnis: Männer geruhen nur unter einer Chefin zu arbeiten, wenn sie eine tolle Frau ist. (Was immer mit «toll» gemeint ist, aber da gibt es schon Übereinkommen.) Da es sich um Top-Managerposten handelt – es kommen nur Präsidentinnen vor und weibliche Bankiers und Direktorinnen in Chefsuiten –, könnte man diesen Bericht wie ein Märchen aus fremdem Land lesen. Bei näherem Zusehen freilich, leider, ich fürchte, lassen sich die beschriebenen Situationen doch auch auf helvetisches Muster einrastern, wenn man den Top etwas tiefer setzt.

Ich wundere mich aber doch sehr, dass die Autorin – eine Frau – die Probleme aus rein männlicher Sicht so sorgfältig auseinanderzettelt und erst am Schluss die Rede darauf bringt, wie eigentlich eine Chefin reagiert, wenn sie die «Spiele, die die Männer spielen», durchschaut; wenn ihr das Benehmen der in organisatorischer Machtpolitik geschulten Männer wie eine «Art rituellen Tanzes» vorkommt. Erzeugt dies in ihr Aggressionen oder Langeweile oder unbändige Heiterkeit? Stellt sie vielleicht Vergleiche an mit einer gewissen Vogelart, die zur Verteidigung ihres territorialen Anspruchs laute Rufe ausstösst? («Das bin ich», krähen die Vögel.)

Für meinen Teil möchte ich diese Fragen einmal behandelt sehen. Wie ich mir denn auch eine kleine Studie darüber wünsche, wie wenig leicht ich es in meinem Berufsleben hatte, weil ich in meinen verschiedenen Chefs immer den Vater, den Ehemann, den Schatz oder den Kumpel sah. Eine Untersuchung dieser Probleme hätte mich sicher davor bewahrt, völlig falsch zu reagieren, als einer meiner Chefs fast zusammenbrach, nachdem er festgestellt hatte, dass ich auch noch kochen könne, worauf ich das Kochen für meinen Chef ab sofort einstellte.

Aber heute und bei uns ist es ja anders geworden. Da kommen Einsichten vor an allen Fronten. Den Satz «Es ist zwar eine Frau, aber...» hört man seltener. Sekretärinnen sagen es ihrem Chef, wenn er einen fehlerhaften Brief diktiert, nicht um sich zu behaupten, sondern um der Sache willen. Man weiss es, es gibt Sekretärinnen, die sind klüger und orientierter als ihre Chefs. Also nähern wir uns dem Erwachsensein, der Demokratie, und die Emanzipation des Mannes hat auch stattgefunden.

«Heute steht die reiche Schweiz punkto Mutterschutz nahezu an letzter Stelle» – Studentinnen hatten die damalige Regelung des Mutterschutzes und ihre Auswirkungen auf die Situation der Schweizer Frauen untersucht.

Solidarität

Sieben Studentinnen kamen in einem Seminar der Zürcher Universität auf mich zu: sie hätten den Mutterschutz als Thema für eine Untersuchung gewählt, ob das einen Beitrag abgäbe fürs Magazin? Ich erinnere mich nicht mehr genau, was wir besprachen; natürlich fand ich das Thema ein Magazinthema, warnte wohl aber auch, es sei nicht einfach, eher mühsam, zu Informationen zu kommen. Und jetzt diese Seiten, die viel mehr sind als die gute Seminararbeit von Ethnologiestudentinnen über ein schweizerisches Thema.

Natürlich war es so, daß die Ethnologinnen einen ergiebigen Stoff ahnten, im voraus Unrat witterten, aber sie packten das Unternehmen sachlich an, wollten die Situation von Frauen, die Mütter werden, im eigenen Land unter die Lupe nehmen, nach Reglementen und Bestimmungen suchen, Gesetze nachlesen; dann auch in kleineren und größeren Betrieben eine Umfrage anstellen und schließlich betroffene Frauen nach ihren Erfahrungen ausfragen. Die trockene Schlußfolgerung: «Daß in der Schweiz den Problemen von Frauen mit kleinen Kindern endlich Rechnung getragen werden muß.» Die Leidenschaftlichkeit der Arbeit aber liegt in Eifer und Genauigkeit des Forschens und in der klugen Auswahl aus einer Fülle des Erfragten.

Ein lesbarer Magazinbeitrag also? Hier, so scheint mir, wurde eine notwendige politische Arbeit geleistet. Wenn man heute unter Frauenpolitik zweierlei versteht – nämlich einerseits Selbsterfahrung: Frauen fangen an, sich als eigene Personen zu erfahren, sich gegenseitig auszusprechen, ihre Anliegen zu formulieren; andererseits Veränderung: Frauen versuchen, ihre Ideen in der Gemeinschaft zum Tragen zu bringen, ihre Forderungen durchzusetzen –, dann haben diese Studentinnen einen Beitrag zur Veränderung geleistet. Sie sahen nicht nur sich selbst, ihre Situation als junge Frauen an einer Hochschule, sondern sie kümmerten sich mit den wissenschaftlichen Methoden, die sie erlernt haben, um die Situation anderer Frauen, der Frauen, die Kinder haben und ihre berufliche Arbeit nicht aufgeben können oder nicht wollen. Die aber dann, wenn sie Mütter werden und in eine bedrängte Lage kommen, nicht mehr imstande sind, sich zu wehren und selber ihre Rechte zu formulieren. Durch diese Arbeit entsteht auch Solidarität unter Frauen.

Ein solidarischer Beitrag zur Veränderung. Ein emanzipierter Beitrag auch, weil selbständig eine Meinung erarbeitet wurde. Ganz gewiss werden die Autorinnen ihre Unterschrift unter die «Volksinitiative für einen wirksamen Schutz der Mutterschaft» setzen und hoffen, dass durch die Publikation ihrer Untersuchung sich viele andere dazu entschliessen, es auch zu tun. Aber sie werden sich nicht ablenken lassen und wissen, dass eine Erleichterung der Mutterschaft nur wieder einen kleinen Schritt zur besseren Stellung der Frau in unserem Land bedeutet; und dass die Schweizerin immer noch nicht als ein selbständig denkendes Wesen anerkannt wird. Denn in diesem Jahr muss der Kampf um die Fristenlösung weitergehen, muss in aller Schärfe neu angepackt werden. Erst wenn die Frau sich selber entscheiden darf, ob sie ein Kind austragen will oder nicht, ihr also das Recht auf die Mutterschaft und das Recht auf Arbeit zuerkannt wird, ist wieder ein Stück Freiheit gewonnen.

Scheidet man altershalber aus dem aktiven Redaktionsteam aus, ist die Zeit der Editorials vorbei, aber das Thema «Frau» fand weiterhin statt, beispielsweise auf der letzten Seite des Magazins, in der Rubrik «Journal».

Journal

Ein fröhlicher Brief traf ein, kürzlich, er berichtete, wie schön man es zusammen hätte in den Ferien, was man alles unternähme; Kinderzeichnungen lagen dabei; unterschrieben war das Ganze mit: «mir drei Froue vo Langethal». Die drei Frauen, die sich mit dieser Unterschrift als Gruppe zu erkennen gaben, waren eine Grossmutter und ihre beiden kleinen Enkelinnen. Die Grossmutter, die so schrieb, ist zwar eine jugendliche Grossmutter, hält aber noch sehr viel auf Ordnung, Disziplin und strenge Erziehungsmethoden. Die Enkelkinder müssen ihr parieren. Jeder Frauenorganisation steht sie fern. Dass sie mit «mir Froue» einen feministischen Sprachgebrauch übernommen hat, ist ihr nicht bewusst. Und doch hörte ich mehr daraus als lustiges Nachplappern einer gängigen Formel. Die Fünfzigjährige, so scheint mir, nahm mit dieser Bezeichnung die kleinen Mädchen ernst, über das Familiäre hinaus, nämlich als Wesen, die wahrscheinlich den gleichen Freuden und den gleichen Schwierigkeiten ausgesetzt sein werden, wie sie selbst es war. Die Langenthaler Unternehmungen bekamen durch die Unterschrift etwas Komplizenhaftes. Ich fühlte mich mit den dreien solidarisch.

Ein paar Tage später brachte die Post das «Schweizer Frauenblatt» («Die Zeitschrift für wache Frauen»), das sich 61 Jahre lang für die Rechte der Frau, für die Anerkennung der Hausfrauenarbeit, für gleiche Chancen in Beruf und Öffentlichkeit eingesetzt hat. Das «SFB» kam in neuem Gewand, mit einem neuen Titel. Das «Schweizer Frauenblatt» heisst vom April an «mir Fraue».

Die Umgangssprache ist verräterisch, sie deckt Mentalitäten auf. Wenn Männer im Freundeskreis von zu Hause erzählen und sagen «z Heidi» oder «d Frou», nicht mehr so häufig «my Frou», wie das früher üblich war, dann glaube ich wieder an lebendige Partnerbeziehungen. Es stimmt mich aber nachdenklich, wenn Peter zwar fröhlich sagt, «weisch, d Ursula», die Ursula aber nie von Peter berichtet, sondern betont von «my Ma». Dabei nimmt Ursula für sich in Anspruch, eine emanzipierte Frau zu sein.

Was soll ich aber damit anfangen, wenn in einem jungen Arbeitsteam die weiblichen Mitglieder von ihren Partnern daheim immer von «my Alt» reden? Ist es eine Rache dafür, dass am männlichen Wirtshaustisch «myni Alti» in jedem Bier-Jargon vorkam?

Frauen. Die Frauen. Wir Frauen. Eine Gruppe von Frauen, die am 3. April an einer Pressekonferenz in Paris über ihre Reise nach Iran im März rapportierte, wurde kritisiert, ausgelacht, verhöhnt. Die Gruppe hatte auch unter sich Auseinandersetzungen und Streit, und sie gab das zu. Es waren Delegierte des Comité international du droit des femmes (C.I.D.F.), also kämpferische Frauen, die ihren Mitschwestern in der Revolution in irgendeiner Weise beistehen wollten und mit ihnen litten, dass ausgerechnet die ersehnte Befreiung die Frauen wieder zurück ins Haus jagte. Es gab in der Gruppe auch Journalistinnen, die aus der Nähe sehen wollten, wie sich die Ereignisse für die Iranerinnen abspielten, um darüber zu berichten. Schwierigkeiten brachen auf, weil die Journalistinnen für ein Interview beim Ayatollah Khomeini dem Protokoll nachgaben und sich die Köpfe mit ihren Pariser Foulards bedeckten, die militanten Frauen hingegen das gerade nicht tun wollten; waren sie doch deswegen gekommen, um Ayatollah Khomeini ihre Besorgnis wegen der Vorschrift, dass die Iranerinnen wieder den Tschador tragen sollten, mitzuteilen. Unlösbare Konflikte. Die Frauen mussten sich an der Pressekonferenz auch den Vorwurf, sie hätten in Duselei für die dritte Welt gemacht, gefallen lassen.

Ein unbehagliches Gefühl stellt sich ein beim Lesen des Berichts in «Le Monde». Auch weiss ich nicht, wie das Komitee sich hätte verhalten sollen. Aber es imponiert mir, dass in einem bewegenden Augenblick in der Geschichte eines Landes französische Frauen zu den iranischen Frauen reisten. Sie wollten am gleichen Ort sein, mit ihnen reden, ihnen nahe sein. Und sie nahmen es auf sich, wieder zu Hause, ohne ersichtliches Resultat in der Tasche, aufzutreten und ihre eigene Zerrissenheit zuzugeben.

Schlimm ist es erst dann, wenn man nichts mehr tun kann. Wenn das Schweigen sich senkt über ein Ereignis. Wenn Dossiers geschlossen werden und Empörung keinen Ausweg mehr findet. Wenn im Namen von Recht und Gesetz festgestellt wird, dass nichts Illegales geschah, und ein Schlussstrich unter Fragen, die keine Antwort mehr bekommen, gezogen wird. Wenn man um sich schaut und feststellt, dass nun die Phase, die typisch schweizerische Phase totaler Lähmung ausgebrochen ist. Als Beispiel der Brief von Rechtsanwalt Moritz Leuenberger an das Untersuchungsrichteramt im Schloss Burgdorf, mit dem die Strafuntersuchungen über den Tod der Jordanierin Hussein abgeschlossen wurde. Dieser juristische Brief ist einer der erschütterndsten

Texte, die ich seit langem las. Er rief Entsetzliches in Erinnerung: Eine fremde Frau sass ihre Strafe wegen eines Diebstahls von 300 Franken in Schloss Hindelbank ab. Sie starb während des Strafvollzuges. Mitinsassinnen fragten sich, wie das habe geschehen können. Sie klopften an ihre Gefängnismauern, sie wurden draussen gehört. Fahrlässige Tötung? Mängel bei der Anstaltsleitung? Überhaupt Ungerechtigkeiten im Strafvollzug an Frauen?

Die gefangenen Frauen organisierten sich, schrieben im März 1977 einen Brief an Bundespräsident Furgler. Darauf liess die Eidgenössische Frauenkommission einen Bericht machen über den «Strafvollzug an Frauen in der Schweiz – eine Darstellung am Beispiel der Anstalten in Hindelbank». Der Bericht wurde im November 1978 veröffentlicht, er ging an Herrn Furgler und an die Polizeidirektion in Bern. Die Polizeidirektion setzte eine Arbeitsgruppe ein, die den Bericht im einzelnen kritisieren und eventuelle Massnahmen vorschlagen sollte, um den Strafvollzug an Frauen in Hindelbank zu verbessern. Dann passierte nichts mehr: nur die Stelle für eine Freizeitgestalterin in der Anstalt Hindelbank wurde ausgeschrieben. Die Frauenkommission, ohne ein weiteres Jahr auf die Reaktion der Polizeidirektion zu warten, nahm Kontakte mit der Schule für soziale Arbeit in Bern auf, damit Vorschläge für eine bessere Betreuung ausgearbeitet würden. Sie verhandelte auch mit einer Organisation für Erwachsenenbildung.

Mit grossem Aufwand also haben sich viele kluge Menschen gegen Missstände eingesetzt. Aber nichts ist passiert. Das Leben geht weiter. Es starb nur eine Frau, eine Nomadin; es bekamen nur 66 strafgefangene Frauen auf ihre Petition vom März 1977 von höchster Stelle keine Antwort. Das Königreich Hindelbank wird weiter verwaltet von einem Feudalherrn, dem keine Schuld nachgewiesen werden konnte. Keine Schuld, nichts.

Entdeckt: die Unsichtbarkeit der Frau in der Ethnologie

Auf der Suche nach Frauenliteratur machte ich einen Quersprung. Er erwies sich für mich als sehr fruchtbar. Zufällig fragte ich den Forscher Paul Parin nach seiner Lektüre, und es zeigte sich, dass er dabei auf einen weissen Fleck in seinem Wissen gestossen war, der sich als weisser Fleck in der ethnologischen Wahrnehmung erwies: Die Ethnologen und selbst die Ethnologinnen hatten bis in neuere Zeiten vergessen, die Frauen in fremden Völkern zu befragen. Derart, dass man heute in der Ethnologie die «Unsichtbarkeit der Frau» als aktuelles Thema beschreibt. Diese Entdeckung schien mir für die alltägliche Frauenfrage hier und bei uns von hoher Aktualität. Ich bat Paul Parin um ein Gespräch.

Hast du die Frau als Forscherin oder als Erforschte entdeckt?

Ausschliesslich als Erforschte. Die Ethnologie ist schon seit vielen Jahrzehnten ein Fach, in dem sehr viele Forscherinnen tätig sind. Aber so viel ich weiss, hat nur die französische Ethnologin Denise Schäffner – hier unter ihrem Mädchennamen Paulme – bereits im Jahre 1960 ein Buch über die afrikanische Frau herausgegeben. Sonst haben die Ethnologen und Ethnologinnen sich zwar immer für die Gesellschaft, für gesellschaftliche Einrichtungen, Religion, Geschichte, Wirtschaft fremder Völker interessiert, sie haben aber ihre Informationen über Männer und Frauen immer nur von Männern eingeholt. Sie haben zwar auch über afrikanische, melanesische Frauen geschrieben, aber haben nie selbst mit Frauen gesprochen oder sie als sogenannte Informanten beschäftigt. Das beste Beispiel ist: Der vielleicht berühmteste, englische Ethnologe unserer Zeit, Evans-Pritchard, der ein Buch geschrieben hat, «Männer und Frauen bei den Zande». In diesem Buch schreibt er zwar über die Frauen. Es ist ihm aber in den vielen Jahren, die er bei den Zande in Mittelostafrika geforscht hat, nie in den Sinn gekommen, dass er auch eine Frau befragen könnte. Er hat ausschliesslich Männer befragt.

Das ist ein merkwürdiges Phänomen: Es gibt für dieses Phänomen, diese Blindheit der Ethnologie für die Frauen jetzt einen Fachausdruck: the invisibility, die Unsichtbarkeit der Frau. Unsichtbarkeit ist gemeint für den Blick des europäischen oder amerikanischen Forschers. Das ist nur erklärlich aus unseren Stereotypen und Vorurteilen über die Frau im allgemeinen, auch in fremden Völkern, sogar in solchen, die mit der mütterlichen Linie organisiert sind. Selbst in solchen Völkern ist es den Ethnologen nie in den Sinn gekommen, dass die Frauen selbst über sich etwas aussagen könnten.

    Wie war es denn damit in Eurer eigenen ethnologischen Forschung?

Wir haben eigentlich dieses Vorurteil schon von unserer Forschungsmethode her nicht geteilt. Und zwar deshalb, weil wir ja ausgezogen sind, um psychoanalytische Untersuchungen zu machen bei fremden Völkern, was dann später Ethnopsychoanalyse hiess; psychoanalytisch untersucht aber wurden ja von Anfang an Frauen. Freud hat z. B. in den ersten Krankengeschichten, die er veröffentlicht hat, in seinen Studien über Hysterie, ausschliesslich Frauen untersucht. So dass wir gar nicht in die Lage kamen, nicht mit Frauen zu sprechen. Es war auch von vorneherein sehr günstig, dass die kleine Gruppe, die aus Fritz Morgenthaler, Goldy Parin-Matthèy und mir bestand, eine Frau enthielt. Um so mehr, als es in Afrika wegen der starken Geschlechtertrennung – in den meisten westafrikanischen Sozietäten – selbstverständlich ist, dass, führt man so private, intime Gespräche, wie es in einer Psychoanalyse üblich ist, Frauen viel leichter mit Frauen und Männer viel leichter mit Männern sprechen.

    Diese Probleme also existierten in Deiner analytischen Arbeit, bevor Du Ethnopsychologie betreibst, überhaupt nicht?

Sie existieren, seitdem es eine Psychoanalyse gibt, auf höchstem theoretischen Niveau. In der Theoriebildung über Psychoanalyse hat sich diese Wissenschaft mit der Entwicklungspsychologie der Frau, mit der Psychologie der Frau im allgemeinen viel schwerer getan als mit der des Mannes. Es ist da nun aber seit ungefähr zwanzig Jahren ein Prozess im Gang, die ersten Ansichten von Freud, die eben unsicher, unvollständig, kompliziert und zum Teil unrichtig waren, zu revidieren. Hingegen in der praktischen Analyse als Therapie oder zur Ausbildung hat es nie einen Unterschied zwischen Männern und Frauen gegeben.

    Es sind da zwei Punkte ganz interessant:
    Erstens ist es ein Beruf, der in den Ländern, wo die Vorbildung nicht besonderer Kriterien unterworfen ist wie in den USA überall gleichviel Männer und Frauen tätig sind. In England zum Beispiel war es viele Jahre so, dass fast genau 50 % männliche und 50 % weibliche

Analytiker waren. Das ist in den medizinischen Berufen nicht so, da gibt es, so viel ich weiss, in allen westlichen Ländern mehr Männer als Frauen.

Und zweitens: Die Freud'sche Psychoanalyse ist nach sehr sorgfältiger Diskussion und Erfahrung zu dem Schluss gekommen, dass es im Prinzip und auch praktisch meist keinen Unterschied macht, ob eine Frau sich bei einem weiblichen oder männlichen Analytiker behandeln lässt oder ein Mann bei einem männlichen oder weiblichen. Dies ist ein Unterschied zu anderen tiefenpsychologischen Richtungen, z. B. zur Jung'schen analytischen Psychologie, wo immer ein grosser Wert darauf gelegt wird, ob diese Person besser von einem männlichen oder weiblichen Analytiker behandelt wird. Das ist eine Besonderheit der Freud'schen Richtung, dass man zu diesem Schluss gekommen ist.

Nun aber Deine Lektüre und Deine Entdeckung der Unsichtbarkeit der Frau!

Die Unsichtbarkeit der Frau in der Ethnologie hat mich besonders frappiert, seitdem in Europa die Frauenfrage zu einer aktuellen neuen politischen Bedeutung gekommen ist. Dann habe ich entdeckt, dass es bereits, von amerikanischen Universitäten ausgehend, eine ganz grosse Anzahl vorwiegend weiblicher Ethnologen gibt, die mit dem besonderen Zweck, die Ethnologie vom weiblichen Standpunkt, nämlich vom Standpunkt der Frauen, der Frauen in der Gesellschaft zu studieren, losgezogen sind, und eine ganze Anzahl theoretischer und praktischer Arbeiten geschrieben haben.

Bisher habe ich drei Sammelbände gelesen, zum Beispiel einen, herausgegeben vom internationalen ethnologischen Institut für afrikanische Forschung, von Edna Bay und Nancy Hafkin. Dann zwei Bände über Frauen in Afrika und Frauen in verschiedenen Völkerschaften, wieder von den gleichen Autorinnen. Ein Buch von Denise Zembalist-Rosaldo und Louise Lamphere. Im Ganzen, in diesen drei Büchern, las ich etwa 60 spezielle Arbeiten über historische, ethnologische, wirtschaftliche Forschungen und dann vor allem Arbeiten über die Sozialstruktur dieser Völker, wo versucht wird, diese Unsichtbarkeit der Frau aufzuheben. Es haben sich hier ein paar ganz wesentliche Verschiebungen der Perspektiven für die ganze Völkerkunde ergeben. Und das erst seit zehn oder zwölf Jahren, seit diese Untersuchungen ingang sind.

Neue Gesichtspunkte also auch für Dich persönlich?

Verfolgt man irgendeine Frage in einer fremden Kultur (es handelt sich dabei um Kulturen, die mehr oder weniger von der unsern abweichen, die noch starke Züge der vorkapitalistischen Produktionsweise und Produktionsverhältnisse tragen) ergeben sich neue Gesichtspunkte. Man bezeichnet sie mit dem Fachausdruck equality of women. Es ist die Frage, wieviel oder wiewenig Männer oder Frauen zur Subsistenz, zur Ernährung und zum Lebenserhalt beitragen? Es gibt zahlreiche Gesellschaften, wo dies in erster Linie von den Frauen geleistet wird, andere aber, wo eine equality besteht, wo also Männer und Frauen gleichermassen beitragen, und dann gibt es andere, wo das vorwiegend den Männern zukommt. Aber es ist keineswegs so, wie man bisher dachte, dass die Männer vor allem für die Subsistenz sorgen. Das ist im Gegenteil wahrscheinlich bei weniger als einem Drittel der heute bekannten Kulturen der Fall.

Daraus ergibt sich wieder die wichtige Frage: wer produziert und wer verfügt über das Produzierte. Zum Beispiel wird in vielen ostafrikanischen Völkerschaften die Produktion fast ausschliesslich von Frauen geleistet, verfügen jetzt die Männer über die produzierte Nahrung und die Marktwaren? In Westafrika aber verfügen die Frauen auch über das, was sie produziert haben. Wenn es Marktwaren sind, über die sie verfügen, haben sie den grössten Anteil am Tauschhandel und am Geldmarkt.

Eine zweite Frage, die sich völlig verschoben hat, geht unter den Stichworten Symmetrie und Asymmetrie, die sich auf die gesellschaftlichen Institutionen, auf die Einrichtungen beziehen. Unter Symmetrie wäre zu verstehen: wenn es ein Volk gäbe, bei dem gesellschaftliche Strukturen (Regierung, Verwaltung und andere Strukturen, wie religiössoziale, soziale, medizinische) gleichermassen von den Frauen wie von den Männern getragen werden.

So haben z. B. die Ibo in Biafra bis zur Kolonialzeit eine fast vollständige Symmetrie aufgewiesen, das heisst: die Ibo hatten eine Art hierarchisch-aristokratisches Königtum, an dessen Spitze ein König und eine Königin standen. Aber König und Königin hatten nichts miteinander zu tun. Es war nicht wie bei europäischen Monarchien, wo die Königin die Frau vom König ist, sondern die Königin war eine oberste Herrscherin, die, mit entsprechenden ihr untergeordneten Strukturen, über bestimmte Produktionsweisen und über die Märkte herrschte. Sie hatte eine eigene Gerichtsbarkeit, eine eigene Polizei, der in diesem Sozialbereich Frauen und Männer unterworfen waren. Wenn am Markt irgendein Streitfall passierte, dann hatte eine weibliche Richterin den zu schlichten, gleichgültig, ob Männer oder Frauen davon betroffen waren.

Diese Symmetrie ist sonst meines Wissens nirgends so ganz verwirklicht gewesen. Es gibt freilich, besonders in Sumatra und in Java, auch auf den Philippinen, einzelne Gesellschaften, wo eine annähernde Symmetrie in bezug auf die gesellschaftlichen Einrichtungen der weiblichen und der männlichen Administration und Regierung bestanden hat.

In andern Völkerschaften, insbesondere denen, die lang schon dem Einfluss sogar der Herrschaft des christlichen Abendlandes unterworfen waren, ist von dieser Symmetrie nichts mehr vorhanden oder nur wenig mehr vorhanden. Ich selbst bin gegenwärtig beschäftigt, latente, das heisst verborgene aber nicht recht anerkannte gesellschaftliche Strukturen herauszuarbeiten, die von Frauen getragen werden, die wirksam, aber nie wirklich als gesellschaftliche Strukturen anerkannt worden sind.

Gibt es noch keine solche Untersuchungen?

Doch, eine Forscherin namens Lois Paul, eine Amerikanerin, beobachtete lange Zeit die Entwicklung einer Gemeinde in Guatemala. Dort, bei mayastämmigen Indios, spielen die Hebammen weit über ihren praktischen Beruf hinaus – also die Kinder zur Welt bringen zu helfen – eine ganz wichtige Schamanenrolle. Sie haben eine strukturierende Rolle in einer Gesellschaft, die auf den ersten Blick ganz von einem Männerregime getragen scheint. Einer Gesellschaft, wo sich die Indio-Traditionen sehr tiefgehend mit der spanisch-lateinamerikanischen Tradition des Machismo, des Männlichkeitskults, und der männlichen Dominanz und des männlichen Patriarchats ausgeformt hat. Dort ist, meiner Ansicht nach, aus den Arbeiten von Frau Paul zu ersehen, dass diese Frauen, die wir so bescheiden Hebammen nennen, fast ebenso wichtig für das Funktionieren einer Gemeinde sind, wie die nach aussen hin so sichtbaren und sich so stark als Herrscher manifestierenden Männer.

Wenn ich sage, ich arbeite das heraus, dann sind das also nicht eigene Forschungen, die ich mache, sondern ich gehe die Literatur darauf durch, was eigentlich schon beschrieben ist. Aber es wurde nie richtig bewertet; mit richtig meine ich, in dem Lichte der heutigen Kritik an der ideologischen Verfremdung, Diskriminierung und Auslöschung der Frauenrolle in der Gesellschaft.

Wie wird der Titel dieses Aufsatzes sein?

«Latente Symmetrie». Ich werde relativ symmetrische Einrichtungen darstellen, symmetrisch in Bezug auf Mann und Frau in der Struktur der Gesellschaft, die latent war, entweder weil wir es nicht richtig erkannt haben, wir, die europäischen Ethnologen, oder weil es auch in diesen Ländern verdunkelt worden ist durch einen Art ideologischen

Mantel, der über diese Strukturen gebreitet worden ist. In alt-südamerikanischen Gesellschaften beispielsweise, auch dort, wo die Frauen eine ganz wesentliche Rolle in der Leitung der Gesellschaft, im Häuptlingswesen etwa gespielt haben, beschreiben diese Völker selbst das als eine rein männliche Herrschaft.

Warum ist das so, warum wird die Symmetrie vertuscht?

Ich habe den Eindruck, dass das eine Mischung von drei Faktoren ist. Der eine Faktor kommt aus der Angleichung an die lateinische, also spanische und portugiesische Kultur. Unberührt von der ist ja kein Volk in Südamerika und in Mittelamerika geblieben.

Der zweite Faktor ist der, dass die Arbeitsteilung und die Funktionsteilung zwischen Männern und Frauen sehr häufig den Männern die Aussenkontakte zuschreibt, während die Frau im Innern der Gesellschaft wirksam ist. Und wenn man also einem Fremden, und das ist notgedrungen ein Forscher, etwas mitteilt, wird natürlich das betont, was diejenigen vertreten, mit denen er spricht.

Ein von mir vermuteter, wahrscheinlich der wichtigste, aber schwer zu fassende Faktor, ist ein psychologischer. Überall auf der Welt werden Kinder und Kleinstkinder von Frauen erzogen. Es gibt ganz wenige Gesellschaften, wo die Männer daran teilnehmen. Es gibt solche. So wie es heute bei uns propagiert wird. Das gibt es natürlich auch. Aber in der Regel sind es Frauen. Und damit werden psychologisch für alle, für Buben und Mädchen, die ersten Weichen gestellt. Es entscheidet sich, was für Persönlichkeiten sie werden und wie sie sich später als erwachsene Menschen in ihrer Sozietät, in ihrer Gemeinschaft bewegen. Aber nicht nur bei uns, sondern auch wieder bei den meisten Völkern werden die frühesten Erfahrungen zwar gelebt, ausgelebt von dem, was man den Charakter oder den Volkscharakter nennen könnte, sie sind aber nicht bewusst. Mir kommt vor, dass die Tendenz zu vergessen oder auch zu verdrängen, was man in der frühesten Kindheit erfahren hat als Erziehung, was man verinnerlicht hat, was zur zweiten Natur geworden ist, dass diese Tendenz naturgemäss die erste erziehende Instanz, die Frau, die Mutter betrifft. Nur wird da ein allgemeiner Faktor wirksam: Das, was uns zuerst geformt hat, was unsere angeborene Natur am meisten verformen musste, damit wir in irgend einer Form kulturangepasste Menschen werden, das war zwar wirksam, aber wir mögen uns nicht daran erinnern. Nun ist eben die hauptkulturelle Funktion der Frau, nämlich Empfangen und Austragen und Gebären und Stillen der Kinder, ihre biologische Funktion, psychologisch verknüpft mit den ersten Sozialisierungsschritten als erziehende Instanz.

Mir kommt vor: Dieser weltweit zu beobachtende Faktor, dass die Rolle der Frau in der Gesellschaft verleugnet wird, kommt nicht daher, dass sie eine so kleine Rolle spielt, sondern dass sie den Hauptsozialisationsfaktor darstellt, dass der Frau nämlich die grösste Aktivität bei der Sozialisation zukommt.

> Hat die Sichtbarmachung der Frau in der ethnologischen Forschung nicht auch eine Rückwirkung auf die Erarbeitung der Frauenfragen in Europa?

Ich glaube, dass das früher oder später eine grosse Rückwirkung haben wird. Ich weiss von einer Arbeit, die Maya Nadig hier in Zürich über ihre Feldforschung bei einem Indiostamm in Mexiko geschrieben hat. Es ist eine ethnologisch, psychologisch und ökonomisch orientierte Studie über eine Indiofrau. Die Wirkung dieser Arbeit auf uns kann ich an zwei Dingen charakterisieren. Ein amerikanischer Ethnologe und Psychoanalytiker, dem ich die Arbeit für eine Zeitschrift geschickt habe, hat sie abgelehnt und hat einen vielseitigen kritischen Brief geschrieben, warum er sie nicht publizieren könne; am nächsten Tag hat er einen zweiten Brief geschrieben, er sei so sensibilisiert auf den amerikanischen Feminismus, dass er gar nicht imstande wäre, diese an und für sich sehr gute ethnologische Arbeit objektiv zu lesen. Da hat sich eine konzentrierte Abwehr gegen die Diskussion der Frauenfrage bei diesem Mann abgespielt. Andererseits wurde die gleiche Arbeit in einer linken Berliner Kulturzeitschrift, den «Berliner Heften», die gar nicht sehr bekannt ist, veröffentlicht, wodurch in dieser Zeitschrift das dringende Bedürfnis entstanden ist, mehr und mehr Ethnologisches zu publizieren, weil das diese brennende und aktuelle europäische Frauenfrage so neu zu bedenken zwinge. Diese Zeitschrift hat jetzt bereits ein neues spezielles Heft über Ethnologie gebracht, weil diese eine Arbeit, über eine Indiofrau in Mexiko, nach ihrem Dafürhalten ein solches Licht auf unsere Frauenprobleme wirft.

Natürlich könnte man an einer guten ethnologischen Bibliothek mehr solcher Aufsätze aus Zeitschriften sammeln.

Zum Beispiel das Thema, das jetzt auch modern ist, die Frau als Hexe, die Frau als Zauberin. Die Hexe, schon wie das klingt, das ist etwas so Negatives. Da macht man sich gar keine Vorstellung davon, dass es Völkerschaften gibt, wo die Magierinnen eigentlich die «innere Struktur» geben. Eine innere Struktur, wie sie bei uns Psychiatrie, Rechtspflege und Sozialamt zusammen ausmachen.

> Noch ein Beispiel zur Blindheit ethnologischer Wahrnehmung?

Ungefähr 1929 gab es in dem heutigen Biafra-Nigeria einen Aufstand gegen die englische Kolonialmacht, der blutig niedergeschlagen wurde. Die Engländer haben ihr Kolonialregime total durchgesetzt, aber dann eine wissenschaftliche Kommission hingeschickt, Parlamentarier, Wissenschafter, um zu untersuchen, was da schiefgegangen ist. Und es war schiefgegangen, man hat etwa 100 Leute totschiessen müssen, bis wieder Ruhe war. Nun der wissenschaftliche Rapport: Es sah so aus, als ob der Aufstand ausschliesslich von Frauen gemacht und getragen worden war. Da Frauen das aber nicht können und nicht tun, ist anzunehmen – so der Rapport –, dass die Ibomänner sehr schlau eine Verschwörung gemacht haben, wo sie ihre Frauen vorschickten, um einen Aufstand gegen die Engländer zu machen. Der Rapport der wissenschaftlichen Kommission, die zwar noch sehr stark unter der Ideologie des viktorianischen Zeitalters stand, beachtete nicht einmal, dass dieser Aufstand in der Ibosprache einen Namen hat, der auf deutsch übersetzt heisst: «Der Krieg der Frauen». Wie blind unsere Kultur da ist! Der Aufstand nämlich ging aus von einer neuen Marktsteuer, einer neuen Marktordnung, die unmittelbar die Interessen dieser Frauenstruktur berührte und minderte. Das haben sich in einem bestimmten Moment die Frauen nicht mehr bieten lassen und haben zuerst grosse friedliche Demonstrationen gemacht und dann aber, als sie nichts nützten, gingen sie mit «Gewalt gegen Dinge» vor, wie es heute heisst. Sie haben Sachen angezündet, die Häuschen, in denen diese Richter amteten, welche die Engländer eingesetzt hatten, gestürmt, ohne jemanden umzubringen übrigens, und dann sind sie also mit Militärmacht umgebracht worden. Das waren ausschliesslich die Frauen, es ging da nur die Frauen an, es waren ihre Angelegenheiten.

«Eine Schriftstellerin ist keine Hausfrau, die Bücher schreibt...»

«Eine Schriftstellerin ist keine Hausfrau, die Bücher schreibt, sondern ein Mensch, dessen Dasein vom Schreiben beherrscht wird. Dieses Leben ist ebenso viel wert wie ein anderes.»

Warum missfällt der Beauvoir'sche Satz den Hausfrauen? Weil gerade sie, als vernachlässigte Bevölkerungsgruppe, einen Nachholbedarf haben, ihr Dasein zu rechtfertigen, und dabei sind, ihr Leid über den schlechten Stand in unserer Gesellschaft schriftlich auszudrücken. Sie fühlen sich aber nicht nur als vernachlässigte Minderheit, sondern sind selbst voller Komplexe, weil sie das «nur» vor ihrer Bezeichnung beunruhigt. Schreibend wollen sie die Gefängnismauern, die um ihr Arbeitsfeld aufgerichtet wurden, niederreissen. Für diesen Zustand übrigens machen sie oft die berufstätigen Schwestern verantwortlich, die hätten ihnen die Emanzipations-Show gestohlen. Es entgeht der Hausfrau, dass gerade die männliche Literatur sie bislang unter Verschluss hielt, dass die Profiteure ihres selbstlosen Wirkens, die Männer nämlich, sie nur in ganz bestimmten Rollen darstellten, nämlich als züchtige Hausfrau, als Grossbäuerin oder als aufopferndes Vreneli eines Knechts oder etwa als stille Erzieherin Gertrud. Nun, aufgestachelt durch die Zeitläufte, auf der Suche nach ihrem schwer zu findenden Selbstverständnis, schreit die Hausfrau auf, wenn eine Intellektuelle wie die Beauvoir sie in ihre Schranken weist. Das hört sie nicht gern.

Dies schrieb Simone de Beauvoir in ihrem Buch «Das andere Geschlecht». Man kann diesen Satz zur Rechtfertigung einer schreibenden Frau heute nach mehr als 25 Jahren zitieren, wo man will, er wird missverstanden. Er erregt Opposition bei den Hausfrauen, Missvergnügen bei den Schriftstellerinnen, und den Feministinnen gefällt er auch nicht. Daraus lässt sich vieles ablesen über die Situation schreibender Frauen heute. (Denn Frauen schreiben mehr denn je, das wird nicht nur vom Publikum begrüsst, von den Verlegern forciert, sondern auch von der Literaturkritik beachtet.)

Warum aber lieben es die Schriftstellerinnen nicht, wenn eine eminente Kollegin wie Simone de Beauvoir betont, Schreiben habe mit Metier zu tun? Sie wissen doch, dass das Schreiben eine Kunst ist, die übend gelernt sein will. Handelt es sich um die Irritation der Zünftigen, die nicht mögen, dass Frausein heute genügende Legitimation fürs Schreiben sein soll, nicht mögen, wenn dauernd von «eigenen Ausdruck finden», von «den Sprachlosen Sprache geben» die Rede ist? Es fällt aber auf, dass arrivierte Schriftstellerinnen sich neuerdings an Frauenthemen halten (Erica Pedretti, «Veränderung», Gertrud Wilker, «Blick auf meinesgleichen»), also über Frauen schreiben und ihr eigenes Frausein überlegen. Mit einigem Recht zwar wehren sie sich gegen die Anmassung jener Protestliteratur, die aus Leidensdruck Bücher füllt und aus der Tatsache jahrhundertealter Unterdrückung Ansprüche an die Literatur stellt. Warum aber reden sie von aggressiver weiblicher Schreiberei und sind nicht beruhigt durch den Satz, der ihnen Metier zubilligt? Warum wehren sie sich dagegen, als emanzipierte Frauen zu gelten (so Elisabeth Meylan in einem Radio-Interview mit Roswitha Schmalenbach vor zwei Jahren)? Oder nehmen sie zu sehr Rücksicht auf ihre männlichen Kollegen in Literaturzirkeln, mit denen sie sich, endlich aufgenommen, nicht anlegen möchten? Denn die Schriftsteller, durch den Zeitgeist in ihrer männlichen Vorherrschaft verunsichert, fühlen sich angegriffen genug. Ich sehe im Unmut über Simone de Beauvoirs totalen Anspruch an die Schriftstellerin etwas anderes. Das Dasein, vom Schreiben beherrscht, beinhaltet Konsequenzen, die zu ziehen eher unangenehm ist. Vom Schreiben leben heisst ökonomische Selbständigkeit, heisst Unabhängigkeit vom Einkommen des Ehemannes, heisst nicht Versorgtsein in der Familie, sondern faire Konkurrenz. Denn das Schreiben als schöne Freizeitbeschäftigung wird heute nicht nur von der Beauvoir, sondern auch von den Feministinnen, mit Recht, nicht als ernst zu nehmende Aktivität angesehen.

So sollten aber die Feministinnen, sie zumindest, welche doch die ökonomische Unabhängigkeit der Frau als ausschlaggebende Möglichkeit für ihre menschliche Freiheit halten, sich über den Satz der französischen Schriftstellerin freuen. Erschwerend für gutes Verständnis kommt nun aber hinzu, dass die Feministinnen von ihrem Thema, der Frauenbefreiung, derart besetzt sind, dass sie puristisch in den von Frauen geschriebenen Büchern, bevor ein literarisches Kriterium einsetzt, zunächst nach der reinen Lehre fahnden und Geschriebenes nur gut finden, wenn der Grad der Emanzipation mit ihrem eigenen Befinden und ihrem augenblicklichen Bewusstseinsstand übereinstimmt. Das scheint mir, heute noch, verständlich und begreiflich.

Sollen Frauen sich also etwas zurückhalten im Schreiben, keine Bücher verfassen, sich nicht als Schriftstellerinnen bezeichnen? Das genaue Gegenteil ist der Fall: sie sollen möglichst viel schreiben und ein neues Schrifttum aufbauen. Die Türen sind endlich offen, die Voraussetzungen gegeben, die Chancen endlich gekommen. Schreibende Frauen werden sich den Satz von Simone de Beauvoir als Leitmotiv merken, sich sogar an ihm aufrichten. Der Satz rechtfertigt Autorinnen in der Ernsthaftigkeit ihres Unternehmens, ihrer Biographie, die, zumal in der Schweiz, noch nicht soviel wert ist wie eine andere, gängigere. Schreibende Frauen werden sich durch die noch etwas konfuse Kritik nicht beirren lassen, sie müssen wissen, dass sie aus modischen Gründen manchmal überwertet, aus Unkenntnis getadelt und manchmal, zu Recht, weil Metier fehlt, abgelehnt werden. Sie merken sich: das Wissen darum, dass Genie und Produktivität bislang von den Männern gepachtet wurden und man, schreibenderweise, dagegen angehen darf, genügt noch nicht, um ein gutes Buch zu schreiben.

Aber Frauen sollen schreiben, sie müssen schreiben. Da kommt hinzu die erwachte Neugier des Publikums. Denn sehr viele, wir alle, warten darauf, dass endlich Frauen die Welt für uns sichtbar machen, uns die Welt zeigen, wie sie von ihnen aus gesehen aussieht, wie die sozialen Beziehungen von ihnen aus empfunden und gelebt werden. Und natürlich müssen die Frauen auch über sich schreiben, denn bisher schrieben die Männer über die Frauen, und der Verdacht liegt nahe, dass sie das immer als Partei taten; sie haben das Recht, in der Literatur allein zu richten, verwirkt. Und da sind auch Heerscharen von Frauen, die sich, über Grenzen hinweg, kennenlernen möchten.

Es ist fast überflüssig zu erwähnen, dass die schreibenden Frauen ihren Schreibstart, ihre neuen Möglichkeiten, sich auszudrücken, eindeutig den Kämpferinnen für die Gleichberechtigung, den Revolutionärinnen, die für die Frauenrechte auf die Barrikaden stiegen, zu verdanken haben. Denn sie haben soviel Freiheit geschaffen, sie haben den Raum vorbereitet, den Boden beackert, auf dem nun der Roman entstehen kann oder die Erzählung, die Frauenwirklichkeiten mitteilt, Wahrheiten aufdeckt, weiss gebliebene Flecken mit Leben füllt.

Wer ist nicht gespannt auf Frauenliteratur, die kommen wird?

Kein Traum

*«Ich kann mein Vaterland nur ertragen, indem ich mich damit abgefunden habe,
dass ich mich nicht daran gewöhnen werde.»*
Paul Parin

Mein Vaterland hat mir nie Fragen gestellt. Ich ihm schon. Vielleicht bin ich deswegen Journalistin geworden. Ich wünschte mir, dass mein Vaterland sich einmal bei mir erkundigt, wie ich mich in ihm befinde. Ich träume ein Rendez-vous.

Wie viele Besprechungen habe ich schon arrangiert, warum nicht einmal eine, wo ich interviewt werde von demjenigen, in dem ich wohne, dessen Bürgerin ich bin und dessen solide Ausweispapiere ich trage, von der Schweizerischen Eidgenossenschaft also, meinem Vaterland? Zunächst wäre wohl die Örtlichkeit zu bestimmen, man muss sich vorstellen, wo Frager und Befragte sich wohlfühlen, damit ein Höchstmass an Informationen herauskommt. Zürich wäre der Ort, mein blau-weisses Zürich, das als höchste Auszeichnung das Beiwort «sauber» bekam; aber vielleicht doch eher an der Sihl als an der Limmat; am Limmatufer oder an der Bahnhofstrasse könnten wir in Konflikt kommen mit dem Sechseläute-Umzug, jetzt im April; mein Vaterland liefe dort als Zünfter verkleidet mit, denke ich mir, aber ich könnte ihm keine Rose zuwerfen, weil ich nicht am Trottoirrand stände. Also kommt Kreis 4 in Frage, hinter der Sihl, hier gibt es Lokale – wir nennen sie Beizen –, in denen ich gern sitze, im Hotel Italia zum Beispiel, vielleicht ist der Garten schon offen. Eine praktische Örtlichkeit für mich, weil ich im Vorbeigehen an der Müllerstrasse bei Signora Oprandi die Küchenkräuter mir besorgen könnte für den Pot-au-feu am Samstag. Aber ich schweife ab, das sind werktägliche Gedanken, die passen nicht ins vaterländische Interview. Die Lage in diesem Stadtviertel hätte aber auch den Vorteil, dass ich aus nächster Nähe die Tüchtigkeiten meines Schreiblebens und Zeitungmachens mitbringen und vorweisen könnte, ich stelle mir vor, dass sie ins Gewicht fielen. Dabei fällt mir ein, dass eine Gartenwirtschaft doch etwas zu salopp wäre, um mein Vaterland zu treffen, ein Büro ist die geeignetere Örtlichkeit für eine Aussprache. Ich stelle mir vor, dass mein Vaterland dann hinter dem Schreibtisch sitzt, gebührende Distanz zwischen uns durch Tischfläche, bedeckt mit Dossiers. Oder hat sich mein Vaterland den neuen kumpelhaften Führungsstil angewöhnt, wird sich mit mir an den runden Tisch setzen, einen eleganten Marmortisch? Seite an Seite also, es wird mit mir plaudern wie mit seinesgleichen, uns trennt nur die Grösse der Bedeutung und die Höhe des Einkommens. Für eine Interviewlänge kann man davon absehen; und ich habe mich inzwischen an den Tonfall der Gunst gewöhnt, habe gelernt, dass ich dank der grosszügigen Haltung meines Vaterlandes so ordentlich und stramm für es arbeiten durfte. Soweit ist man nämlich gekommen in fleissigen Vaterländern: zugebilligte Chancengleichheit, Vorherrschaften abgeschafft, keine Untertanenverhältnisse, Mann und Frau vor dem Gesetz gleich. Vieles ist passiert in den letzten 600 Jahren, 1971, im Februar, als Geschenk auch das Stimmrecht, Gleichberechtigung auf Bundesebene heisst das, mein Vaterland wird mir genügend Fragen zu stellen haben nach so vielen Höhenfeuern.

Zum Interview kam es nicht. Es gab Schwierigkeiten bei der Kontaktnahme. Zwar hatte ich die richtige Nummer gewählt, aber der Empfang war nicht auf meinen Sender eingestellt. Die Linie schien frei, aber man hörte mich nicht. Wie wenn ich ohne Stimme wäre. Als Minderheit im Abseits hätte ich Nummer 111 um Hilfe bitten können, doch auch für den Auskunftsdienst war ich nicht existent, rufen nutzlos, es gab mich nicht.

Ich kam ins Grübeln, kramte in meinen Erinnerungen. Vor einem Gericht zu stehen, jedoch während eines Prozesses weder als Klägerin noch als Angeklagte je wahrgenommen zu werden, das waren doch damals, als wir noch nicht wählten, auch keine Herren Richter. Das haben wir hinter uns, verteidige ich mich, heute sind wir Vollbürgerinnen, und wir zählen. Woran liegt's, dass man uns nicht sieht? Tragen wir doch auch Uniformen, notfalls, oder wir heften uns, aus Pflegebedürfnis, das rote Kreuz an die Stirn, und das ist ohnehin identisch mit dem weissen. Auch ist es mehr als zehn Jahre her, seit die Grundwelle der Frauenbefreiung über die Grenzen unseres Staates schwappte und nicht mehr als ausländische Mode abgetan werden konnte: Studentinnen mit grosser Brille auf der Nase setzten sich auf Rampen und störten die Jahresversammlung einer Frauenorganisation. Derart, dass ein Jahr später Mitglieder bewährter Frauenvereine nach Bern marschierten, schrien und pfiffen vor dem Bundeshaus und ihre Transparente schwenkten. Recht auf Demonstration, meinten wir und auch, dass Gegnerschaften ein demokratisches Profil markieren.

Wir unternahmen vieles, ich könnte manches berichten. Und ich möchte doch darauf hinweisen, liebes Vaterland, dass ich schon als

Gertrud dabeiwar, als mein Werner Stauffacher auf dem Rütli schwor und ich ihn ermutigte. Spendete ich nicht auch Zuspruch für Gedanken des Widerstandes bei der zweiten Rütliwiese unserer Geschichte, nämlich als General Guisan 1940 seine sämtlichen Armeekommandanten zum Rapport beorderte, um in bedrohender Situation den Plan des Réduit zu propagieren? Damals fiel es uns nicht auf, dass ausser der einen Schweizerfahne kein Femininum anwesend war und man uns ins Réduit ohnehin nicht mitgenommen hätte. Gründung und Geschichte der Eidgenossenschaft sind rein männlicher Natur. Es gab uns damals nicht, es gibt uns heute nicht. Wie sollte sich mein Vaterland da für mich interessieren? Und es ist einzusehen, dass ich vergeblich Gertrud Stauffacher zitiere, sie war ja nur das Resultat dichterischer Phantasie. Das Weibliche bei uns ist längst symbolisiert oder wurde verinnerlicht. Als Helvetia aufs Hartgeld geprägt oder weiss in Wolken hingemalt, beispielsweise; als Mutter aber ist jede Schweizerin tief im Herzen jedes männlichen Schweizers verehrt und aufgehoben, wo wir geschützt und versenkt sind für alle Zeiten. Dort haben wir es doch gut, sagt der Schweizer, denn wir sind geträumt und vor jeder Unbill geschützt.

Kein Rendez-vous mit dem Vaterland, weil zwar es, aber nicht ich existiere. So müssen auch diese Zeilen ausgewischt und durch eine weisse Seite ersetzt werden. Nur der Titel darf stehen bleiben, weil meine eigene Wirklichkeit kein Traum ist.

Wollfaden gegen Cruise

Im vergangenen Dezember in einem Londoner Hotel: Das Radio berichtet über die gewaltlos gewaltigen Frauendemonstrationen gegen Atombewaffnung in Greenham Common; das erste, was ich auffasse, ist das Wort «Missiles». Gleich anschliessend die Meldung, dass nun die Erlaubnis zur Zwischenlandung in Uruguay eingeholt worden sei, um den für April geplanten Witwenausflug zu den Schlachtfeldern und Friedhöfen auf den Falklandinseln durchzuführen. Gratis.

Ich suchte auf der Karte, wo dieses Greenham Common liegt, eine Nato-Basis bei Newbury, erreichbar über Windsor und Reading – und fuhr hin.

Es war eine Woche später, eisig kalt, die aus Wollfäden gewebten Spinnetze an der 15 Kilometer langen Drahtumzäunung der Basis waren vom Wind zerzaust, die Frauen aber, die beim Haupteingang unentwegt ausharren, strahlten:

Sie hatten die Basis umringt, zu Tausenden sich die Hand gereicht, sie hatten ihre Lieder gesungen – «You can't kill the spirit» zum Beispiel –, am Tag darauf die Blockade der Eingänge durchgeführt, die Wollfäden hatten weltweit ihre Wirkung gehabt, und man würde weiterweben. Am offenen Feuer wurde Tee gekocht, eine Studentin reichte mir einen Becher und sagte: «Komm, ich zeig dir, was wir gemacht haben.»

Aufgeweichter Boden, unbeschreiblicher Dreck, nachts schlüpfen die Belagerinnen auf den aufgeschichteten Haufen von Decken und Kleidern unter eine Plastikblache. Zelte sind nicht erlaubt, man befindet sich auf Gemeindeboden, wo es ein Gesetz gegen Fahrende gibt.

Wie kam es zum Wollfadenprotest gegen atomare Aufrüstung? Die Geschichte fing an, als vor 16 Monaten Frauen 200 Kilometer von Cardiff in Wales anmarschierten und eine öffentliche Debatte mit dem Verteidigungsminister forderten vor den Toren des Ortes, an dem die Marschflugkörper, die Cruise Missiles, «Cruise» genannt, stationiert werden sollen.

Die Diskussion fand nie statt. Aber seither campieren hier Frauen, lösen sich ab, harren unbeirrt aus, protestieren auf ihre Weise gegen drohende Totalzerstörung unserer Welt, leisten Widerstand mit Dasein und Wollfäden, mit denen sie sich eingarnen. Jenseits des Drahtzauns das Camp der Royal Air Force, anwesend, aber camoufliert, eine Staffel für taktische Waffen der 3. US Air Force, das Ganze bewacht von britischer Polizei.

Auf den 12. Dezember dann, den zweiten Jahrestag des Nato-Doppelbeschlusses, riefen die unentwegten Schwestern auf mit dem Ruf «Embrace the base», einer Umarmung von Frauenarmen. Man hatte 8000 erwartet, es kamen über 30000. Autobus um Autobus, Friedensfrauen von überall, mehrheitlich Unorganisierte, Mütter, Grossmütter, Mädchen, die verzweifelt Zerstörung und Untergang aufhalten wollen mit blossen Händen, einem neuen Geist, mit ihrer Vision eines Lebens ohne 464 Cruise – ein Halt dem Countdown.

Punkt zwei, so die Studentin, habe der Frauenkreis sich geschlossen, Hand in Hand, oft Schulter an Schulter, ein Wort, ein Gegenstand sei durchgegeben worden, ein Lied sei aufgestanden und habe die Runde gemacht. Am Abend dann diszipliniert das Training in Zehnergruppen für die Blockade. Verhaftungen.

Ich sehe die von den Frauen mitgebrachten Dinge, ans Drahtgitter geheftet: Kinderschuhe, Wollmützen, hier ein Schlüttli, dort ein Brautkleid, Fotos von Kindern, Namen von Kindern, farbige Ballons, Flittergirlanden, immer wieder das Wort «Peace», eine heilige Beschwörung.

Das Echo in den englischen Medien war bestürzend, keine einzige mokante Bemerkung zur ungewöhnlichen Zusammenrottung, kein Reporter wagte die Behauptung von missgeleiteten und vom Osten unterstützten Naiven. Ein Kulturredaktor, für den langen Tag mit einer Flasche Whisky ausgerüstet, hatte vorher das in der Nähe des Tatorts stehende Denkmal für den Vicomte Falkland besucht, der 1643 in der Schlacht von Newbury für den König kämpfend gestorben war, vergass angesichts der Friedenskette aber Flasche und Denkmal.

Die ausdauernde Belagerung soll sich psychisch auf die innerhalb der Umzäunung arbeitenden Truppen auswirken, sie müssen, seit die Frauenbelagerung währt, öfter ausgewechselt werden. Und die älteren Polizisten, die im Dezember eingesetzt wurden und geübt sind im Auflösen von Demonstrationen, im Wegtragen von Widerspenstigen, gaben zu, es mache ihnen Mühe, Frauen wegzutragen, die sie nicht als Kriminelle einstufen könnten, denn sie respektierten deren zivilen Ungehorsam.

Ziviler Ungehorsam, ausgerüstet mit Wollfäden, eine neue Sprache, die verstanden wird. Sie stiftet Verwirrung und Unruhe, sowohl für die britische Regierung wie für die Nato, so kommentierte «New Statesman».

Beim Drahtverhau, übersät mit den Mitbringseln der Frauen, jenen eindrücklichen Zeichen, lernte ich am kalten Nachmittag von der Studentin noch das Spiritual summen, das mir nun nicht mehr aus dem Kopf will: «You can't kill the spirit, she is like a mountain old and strong, she goes on and on and on.»

Durch das Matriarchat zum grossen Ungehorsam

1982 wurden in der Schweiz 4154 Kinder unehelich geboren – 624 mehr als im Vorjahr.

Ich denke, die Tatsache, dass man selber einmal Mutter war, befähigt einen keineswegs, für immer als Expertin zu gelten. Ich lehne das ab. Heute ist man nicht mehr ein Leben lang Mutter, irgendeinmal ist die Funktion abzustreifen, fällt aus. Vielleicht wird man hie und da noch von eigenen Kindern aufgefordert, als ein Elter zu reagieren: Man wird haftbar gemacht für frühere Irrtümer, man wird bedankt für Richtigkeiten, das passiert schon. Ich lehne es aber auch ab, so spät im Leben immer noch darauf angesprochen zu werden, dass ich, vor Jahrzehnten, ein Kind allein aufzog und deshalb genau wissen müsste, wie es war, wie es tat, wie es heute so läuft. Es hat sich doch inzwischen alles verändert, die Umstände und die Leute. Nun hat mich aber die um 624 gestiegene Zahl unehelich Geborener doch gepackt, ich möchte ihr nachgehen; vielleicht mit geschärften Sinnen, weil ich viele Mütter kannte, die alleinverantwortlich waren für ihre Kinder, viele Kinder aufwachsen sah, denen die Unehelichkeit ihrer Geburt Schwierigkeiten machte und Nachteile brachte. Und weil ich heute, mit teilnehmender Neugier, junge Frauen und junge Männer, mit einem Baby vor den Bauch gepackt, beobachte und mich gern mit ihnen unterhalte. Die Frage wäre doch: Handelt es sich bei den insgesamt 4154 unehelich Geborenen um glückliche oder um unglückliche Kinder?

Als im letzten Jahr am 12. Dezember, dem 2. Jahrestag des Nato-Doppelbeschlusses, 30 000 Frauen vor der Nato-Basis im englischen Greenham Common gegen die Stationierung von 464 Cruise Missiles demonstrierten, taten sie es ihrer Kinder wegen; dass diese würden leben könne, nicht untergehen, nicht vernichtet durch Atomwaffen. Als Beschwörung, dem Countdown Halt zu gebieten, hatten die Frauen, die aus vielen Teilen Europas angereist waren, Kinderkleidchen mitgebracht. Am Drahtverhau hingen Jäckchen, Mützchen, kleine Schuhe für erste Schritte, Spielzeug; ich sah hoch oben ein Kindertrompetchen angesteckt, weiter vorn einen zerbrochenen Eisenbahnwagen.

Es mag viele Frauen geben, die keinen Sinn haben für diese Art Beschwörungen, aufgestiegen aus dem mehr als ein Jahr dauernden Protestlager, aus Geduld, Dreck, Hartnäckigkeit; sie lehnen sie ab. Aber es nützt ihnen wenig, keine Kenntnis davon zu nehmen, denn aus allen Ecken ergreift sie trotzdem die Unsicherheit unserer Welt, die Angst steigt auch an ihnen hoch. Auch wenn das Kinderkriegen nie frei war von Modeströmungen – auch heute nicht –, ist es doch ein Vorgang, der die Frau ganz vereinnahmt. Neues Leben in die Welt setzen heisst doch auch: sich mit dem Leben auseinandersetzen und mit der Welt, in die sie das Kind setzt. Kann eine Frau heute noch in ruhiger Zufriedenheit Erstlingsfinken stricken?

Ob das eine Frau nun genau oder nur vage zur Kenntnis nimmt: Wenn sie ein Kind auf die Welt bringt, wird die Angst vor dem «No future» mitschwingen. Das ist neu. Das gibt andere Gewichte. Da steht sehr oft ein trotziges Trotzdem dahinter, ein gegen jede Hoffnung hoffendes Dennoch. Vielleicht ist dieses Gefühl nicht unähnlich dem Empfinden, das früher nicht verheiratete und alleingelassene Mütter hatten.

Zu sagen ist: Noch vor 30 Jahren fiel eine uneheliche Geburt nur dann schwer aus, wenn kein Geld da war und es mit dem Ansehen und der Stellung der Kindsmutter haperte – so die Bezeichnung von seiten der Vormundschaften: Kindsmutter und Kindsvater, nicht Mutter und Vater wie in geordneten Verhältnissen. Wenn Ansehen, gesellschaftliche Stellung – man musste etwa Ärztin sein, um sich ein Uneheliches leisten zu können – und Geld da waren, konnte auch unsere bürgerlich organisierte Gesellschaft eine uneheliche Geburt ohne weiteres verkraften. Noch höher oben auf der gesellschaftlichen Stufenleiter waren zudem alle Möglichkeiten vorhanden, eine uneheliche Geburt zu vertuschen; und von dort war der Schritt nicht weit in die Künstlerwelt, wo es dann wieder chic wurde, ein uneheliches Kind zu sein. So eines wurde dann auch gern literarisch verwertet, allerdings nur, wenn die Armut der Geburt dabei war, so à la Sohn einer Magd.

Diese Mentalität hat sich gründlich verändert. So wie man nicht mehr hinter vorgehaltener Hand über die Höhe seines Monatsgehaltes tuschelt, so wie man eine Krankheit wie den Krebs benennt und beschreibt, so gibt man unumwunden zu, man sei ein Pflegkind, man kenne seine Eltern nicht, oder man redet frei darüber, dass man unehelich geboren sei, nur bei der Mutter aufgewachsen. Keine Schande der Geburt. Eben eine unvollkommene Familie, ja, aber wo gebe es schon eine vollkommene? Eine, die nicht nur äusserlich, sondern auch von innen heraus funktioniere?

Merkwürdigerweise wandelte sich die Mentalität erst, nachdem sich Gesetze und Verordnungen erneuerten. Meistens hinkt die Gesetzgebung neuem Bewusstsein und grundlegend andern Umständen hintennach und wurde erkämpft mit der Kühnheit fortschrittlich Denkender und dann Schritt um Schritt durchgesetzt. Was nun aber die schwierige Situation der alleinstehenden Mutter und des unehelichen Kindes betrifft – diese Mütter hatten nie eine Lobby, sie waren selber so bedrückt und in Anspruch genommen, dass sie niemals imstande waren, sich auf breiter Front zu wehren –, da schaffte ein einsichtiger Gesetzgeber Besserung, noch bevor von unten herauf die Wünsche formuliert worden wären. Im neuen Familiengesetz ist das unehelich geborene Kind in der Erbfolge eingesetzt wie ein eheliches Kind.

Einen weitern Schritt tat das Sozialamt der Stadt Zürich: Als erste Schweizer Stadt bevorschusst sie alleinstehenden Müttern die Alimente. Es kam so: Aufgrund einer Mütterbefragung, die ausging vom Statistischen Amt und seiner damaligen klugen wissenschaftlichen Mitarbeiterin, Dr. Käthe Biske, konnte geschlossen werden, dass eines der grössten Leiden unverheirateter oder geschiedener Mütter ist, den Alimenten nachzurennen und von willigen und unwilligen Partnern zu erbitten. Ein ganz und gar unwürdiger Zustand und eine unglückliche Vermischung juristischer Rechte und menschlicher Beziehungsschwierigkeiten. Wie oft wurde die Alimentenbezahlung des Vaters als Druckmittel benutzt, abhängig gemacht vom Bravsein der Kinder, der Willigkeit der Mutter, verwickelt mit Besuchsrecht und so weiter. Das Sozialamt übernahm es, die, juristisch geregelten, Alimente der Frau und dem Kind monatlich auszubezahlen und dann selber, von Amtes wegen, einzutreiben. Hinter dieser Alimentenbevorschussung liegt eine tiefe Einsicht in unhaltbare Zustände, sie war eine grosse Hilfe; ein elementares Frauenrecht kam zum Zug.

Als ich vor einigen Jahren im Kreise junger fortschrittlicher Frauen Texte vorlas, in denen es um die Berichte und Geschichte einer Mutter ging, die ihr Kind allein aufgezogen hatte und sich deswegen von der Gesellschaft als ausgeschlossen erlebte, glaubte ich, mich immer entschuldigen zu müssen. Es handle sich ja um Zustände, die zurücklägen, um überholte Leiden. Heute gebe es ja dieses entwürdigende Antreten vor einem Vormund nicht mehr, der einen mit Fräulein ansprach und der eine junge Frau, die sich weigerte, den Namen des Vaters zu nennen – zu dessen Schonung natürlich –, verdächtigte, sie wisse wohl gar nicht, wer der Vater ihres Kindes sei, sie also als leichtsinnige Person hinstellte und von vornherein als Feindin ihres Kindes abstempelte. Und heute sei auch alles praktischer und leichter zu handhaben für alleinerziehende Mütter, wie man sie jetzt nennt, es gebe Wohngemeinschaften, Horte, die punkto Stundenplan auch auf andere Frauenberufe als «nur» auf Arbeiterinnen eingerichtet waren, es gebe ein viel grösseres Angebot an Kindergärten, manchmal sogar Schulmahlzeiten und so weiter und so fort. Da bekamen einige meiner Zuhörerinnen nachdenkliche Gesichter, sie senkten wehmütig den Kopf, bis eine es aussprach: Was die Atmosphäre betrifft, hat sich wenig verändert, es ist schwer, eine alleinstehende Mutter zu sein.

Ich bekam auch zögernd zu hören, dass die äussern Erleichterungen wenig nützten, wenn sie, die alleinstehende Mutter, mit dem allein dastehenden Kind in keiner Weise von ihrer Umgebung getragen, nicht von einem Partner verstanden und in ihren Nöten gestützt werde. Nun haben allerdings viele unverheiratete Mütter diesen Partner. Denn junge Paare treten heute munter auch als Paar auf, wenn sie gesetzlich keines sind. Sie erkundigen sich vor der Geburt im Spital, wie alles vor sich gehen werde. Beide, Mann und Frau, beteiligen sich an diesem Vorgang. Später werden auch die Väter den Kinderwagen schieben, sie wickeln das Kleine, sie haben vorher lange darüber geredet, welche Rolle welcher Elternteil übernehmen soll, es ist offen, wer von beiden das Geld heimbringt, wer die häuslichen Pflichten übernimmt. Zwischen solchen Partnern spielt der Trauschein keine Rolle. Auch nach aussen nicht. Und der Geburtsstand der Kinder ist Nebensache.

So wären denn die 4154 Kinder des Jahres 1982, lebendgeboren von nichtverheirateten Müttern, wie die Statistik es will, nicht von vornherein unglückliche Kinder. Aufgehoben im kleinen Kreis haben sie die gleiche Chance wie alle anderen, glückliche Kinder zu werden. Sie können nicht mehr als Gruppe zu den Benachteiligten, am Rande Stehenden, Unglücklichen gezählt werden.

Ich sehe darin auch einen Hinweis auf eine ganz neue Entwicklung: Schon in wenigen Jahren wird die Zahl der in der Schweiz unehelich geborenen Kinder noch sehr viel grösser sein. Es werden Kinder von Müttern sein, die sich der Welt entgegenwerfen, sanft und stolz, die ihre einzige Chance darin sehen, ihre Kinder zum grossen Ungehorsam zu erziehen. Mütter, die selbst diesen Ungehorsam übten, indem sie auf den Schutz eines zivilrechtlich angetrauten Ehemanns verzichten und statt dessen ihren eigenen Weg gehen.

So gesehen sind wir auf dem Weg zum Matriarchat. Es wird dann entweder keine Kinder mehr geben oder solche, die sich nicht mehr nach dem Zivilstand ihrer Mütter einteilen und zählen lassen.

Warum die Kirche die Frau nicht für voll nimmt

Man könnte als Titel auch setzen: Die Kirche ist der Pfuhl der weiblichen Minderwertigkeit, von dort her kommt's, dort hockt alles. Wahrscheinlich würde diese Saloppheit nicht einmal den Zorn der Autorin hervorrufen – denn sie hat seit jeher handfest und sprachlich träf gekämpft, diese Feministin Heinzelmann, eine der wenigen waschechten unseres Landes. Mit dem, was sie schrieb, konnten wir Frauen unmittelbar etwas anfangen. Die Männer übrigens auch, wenn sie es lasen, aber sie haben natürlich an der Entlarvung der für sie vorteilhaften Herrschaftsverhältnisse weniger Interesse als wir.

Die Schriften der Gertrud Heinzelmann hatten immer Folgen; deren Publikation folgte sich in eiserner Konsequenz. Soeben erschien ihr neues Buch «Die geheiligte Diskriminierung/Beiträge zum kirchlichen Feminismus».

Zugegeben, ich griff eher zurückhaltend zu diesem anspruchsvollen Werk, fragte mich, ist es aktuell, die Stellung der Frau in der Kirche so minutiös zu untersuchen. Die Kirche, die Kirchen, scheinen in den Generationen, die heute das Wort haben, keine ausschlaggebende Rolle mehr zu spielen, ihr Einfluss ist gering. Soll sich die feministische Theologie mit den Theorien und subtilen Traditionen befassen!

Ich wurde schlagartig eines Besseren belehrt, nicht nur durch die Lektüre der «Geheiligten Diskriminierung», sondern auch in Gesprächen mit jüngern Frauen, die, in eigenem langwierigem Prozess emanzipiert, die Gefühle ihrer Minderwertigkeit, die ihnen im Religionsunterricht wie selbstverständlich eingeträufelt worden waren, abgelegt hatten. Ihr Dilemma: Sollen sie ihre Kinder, vor allem ihre Töchter, überhaupt in den Religionsunterricht schicken, und in welchen? Soll das Einträufeln des Minderwerts immer wieder von vorn beginnen? Für sie und alle ist es von grösster Wichtigkeit zu wissen, in welchem geistigen Bereich die Diskriminierung letzten Endes angesiedelt ist, wie es zuging in Bibelauslegung und Kirchengeschichte, welchen Druck die Amtskirche mit ihren Deutungsschemen immer noch ausübt. Das nun deckt Gertrud Heinzelmann auf, intensiv, gescheit, kenntnisreich, von der eigenen Biographie und Erfahrung geprägt.

Ist es notwendig, zu wiederholen, wer Gertrud Heinzelmann ist? Juristin, Feministin – das Wort fiel schon – Kämpferin für Frauenrechte, kluge, gewandte Autorin; nach ihrer Pensionierung vom «Büro gegen Amts- und Verbandswillkür» (die von ihr selbst herausgegebenen Bulletins ihrer Fälle fanden Echo, verursachten Aufsehen) studiert sie Kunstgeschichte und Kirchengeschichte, was man ihrer neusten Schrift anmerkt. Im gleichen Verlag, dem Interfeminas-Verlag, erschienen und sind noch erhältlich ihre Schriften «Wir schweigen nicht länger/We won't keep Silence any longer/Frauen äussern sich zum II. Vatikanischen Konzil», 1964, eine Publikation, die in Europa und in den USA Berühmtheit erlangte, dann, 1967, «Die getrennten Schwestern/Frauen nach dem Konzil».

Jetzt fasst Gertrud Heinzelmann die Erfahrungen ihres kämpferischen Lebens und ihre enormen Kenntnisse zusammen, stützt sich auf ihr reiches Archiv und schreibt in unvermindert heftiger Überzeugung. Die Heinzelmann ist katholischer Konfession, ihre Erfahrungen sind die Erfahrungen, die sie mit der katholischen Kirche machte, aber diese wissenschaftliche Untersuchung sprengt konfessionelle Fesseln und zeigt Entwicklungen, die alle christlichen Kirchen betreffen.

Die Autorin holt weit aus, beginnt bei den modernen natur- und humanwissenschaftlichen Erkenntnissen vom Menschen, entwickelt die für die Frauen wichtigen Ergebnisse der historisch-kritischen Methode und vergleicht sie mit den nicht überwundenen kirchlichen Deutungen der Frau. Grundpfeiler dieser letztern sind Typologie und Allegorese, die während Jahrhunderten tradierten Theorien zur Begründung von Misogynie und weiblichem Minderwert. Gertrud Heinzelmann bleibt gegenwartsbezogen – ihre Argumente richten sich vor allem gegen die Argumentation der Vatikanischen Erklärung zur Zulassung der Frauen zum Priesteramt (1976/77), welche die feministischen Fortschritte der Konzilszeit zerstört hat. Da werden Schleier niedergerissen, der Blick klärt sich.

Das zweite Kapitel skizziert unter dem Titel «Emanzipationsversuche und Unterdrückung» die grosse Frauenbewegung des 13. Jahrhunderts, die religiös geprägt war und durch die Amtskirche bekämpft wurde. Diese Emanzipationsversuche gipfeln in Verfolgung unschuldiger Frauen durch die päpstliche Inquisition, weil jene sich als Häretikerinnen oder Hexen verdächtig gemacht hatten. Nur Jeanne d'Arc wurde später durch die Kirche selig-, sogar heiliggesprochen. Hier staunen die Leserinnen über geschichtliche Zusammenhänge, die ihnen bis jetzt nie so konsequent serviert wurden.

Nach der deprimierenden Geschichte der Zerstörung der Frauenrechte ein Atemholen: Es folgt das spannendste, das dritte Kapitel, das persönlichste der Autorin übrigens, in dem sie viel von ihrer Biographie preisgibt und berichtet, warum sie, anno 1962, die Konzilseingabe über die Stellung der Frau in der Kirche machte. Diese Konzilseingabe wurde weltberühmt. Zum erstenmal wurde der feministische Standpunkt theologisch durchgebildet und gegenüber der Amtskirche vertreten. Die Spannung dieses aufregenden Kapitels liegt nicht nur in der Darstellung einer gewaltigen Pionierarbeit, sondern auch im Aufdecken eines Erleidens persönlicher Konflikte und den daraus entstandenen Einsichten und unerbittlichen Konsequenzen.

Wie gehen die Entwicklungen im kirchlichen Feminismus seit 1962 weiter? Es werden Vergleiche gezogen mit der lateinamerikanischen Befreiungstheologie und dem theoretisch durchgebildeten kirchlichen Feminismus in den USA. Dieser bleibt nicht stehen bei der historisch-kritischen Interpretationsmethode, vielmehr wird er gestützt durch eine sehr aktive innerkirchliche Frauenbewegung, die sich mutig den Oppressionen der Amtskirche entgegenstellt.

Im 5. Kapitel ist offen von Sexualmoral und Menschenwürde die Rede, anhand der Lehren der Amtskirche und der katholischen Moraltheologie, welche ohne jede Differenzierung die Abtreibung als verabscheuungswürdiges Verbrechen erklärt und selbst in Fällen von Notzucht, Gefährdung von Leben und Gesundheit der Schwangeren die Zuerkennung der Menschenrechte moderner Prägung verweigert. Eine Situation heute, die reich ist an schweren Konflikten, immer noch. Immer noch wird im kirchlichen Bereich die Frau nicht im modernen natur- und geisteswissenschaftlichen Sinn erkannt, sie wird nach wie vor gedeutet. In die tradierten Deutungsschemen gepresst, bleibt sie im kirchlichen Bereich minderwertig. Sie wird als geistiger Mensch nicht voll genommen.

Wer von den Frauen das Gedankengut des Liberalismus voll übernommen hat, wer geprägt ist von Individualismus und geistiger Säkularisation, stösst gleichwohl auf Schritt und Tritt auf die durch kirchliche Tradition entstandenen Deutungsmuster. Sie sind gesellschaftlich präsent. Die Muster als solche zu erkennen hilft diese wichtige Untersuchung. Sie wird zum Vademecum nicht nur für alle die, welche sich mit dem kirchlichen Feminismus im Raum der katholischen Kirche auseinandersetzen, sondern auch für alle diejenigen, welche eine Stärkung brauchen auf ihrem immer noch nicht leichten Lebensweg als Frauen in unserer Zeit.

Annäherungen an Gültiges sind unfertige Versuche, und sie sind die einzige Möglichkeit zur Freiheit

Dazu die Gedanken einer unfertigen Frau. Richard Zangger: L'uomo imperfetto.

Der Bildhauer, dieser Bildhauer, sucht Steine. Noch nie habe er einen gekauft, sagt er. Er geht in der Welt herum, erlebt sie träumerisch, ein Stein macht sich ihm bemerkbar, ein anderer springt ihn an; er hebt sie auf, prüft sie, bringt sie nachhause.

Das habe er immer gewollt, meint er, mit den Händen etwas schaffen. Das Dreidimensionale hatte ihn gelockt. So kam er aufs Steinehauen.

Vielleicht findet er im Steinbruch von Tivoli einen Travertin. Abfall. Oder er steigt in die Berge hinter Priverno, der geliebten süditalienischen Landschaft, seiner neuen Heimat.

Er geht solange umher, der Bildhauer, bis er die Steine sieht, die sich ihm anbieten. Vielleicht machte er sich Gedanken darüber, was er erschaffen möchte, er skizzierte eine Form, und dieser Stein entspricht seiner Vorstellung. Aber meistens fragt er den Stein selbst nach dessen Form, seiner endgültigen. Die trage jeder Stein in sich, sagt der Bildhauer. Er ahnt sie, er sucht sie zu verstehen, er meisselt sie heraus, die Form dieses Steines.

Auf dem Büchermarkt (mercato libraio) der Via Coronari in Rom, eines Abends spät, finden wir einen Bildband über Henry Moore mit dem Titel: «Sul linguaccio organico di Henry Moore». Will der junge Bildhauer, der das Buch andächtig in die Hand nimmt, auch die organische Sprache verstehen und sie erlernen? Ist es deswegen, dass seine Steine, von ihm behauen, dann mit uns zu reden anfangen und wir nicht nur über deren merkwürdige Formen nachdenken, sondern auch Überlegungen anstellen über unsere eigene, unsere Lebensform, nach der wir mühevoll trachten und die wir so schwer selber erkennen und verstehen.

Seine Mutter habe Kleider entworfen, so erzählt der Bildhauer, und sie sei glücklich gewesen, wenn sie etwas formen konnte, einem Stoff Gestalt geben. Sein Vater liess sich drücken von einer Firma, er musste das Geld verdienen für die Familie, er übte Toleranz, er sagte nichts, es ging am einfachsten so. Nur der Bub empörte sich, weil der Vater gedrückt wurde und ausgenützt, ein Leben lang. Der Bub verweigerte sich der höhern Mittelschule, er wollte rasch zum Film, der Weg dorthin ging über die Fotografie und eine Lehre. Suche nach Formen?

Als Reporter, später einmal in Beirut, sah er die Not der Palästinenser, er sah Menschen in Uniform, es prasselten unbegreifbare Gegensätze auf ihn ein, nichts löste sich, nichts ging mehr auf in seinen Wertvorstellungen. Wo musste man suchen, um zu lernen, wie das Gültige zu erreichen sei? Das Perfekte, das Vollendete? Der junge Mann sah ein, dass der Mensch ein unvollständiges, ein nicht abzuschliessendes Wesen sei und es bliebe: ein unfertiger Mensch, l'uomo imperfetto.

Nach grossen und erfolgreichen Anstrengungen als Reporter und Redaktor wandte er sich ab von den betriebsamen Fernsehstudios und ging in die Lehre zu einem Bildhauer. Er schloss sich ein in die Stille einer Werkstatt und bearbeitete Steine. Er wurde ein Steinbildhauer.

Ich sah ihm bei der Arbeit zu.

Der Schlag des Steinhauers ist nicht rückgängig zu machen. Ein winziger Schwung im Hammer zu viel, die Richtung des Meissels eine Spur daneben – und schon verändert sich die Linie, die Oberfläche wird eine andere, das Ende wird sich neu ergeben – eine überraschende Gestalt? Bei dieser Arbeit sind Zufälle nie in Kauf zu nehmen. Alles ist gerichtet auf ein Ziel, auf die Form, für die man sich anstrengt und auf die man alle seine Bemühungen richtet: die, in den Gedanken des Gestalters, perfekte, endgültige, in sich geschlossene Form. Die plastischen Gegenstände, die der Bildhauer uns zeigt, sind, in seinen Absichten, perfekt gelungen.

Warum nennt Richard Zangger den Macher dieser Gegenstände dennoch einen unperfekten, wenn doch sein Unternehmen, jeder Schlag des Hammers auf den Meissel, darauf angelegt ist, zu einer perfekten Form zu gelangen? Wäre das als die Äusserung eines Philosophen zu verstehen, der ihn, tröstend, über sein Leben setzt, nicht über seine Arbeit an den Steinen. Oder sieht er ein, dass er diese Arbeit als unfertiger Mensch unternimmt, seine Arbeitsweise aber einen Gegensatz zu seiner Lebensphilosophie bildet, da doch seine Arbeit auf die letzte, die endgültige Form seiner Steine zielt.

Wenn ich diesem Bildhauer bei der Arbeit zuschaue, fällt mir auch ein, dass Menschen mit einem gezielten Hammerschlag, der jeder seine bestimmten Konsequenzen hat und auf das Vollkommene sich richtet, immer Männer sind. Denn Männer pflegen sich ein Bild von den Dingen zu machen, die sie schaffen wollen. Sie machen sich ja auch ein Bild von sich selbst, sie machen sich Bilder auch von uns, den Frauen. Wir sollen so und so sein, damit wir ins ganze Geplante passen.

Wir aber, auf unserer Seite, passen längst nicht mehr in diese Bilder. Wir füllen sie nicht mehr aus, seit wir angefangen haben, uns selber zu sehen. Seit wir versuchen, unsere Situation einzusehen als das andere, das von den Männern bestimmte Geschlecht. (Haben die Männer inzwischen bemerkt, was passiert ist?) Ob es uns selber je gelingen wird, nicht mehr Objekte, nicht mehr Instrumente zu sein? nicht mehr die von den herrschenden Männern Eingesetzte im Weltenbau?

Indessen ist die grosse Unruhe über uns Frauen gekommen, wir suchen nach unserer Verwirklichung, nach unserem eigenen Bild. Die tastenden Versuche sind vorläufig ohne Form, wir sind noch nicht sichtbar geworden, auch uns selber nicht. Und unsere Arbeit bleibt geprägt von Vergeblichkeit. Macht es einen Sinn, was wir tun?

Wir sind uns noch nicht bewusst geworden, dass das, was wir produzieren und reproduzieren, alltäglich vernichtet wird. Frauenarbeit ist der Vergeblichkeit ausgeliefert. Wir fangen jeden Morgen neu an. Wo liegt der Sinn, da wir ihn nicht selber gegeben haben, sondern fremdbestimmt sind?

Die Frauenarbeit sei vergleichbar mit der Arbeit des Sisyphos, so meint die Philosophin Brigitte Weisshaupt, nur eine Sisyphos-Arbeit ohne Pathos, da uns das Aufatmen, die Pause des Sisyphos fehlt, nämlich die Zeit, die er braucht, um hinabzusteigen und den Stein von neuem anzuheben. Uns fehlt jedes Ausruhen, also die Distanz zu unserer Arbeit, und somit das Bewusstsein, was sie ist, was sie bedeutet für uns und wer wir selber sind. Eine hoffnungslose Angelegenheit! Wo noch können wir unsere Hoffnungen beziehen? Nun, vielleicht gerade im Unvoraussagbaren, das allein der Spontaneität Raum gibt. Denn das nach Vollkommenheit Strebende ist immer ein Machtstreben, also ein Streben nach etwas Voraussagbarem. Das Voraussagbare aber ist die Allmacht des Menschen, dem alles gelingt. Durch das Gelingen jedoch könnte er sich selber überflüssig machen.

Sieht unser Bildhauer die Gefahr, die heute droht? Dass durch seine Allmacht der Mensch sich überflüssig macht? So wäre das Unperfekte unsere einzige Chance, und es allein gibt uns die Freiheit der Entscheidung. Ich kann mir denken, dass dieser Drang nach Freiheit und Selbstbestimmung, deren Preis das Nichtvollendete wäre, für Richard Zangger Anlass für sein Arbeiten ist.

Was wir nicht sehen wollen, sehen wir nicht

Im November 1971 traf die Nachricht ein, dass die im Frauenhaus der Strafanstalt Regensdorf inhaftierten Frauen – es waren zehn – nach Hindelbank verfrachtet würden, wo sie schlechtere Bedingungen antrafen (erschwerter Kontakt mit den Angehörigen, zum Beispiel). Es stellte sich sofort die Frage der Gleichberechtigung mit den männlichen Gefangenen. Sie lag im Argen.

Von da an richteten wir unsere besondere Aufmerksamkeit auf Hindelbank und den Strafvollzug überhaupt.

Aus der Erkenntnis, dass sich eine Gesellschaft dort spiegelt, wo man Recht spricht, kam der Wunsch, Gerichtsberichte zu schreiben. Seit 1986 erscheinen sie regelmässig unter dem Titel «Menschen vor Gericht/Lämpe» in einer Zürcher Wochenzeitung (in diesem Buch S. 221ff.). Das Schlusswort dazu ist noch nicht entstanden, es ist zu hoffen, dass es nicht endet in einem Satz des Juristen und Schriftstellers Walther Rode, der seine Erfahrungen mit dem k.u.k. Justizmilieu mit dem Satz schloss: «Dass der Zweck der Rechtsprechung nicht die Findung der Wahrheit, sondern die Herstellung der Ruhe ist, werden Narren nie verstehn.»

Gleichberechtigung

Es handelt sich um zehn Frauen, um Frauen im Strafvollzug, also um kriminell gewordene, die eine mehrjährige Strafe verbüssen. «Es sind angeschlagene Frauen», sagt die Fürsorgebeamtin Gertrud Schmid der zürcherischen Schutzaufsicht und meint damit, dass diese Frauen Anspruch haben auf besonders sorgfältige Betreuung. Denn man muss sich um den Strafgefangenen kümmern – so meint es auch der moderne Strafvollzug –, sein Kontakt zur Aussenwelt muss gefördert werden, denn eines Tages kommt der Strafgefangene in diese Aussenwelt zurück und muss sich in ihr zurechtfinden; die Versuche mit der «semiliberté» haben denn auch gezeigt, dass die regelmässige Verbindung des Gefangenen zu seinen Angehörigen und die Wiederaufnahme des Berufes während der Strafzeit die Wiedereingliederung erleichtern.

Diese Erkenntnisse gelten nun offensichtlich für zehn Frauen, die im Frauenhaus Regensdorf sitzen, nicht. Denn die Verlegung der Frauenabteilung der Strafanstalt Regensdorf in die Anstalt Hindelbank – die den zehn Frauen diese Vorteile abwürgen – ist von der Aufsichtskommission der Strafanstalt (einer Männerkommission übrigens) am 17. November beschlossen worden. Vom Umzug nach Hindelbank werden zehn Frauen betroffen, nur zehn, genauso viele, wie am kommenden Montag, unter Blumen wahrscheinlich, in den Nationalratssaal in Bern einziehen werden. Doch die zehn in Regensdorf zählen nicht. Dass ihnen Stimme und Recht in der Mentalität ihrer männlichen Umgebung entzogen wurden, liest sich ebenfalls in den Pressekommentaren zum Umzug Regensdorf–Hindelbank, welche die praktischen Überlegungen wiedergeben – Unterbelegung von Hindelbank –, nicht aber davon reden, welches die Konsequenzen für die zehn Frauen selbst sind. Nur die bange Frage wird angehängt, wer denn nun wohl die Wäsche der männlichen Strafgefangenen in Regensdorf waschen werde. Diese Frage nämlich scheint noch ungelöst. Gelöst hingegen ist die Frage, was mit den sieben andern Insassinnen der Frauenabteilung Regensdorf geschieht, die nur Strafen bis zu sechs Monaten zu verbüssen haben: sie werden auf die verschiedenen kantonalen und Bezirksgefängnisse verteilt, wo – der Gedanke ist nicht aus der Luft gegriffen – es auch Wäsche zu waschen gibt und wo in den

Küchen bezahlte Hilfen rar geworden sind. In männlichen Gedanken sind strafgefangene Frauen Dienstmädchen.

Es brauchte die Fürsorgebeamtin Gertrud Schmid, welche auf die unliebsamen Konsequenzen hinwies, die ein Umzug von Regensdorf nach dem bernischen Hindelbank für zehn Frauen nach sich zieht. Die Zürcher Frauenzentrale schrieb einen Brief an den Vorsteher der Direktion der Justiz des Kantons Zürich, Regierungsrat Bachmann, in dem sie sich dagegen wehrt, dass die Konkordatsbestimmungen, denen sich der Kanton Zürich verpflichtet hat (nämlich für die Zuchthausstrafen und Gefängnisstrafen, soweit nicht kantonale oder Bezirksgefängnisse in Frage kommen, das Frauenhaus der Strafanstalt Regensdorf zur Verfügung zu stellen), nun übergangen werden. Der Brief nützte nichts.

Nach der Meinung der Zürcher Schutzaufsicht ist die Frauenabteilung Regensdorf zwar kein idealer Aufenthalt (die hygienischen Verhältnisse in Hindelbank sind besser), aber es war dort eine Betreuung im kleinen Kreis möglich. Wer die Abteilung einmal besucht hat, ahnt, dass die Atmosphäre des Hauses, oft als Kaffeekränzliatmosphäre abgetan, in ihrer schier klösterlichen Ruhe doch so etwas wie eine Heimat für «Angeschlagene» sein konnte. Sie wurde von Freigewordenen wieder aufgesucht.

Es ist ein Entgegenkommen gegenüber Bern, die zehn Regensdorferinnen nach Hindelbank zu bringen. Keiner fragt: Wie oft wird eine Betreuerin aus der Ostschweiz Zeit finden, ihre Schutzbefohlene zu besuchen? Wann wird sich ein Familienmitglied aus dem Bündnerland zu einer Reise nach Hindelbank aufmachen? Wird nicht auch die Wiederaufnahme eines Berufes, der in der Nähe einer Stadt, wo man anonym bleibt, möglich ist, von Hindelbank aus zur Farce? «Man verlocht sie im Kanton Bern», sagt Gertrud Schmid traurig.

Es handelt sich um zehn Frauen, straffällig gewordene Frauen. An ihnen wird die Mentalität eines Männerstaates hemmungslos geübt: es zählt nur ihre Dienstmädchenfunktion. Im Gegensatz zu den zehn Frauen, die am Montag als Nationalrätinnen nach Bern reisen. Ihnen gehören die Blumen von Männerseite, denn diese Frauen sind gleichberechtigt.

Hinter Mohnblumen

Im Telefonbuch stehen sie unter A, die «Anstalten in Hindelbank», kein Buchstabe verrät Strafanstalt oder Frauengefängnis. Diskret also und schonend hinter Mohnblumen scheint im Schloss Hindelbank der Strafvollzug für Frauen vor sich zu gehen. Denn auch Gefängnismauern sind längst niedergerissen, Areale sind zu betreten, Zellentrakte, mit Erlaubnis, zu besichtigen. Und einem Bericht über die Bedingungen, unter denen Straffällige ihre Strafe verbüssen, fehlt das Odium der Sensation.

Wir interessierten uns selbstverständlich nicht nur dafür, wie aus einem der grössten schweizerischen Barocklandhäuser des 18. Jahrhunderts mit der Zeit eine Korrektionsanstalt für Frauen wurde, sondern wir wollten wissen, wie es mit der modernsten Einrichtung der heutigen Anstalt steht, mit der Abteilung für Frauen und ihre kleinen Kinder. Wie die Abteilung in den Augen der Leitung funktioniert, ist im Jahresbericht und in der Grobauszählung statistischer Angaben nachzulesen, aber wer erfahren möchte, wie die Probleme für eine Mutter im Strafvollzug und für das Kind einer solchen Mutter sich stellen und ob etwas getan wird, sie anzugehen, der muss scharf beobachten und sich Schritt um Schritt vortasten. Folgen wir unvoreingenommen den Beobachtungen der Berichterstatterin; es ist wichtig, sie zur Kenntnis zu nehmen, denn diese Mütter werden nie in der Lage sein, sich für sich oder ihre Kinder zu wehren, auch nachher nicht.

Hindelbank übrigens ist der Ort für alle straffällig gewordenen Frauen aus der ganzen Schweiz, die eine Gefängnisstrafe von mehr als drei Monaten zu verbüssen haben. Wegen Unterbelegung von Hindelbank sind andere Strafanstalten aufgehoben worden, einzig im Tessin gibt es noch eine kleine Frauenstrafanstalt.

Als 1971 beschlossen wurde, die Frauen des ostschweizerischen Konkordates, die im Frauenhaus von Regensdorf ihre Strafe absassen, nach Hindelbank zu verbringen, reklamierten wir. Damals hatte die Juristin Dr. Gertrud Heinzelmann mit Einverständnis der Frauenzentrale Zürich eine Beschwerde wegen gesetzwidrigen Vorgehens an den Bundesrat eingereicht und zugleich eine Eingabe mit dem Antrag, dass im ostschweizerischen Konkordat eine Frauenstrafanstalt geschaffen werden müsse mit der Möglichkeit zur Durchführung der Halbfreiheit. Es ist unmöglich, hier das Hin und Her der feingesponnenen juristischen Auseinandersetzungen überhaupt nur anzudeuten. Sie erstrecken sich nun über fünf Jahre.

Was indessen ist mit den Frauen, die nicht mehr in Regensdorf, sondern in Hindelbank sitzen, passiert? Damals waren es zehn, heute sind es zwischen acht und zehn. Wie auf Anfrage die Justizdirektion des Kantons Zürich mitteilt, gehe es recht gut mit den Frauen in Hindelbank. Wer gäbe da schon eine andere Antwort? Die Frauen in Hindelbank sind nicht zu befragen, und die Anstaltsleitung, mit allen Vollmachten ausgestattet und dementsprechend gefürchtet, sieht keine Schwierigkeiten. Nur, und diese Auskunft fügt die Justizdirektion an, sei es mit der durchgehenden Betreuung etwas schwieriger geworden, das jedenfalls hätten die Sozialarbeiterinnen zu bemerken. Also genau das, was 1971, bei der Verfrachtung der «Regensdorferinnen» ins Bernbiet, zu befürchten war: Der Kontakt mit den Betreuern und der Kontakt mit den Angehörigen ist erschwert worden.

Mich beeindruckt am meisten die Isolation inhaftierter Frauen. Sie scheint total. Im Lauf der letzten Jahre nun aber hat der Strafvollzug des Kantons Zürich mit der Einrichtung der durchgehenden Betreuung die Isolation energisch bekämpft, denn sie beginnt im Untersuchungsgefängnis und bereitet schon hier eine spätere Resozialisierung vor. Erfolge sind vorhanden, Probezeiten werden bestanden. Diese sorgfältige Begleitung fehlt den inhaftierten Frauen des Schlosses Hindelbank hinter den Mohnblumen.

Protokoll eines Falles

Unter dem Titel «Jordanierin starb in der Strafanstalt Hindelbank» wurde am 17. September 1976 im «Tages-Anzeiger» mit der Kursivzeile «Hindelbank, 16. Sept. (DDP)» gemeldet: «In der Strafanstalt Hindelbank BE ist eine 48jährige Jordanierin gestorben, die Mitte August zur Verbüssung einer dreimonatigen Gefängnisstrafe eingewiesen worden war. Wie der kantonale Informationsdienst am Donnerstag in Bern mitteilte, starb die Frau bereits am vergangenen Samstagvormittag.» Die Fortsetzung dieser Meldung – dass Arzt und Untersuchungsorgane nichts Ungewöhnliches festgestellt hätten, dass die Frau an Asthmabronchitis gelitten habe und stark belastet gewesen sei durch die Trennung von ihrer in Italien lebenden Familie und dass die Leiche ins Gerichtsmedizinische Institut in Bern übergeführt worden sei – finden Sie in diesem Magazin.

Wie kam es dazu, dass das Magazin dem nicht ungewöhnlich Scheinenden nachspürte und sich für die Akte der Jordanierin mit dem sehr gewöhnlichen Namen Hussein interessierte?

Einen Monat nach der offiziellen Todesanzeige durch die Berner Behörden schmuggelten Gefangene der Strafanstalt Hindelbank zwei handgeschriebene Briefe aus dem Gefängnis. Die Briefe wurden an die Redaktion geschickt, sie waren eine Reaktion auf die Reportage über die Strafanstalt Hindelbank; sie enthielten Hinweise und Berichtigungen, die sich auf den Artikel bezogen, und, als Hauptinhalt, ein Protokoll der Ereignisse vor und nach dem Tode der Mitinsassin Rasmieh Hussein. Die Briefe waren mit «Die Gefangenen von Hindelbank» unterzeichnet, und sie forderten, sich auf den Tod Rasmieh Husseins stützend, die Absetzung der Gefängnisleitung sowie eine von «draussen» kontrollierte, verbesserte ärztliche Betreuung.

Die in den Briefen niedergelegten Anschuldigungen liessen uns aufhorchen, und sie veranlassten uns, dem Tod einer Unbekannten nachzugehen. Hier das Resultat der Recherchen, protokollartig aufgeschrieben unter dem Titel «Am 11. September war ihre Zelle geschlossen». Es war nicht leicht, Informationen über den «Fall Hussein» zu bekommen; unsere Beauftragten suchten sie mühsam zusammen. Da alle Informanten in irgendeiner Weise im Strafvollzug tätig sind, baten sie uns, ihre Namen nicht zu nennen; sie befürchten nämlich, dass die Schwächsten unter ihnen bestraft werden könnten, nämlich die gefangenen Frauen, welche die Briefe schickten. Repressalien, die ergriffen werden könnten, wären Besuchs- oder Urlaubssperre oder eventuelle Verweigerung des Straferlasses des letzten Drittels.

Aus Platzgründen konnten wir die Schriftliche Anfrage der Berner Grossrätin Ruth Hamm vom 15. November und die schriftliche Antwort des Regierungsrates vom 5. Januar 1977 nicht im Wortlaut abdrucken. Aber zu seiner Bemerkung, Frau Hussein sei in der Strafanstalt «intensiv betreut und behandelt» worden, nur so viel: Die Nachprüfung der vom Regierungsrat angegebenen Daten ergab, dass es sich bei den Konsultationen vom 17., 24. und 31. August sowie vom 7. September immer um einen Dienstag handelte, an dem die Frauen regulär vom Anstaltsarzt betreut werden. Am Dienstag findet jeweils zwischen 16.00 und 18.00 die Sprechstunde für die durchschnittlich 20 Krankgemeldeten statt.

Das Stillewerden in der Zelle der Jordanierin Rasmieh Hussein? Die grosse Unruhe dieser Frau hatte zuvor die Mitinsassinnen gestört. Aber durch die Mitteilung, «sie (Frau Hussein) bekäme jetzt eine Spritze, dass wir andern Ruhe hätten», beschwichtigte sie nicht. Und dann schreckte sie die Stille völlig auf, sie riskierten eine Aktion.

Wortmeldung: schöne grüne Matten

Was bewirkt was? Wohin fallen die Worte? Hat Geschriebenes Folgen? Verursachen Petitionen, Interpellationen und Kleine Anfragen in einem Parlament überhaupt etwas, versanden Beschwerden über Behörden, oder werden sie so zur Kenntnis genommen, dass eine Überprüfung tatsächlich stattfindet?

Wieder einmal ist im Magazin vom Fall der Jordanierin Rasmieh Hussein die Rede (sie hatte im Juli 1974 in einem Laden 300 Franken entwendet, wurde deswegen im April 1975 im Abwesenheitsverfahren zu drei Monaten Gefängnis verurteilt und für drei Jahre des Landes verwiesen, sie wurde dann 1976 in der Schweiz festgestellt, ins Gefängnis eingewiesen, nach sechs Tagen in die Frauenstrafanstalt Hindelbank überführt, und sie ist dort am 11. September 1976 in ihrer Zelle gestorben). Ihr bis heute unaufgeklärter Tod hat ihre Mitinsassinnen erschreckt und veranlasste sie, die Öffentlichkeit zu orientieren. Die Frage nach dem Verschulden wurde gestellt.

Was danach geschah und nicht geschah, lesen Sie es bitte nach im genau zusammengestellten Bericht der Juristin Gertrud Heinzelmann. Eine mühsame Lektüre, zugegeben, es war aber auch mühsam, die Vorgänge – Anfragen und beantwortende Stellungnahmen – nach streng juristischen Kriterien zu ordnen und übersichtlich darzustellen, ohne je auszubrechen in einen Schrei der Ohnmacht über parlamentarische Vorstösse, über das Vergebliche journalistischer Bemühungen.

Ein Editorial hingegen darf ausrufen, darf Verdacht schöpfen, darf Vermutungen aussprechen, empfinden, was der Leser empfindet, wenn er die Geschichte der Jordanierin und ihres Todes in der Zelle im Schloss Hindelbank verfolgt und das, was dieser Tod auslöste.

Ja, es ist wahr, alles fand statt, die Fragen nach dem Verschulden, die parlamentarischen Vorstösse, die Bitte um Kontrolle, das Einsetzen einer Untersuchungskommission, die Antwort des Bundespräsidenten. Aber es ist ebenso wahr, dass im Grunde nichts stattfand. Auf den Kern der Sache ist man nie gekommen. Denn auf der einen Seite ist die installierte Macht, auf der andern Seite die Ohnmacht der Frauen in der Strafanstalt und die Ohnmacht derjenigen, die ihnen helfen wollen. Alles läuft seine demokratischen Wege, anscheinend, aber sobald am Machtgefüge gerüttelt wird, werden alle Möglichkeiten eingesetzt, das Rütteln abzuwehren. Denn im Kanton Bern kennt man sich, die obern Herren haben eine gute telefonische Verbindung, man duzt sich, es ist Tradition, das Gekläffe von Aufsässigen zu «gschweiggen». Denn jedes Establishment hält zusammen, kein Establishment war je bereit, irgendwelche Fehler anzuerkennen. Das Prinzip gegenseitiger Deckung funktioniert perfekt.

Kommt hinzu: Das Prestige des Politikers ist es, gute und gängige Ware auf den Markt zu bringen. Frauen und Strafvollzug sind keine gängige Ware. Der Bildungsnotstand unter den Eingesperrten in Hindelbank, wo, im Gegensatz zu den Männerstrafanstalten, nicht für eine Wiedereingliederung gesorgt wird, das ist kein Thema, da macht man sich nur unbeliebt. Deshalb:

Von den Angstzuständen der eingesperrten Rasmieh Hussein will man nichts hören – «eine genaue Dokumentation haben wir eigentlich nicht, weil der Befund fehlt» –, auch davon nicht, dass ihre Mitinsassinnen geplagt wurden, weil sie über die Jordanierin berichteten. Ein Grossrat aus dem Amt Burgdorf hingegen, der nachprüfen soll, wie es in Hindelbank aussieht, singt aufgrund eines einmaligen Besuchs dort das Lob der wunderbaren Anlage mit schönen grünen Matten zwischen den Gebäuden.

Wir werden nicht aufhören, von Rasmieh Hussein zu erzählen, der Jordanierin, Mutter von acht Kindern, 300 Franken gestohlen, krank, nicht haftstehungsfähig, unserer Sprache nicht mächtig, einsam in der Zelle der schweizerischen Frauenstrafanstalt gestorben.

Mauern und Ruhe und Ordnung

Es gibt Dinge, die wir ungern zur Kenntnis nehmen, weil Unangenehmes damit verbunden ist. Zum Beispiel sehen wir schon, dass in letzter Zeit in unseren Städten und vor allem in unserer Landschaft Gefängnisse neu gebaut wurden, wir hören, dass darin Trakte eingerichtet werden, die Hochsicherheitstrakte heissen und höchste Sicherheit garantieren. Aber Gefängnismauern bleiben für uns Gefängnismauern, wir schirmen uns ab mit dem Gedanken: Sie sind ja doch notwendiger denn je in unserer gefährdeten Zeit, die Mauern, die Trennscheiben aus Panzerglas zwischen dem Inhaftierten und seinem Anwalt, die Drahtverhaue um Gerichtsgebäude bei «gefährlichen» Prozessen. Was hinter den Mauern geschieht, interessiert uns schon gar nicht. Sitzt einer im Gefängnis – auch wenn es sich um Untersuchungshaft handelt und ein Häftling als unschuldig zu gelten hat, bevor seine Schuld bewiesen ist –, flüchten wir uns in den Satz: «Umsonst werden sie ihn wohl nicht eingesperrt haben!»

Zwar wurde in den letzten Jahren bei uns viel über den Strafvollzug geschrieben. Er gilt als modern, das Wort «Wiedereingliederung» ist jedem geläufig. Isolationshaft, die schwere Schäden verursacht, wurde in den Zeitungen warnend erwähnt.

Aber Mauern bleiben Mauern, je dicker und höher, um so besser. Uns, die Öffentlichkeit, geht es nichts an, was dahinter geschieht. Noch werden die Folgen langandauernder Einzelhaft nur in Zeitschriften von Fachleuten behandelt; die vielen Selbstmorde in den Zellen (die Schweiz ist da zahlenmässig in Führung) werden einstweilen in Dissertationen untersucht; die wissenschaftliche Arbeit eines Psychiaters, die nachweist, dass in schweizerischen Gefängnissen zwar körperliche Grausamkeit vermieden wird, aber die durch lange Isolation bewirkte seelische Grausamkeit als Folter bezeichnet werden kann, wird in einer ausländischen Zeitschrift publiziert.

Menschenrechte hinter Gefängnismauern? Das fehlte noch, denken wir, Übeltäter sollen bestraft werden und wir vor ihnen geschützt. Das Motto «Wer mault, soll eingehen», liegt uns näher als das Gefasel von menschenwürdiger Behandlung. Wir müssen es aber wissen, was vorgeht – sonst verfallen wir dem unheilvollen Schema von Rache und Vergeltung. Die Realität der Haftsituation ist einzusehen.

Das Folgende ist ein Versuch, an einem Fall Wirklichkeit aufzuzeigen. Aufzuzeigen auch, wie undifferenziert oft Berichterstatter gegenwärtigen Klischees verfallen, vorschnell Wörter wie «Terroristen» und «Terror» (aus Angst davor?) benützen und dadurch Tatsachen übersehen.

Ich ging auch dem Fall Walter Stürm nach, der im vergangenen Sommer und Herbst Schlagzeilen machte. «Warum ausgerechnet einen so unsympathischen Fall herbeiziehen, um aufzudecken, was aufzudecken höchst notwendig ist», so urteilte ein Kollege. Auch dies, scheint mir, ist Abwehr, wenn auch subtiler Art. Sind Kriminalfälle sympathisch? Sollen sich Rechtsanwälte als Strafverteidiger nur für diejenigen Klienten einsetzen, die uns in den Kram passen? Man könnte ebenso fragen: Warum schreiben Schreiber nicht nur über sympathische Themen? Zum eigenen Behagen und zum Komfort aller Leser? Der Verdacht liegt nahe, dass hier das Wort «sympathisch» als Synonym für «günstig» verwendet wird, das heisst konfliktlos mit den herrschenden Machtverhältnissen.

Zwei Briefe eines Häftlings, die in meine Hände kamen. Der Häftling ist Walter Stürm, aber vorläufig kenne ich ihn noch nicht. Beide Briefe undatiert, der erste ist oben links bezeichnet mit «Walter Stürm, Champ-Dollon» und lautet:

Liebe B...

ich hoffe, Du nimmst es mir nicht übel, dass ich Deinen Brief so lange nicht beantwortete. Es kam einiges zusammen, das mich das Zurückschreiben immer wieder hinausschieben liess. Da war einmal die Tatsache, dass alle meine Briefe sehr genau durchgelesen wurden, hätte ich also z. B. geschrieben, mir gehe es mies, dann hätten die vermutlich gedacht, es sei nun der Moment gekommen, wo ich leicht angreifbar sei usw. Man sagt in so einer Situation leicht viel über sich selber aus, wenn man nicht ganz sterile Briefe schreibt. Dazu kam, dass zu der Zeit, als ich Deinen Brief erhielt, einiges lief, auf das ich mich voll konzentrieren musste, ich war also ziemlich blockiert.

Dass und wie Du geschrieben hast, hat mich sehr gefreut, Dein Brief war ein richtiger Aufsteller. Wie oft ich ihn gelesen habe, weiss ich nicht mehr, ich habe ihn immer wieder hervorgeholt, wenn es mir so richtig fest gestunken hat, und nun ist er schon ganz zerknittert.

Am 6. März haben mich die Bullen hierher transportiert, der Lausanner Knast war ja mies, aber hier scheint es mir noch schlimmer zu sein. Nachts drehen die Wachteln so alle zwei Stunden in der Zelle das Licht an und schauen rein, das ist ein richtiger Terror, der einen ziemlich fertigmacht. Besonders, wenn man ohnehin schon ausgelaugt ist. Obwohl der Untersuchungsrichter am 6. März für mich Einzelhaft und Einzelspaziergang angeordnet hatte, wurde ich am 11. März in eine Abteilung verlegt, wo ich mit andern zusammen spazieren kann. Erst begriff ich nicht, wie es dazu kam, B. R. hat mir dann aber gesagt, am 8. März hätten viele Leute an den Knastdirektor geschrieben und gegen diese Behandlung protestiert. Solche Proteste scheinen also doch etwas zu nützen, und was noch wichtiger ist, es tut gut, zu wissen, dass man nicht allein steht.

Der zweite Brief trägt weder Datumszeile noch Ort, ist unterzeichnet mit «Ganz herzlich, Walter». Er lautet so:

Liebe B...

mit Deinem Brief hast Du mir eine Riesenfreude gemacht, es stellt mich richtig auf, wie Du schreibst, vielen Dank für den Brief.

Ich hatte in letzter Zeit ziemlich Probleme, das Schreiben wird immer schwieriger, entschuldige also bitte, dass ich Dir erst jetzt und nur kurz antworte.

Hans hat mich am Mittwoch wieder besucht, seine Besuche sind immer ein Aufsteller und tun wirklich gut. Er ist eigentlich der einzige aus der ganzen Verwandtschaft, den ich wirklich mag und schon immer mochte. Irgendwie passen wir beide nicht in diese Familie rein, Hans nicht, weil er ‹falsche› Wertvorstellungen hat, und ich nicht, weil man so etwas nicht tut, wenigstens nicht so offensichtlich. Letzthin habe ich mich einmal erinnert, wie Hans und ich als etwa achtjährige Knirpse auf einem Bretterstapel gesessen haben und uns ernsthaft den Kopf darüber zerbrachen, wer von uns beiden einmal das Geschäft des Grossvaters übernehmen könne. Als ich mir dann vorstellte, welch gute Geschäftsleute wir geworden sind, da musste ich wirklich lachen.

Ich rechne damit, in den nächsten Tagen nach Regensdorf verlegt zu werden, schlimmer werden kann es nicht mehr. nur noch besser.

Der hier als Hans Bezeichnete ist Hans Stürm, Filmemacher. Ich suchte ihn Anfang November auf, er sagte, er sei ein Cousin des inhaftierten Walter Stürm und «Ja, ich hab' den Walter besucht», zum letztenmal Ende August, als Walter Stürm im Hochsicherheitstrakt in Regensdorf war. Er könne mir den Besuch schon schildern, wenn ich wolle.

Natürlich werde man untersucht, bevor man in die Strafanstalt, mit der Besucherlaubnis in der Tasche eingelassen werde, mit so einem

Gerät, nach Waffen, das sei normal. Das Gebäude rechts vom Eingang, ein viereckiger Bau, sei im obersten Stock ausgebaut worden. Hochsicherheitstrakt. Eine total andere Welt! Alles neu gestrichen, im Gegensatz zum veralteten Altbau, zwei Gitter beim Eingang ins Stockwerk, das erste, geöffnet, geschlossen, dann das zweite, geöffnet, geschlossen, Spannteppiche. (Es sind Bodenbeläge, netterweise als Spannteppiche deklariert, eine Verkleidung, heisst es. Einige vermuten: zum Verdecken von Abhörgeräten.) Die Besuchszelle: zwei Zellen, verbunden mit der Trennscheibe aus Panzerglas. Das Fenster ganz hoch oben eingelassen. Schalldicht. Der Besucher Hans Stürm sagt, er habe in den ersten Minuten schier einen Anfall bekommen, weil man seine eigene Stimme nicht höre, und habe verlangt, dass das Fenster geöffnet werde. Das sei nicht erlaubt, sagte der Wärter. Hans Stürm schrie ganz laut, das Fenster müsse geöffnet werden, er halte es so nicht aus. Durch die Trennscheibe sah er seinen Cousin Walter Stürm schlecht, er habe ihm ein Blatt Papier ans Fenster gehalten, auf dem stand: «Entschuldige, ich weiss nicht, wie lange ich es aushalte zu sprechen.» In Regensdorf sind keine Sprechlöcher eingelassen in die Trennscheiben wie zum Beispiel im modernen Gefängnisbau von Pfäffikon, der Ton der Stimmen wird durch ein Gitter, das im Sims, an dem man sitzt, eingeschweisst ist, in die andere Zelle hinübergeleitet. Die Situation ist also so, dass man, um verstanden zu werden, den Kopf über das Gitter beugen muss und den andern, auf der andern Scheibenseite, beim Sprechen nicht ansehen kann. Mühsam, unmenschlich. Worüber soll man sprechen? Man wisse nie, worüber zu reden sei, was sich nicht etwa nachteilig für den Besuchten auswirke. «Los, Walter, es kommt etwas», berichtet Hans Stürm, um seinem Vetter zu sagen, dass sein Fall nicht versande, dass er, die andern, die Aussenwelt, dran seien. Nach zehn Minuten mühsamen Austausches sieht beim Aufschauen von der Sprechsituation Hans Stürm den Walter Stürm nicht mehr. Er ist auf den Boden gesunken, liegt ausgestreckt unten. Alarm, Wärter mit Bahre, der Bewusstlose wird hinausgetragen. Bald kommt der Bescheid: «Es ist sein Schwächezustand» und: «Er wird medizinisch gut betreut.» Hans Stürm geht nach Hause.

Es ist Hans Stürm ein Anliegen, zu betonen, dass die Wärter nett waren, dass Walter immer ein gutes Verhältnis zu seinen Wärtern hatte. Dass die Wärter anscheinend ebenfalls leiden unter diesem Neubau, dass sie der Meinung sind, ein Gefängnis müsse Fluchtwege haben, diese totale Einsperrung, diese totale Sicherheit steigere die Aggressionen, sie, die Wärter, sähen darin eine Gefährdung ihres Berufs, eine persönliche Gefährdung auch. (Übrigens: Flucht aus der

Haft wird nicht als Straftat eingestuft, sondern als disziplinarisches Vergehen.)

Ich frage Hans Stürm, ob er als Bub wirklich auf einer Bretterbeige gesessen sei zusammen mit Walter? Ja, zwei Familien mit gleichem Namen, beide fünf Kinder. Hans gleichaltrig wie Walter. Der eine aus der Familie der Eisen-Stürm, der andere aus der Familie der Holz-Stürm. Bei Walter habe die Tradition aufgehört, dass Stürm-Nachkommen ins Kollegium nach Disentis oder Appenzell geschickt werden. Walter sei schon immer als Taugenichts bezeichnet worden und sei aus disziplinarischen Gründen dann aus der dritten Sekundarschulklasse geflogen. Dann Lehre als Autospengler. Nicht so wie der älteste Bruder, ein Streber, heute grosser Direktor. Als Knirps: «Dem Walter fiel immer wahnsinniges Zeug ein, aber er war der beste Copain, den ich je hatte, man konnte auf ihn zählen, Walter ist immer solidarisch.» Die Straftaten seines Cousins kennt Hans Stürm nicht genau, oder er sagt sie nicht. Das Auto sei zur Leidenschaft geworden, er sei in Autoschiebereien geraten. Aber eine Knarre sei nie im Spiel gewesen. «Walter war nie gewalttätig.» Diesen selben Satz hörte ich vom Anwalt, vom Psychiater, vom Arzt des Inhaftierten. Die Polizei hingegen hatte ihn, als er 1976 aus der Strafanstalt Regensdorf ausbrach, als «nicht ungefährlich» bezeichnet. Walter Stürm versuchte, während seiner Haftzeit – er ist zu 8½ Jahren Haft verurteilt und hat heute davon etwa die Hälfte abgesessen – viermal auszubrechen. Das erstemal gelang ihm das Davonlaufen aus der Untersuchungshaft in St. Gallen. Er ging nach Hause, um seinen Pass abzuholen, schnitt dann der Mutter rücksichtsvoll noch die Telefonleitung durch, damit sie, wie er ihr liebenswürdig sagte, einen guten Beweis dafür habe, dass sie die Polizei nicht habe verständigen können. Nach einer Pause fügt Hans Stürm langsam und traurig hinzu, diese schier lustigen Geschichten passten heute nicht mehr zu Walter. Er sei total verändert, total fertig, kaputt und krank. «Wie könnte ich noch für seine Harmlosigkeit garantieren?»

Am 31. Oktober 1980 finden wir in der «Basler Zeitung» ein halbseitiges Inserat: Sofortiger Haftunterbruch für Walter Stürm. Darunter die Zeilen:

«Walter Stürm ist in akuter Lebensgefahr. Er ist im Hochsicherheitstrakt der Strafanstalt Regensdorf interniert. Seit Monaten bemühen sich zahlreiche Personen, vorab in Zürich, um einen lebensrettenden Haftunterbruch. Mit folgendem offenen Brief fordern 80 Basler (Volksvertreter, Ärzte, Psychiater, Juristen, Professoren etc.) noch einmal mit allem Nachdruck den sofortigen Haftunterbruch für Walter Stürm.» Unterschrift: «Komitee Haftunterbruch für Walter Stürm».

Der ausführliche Text beginnt mit den Sätzen: «Seit einigen Jahren sind die Haftbedingungen in schweizerischen Gefängnissen, insbesondere die Isolationshaft, ins Kreuzfeuer der Kritik geraten. Zu Recht, wie wir meinen. Zu viele Gefangene haben unter den herrschenden Bedingungen den Tod gefunden. Mindestens 67 in den letzten fünf Jahren.

Wir warten nicht auf den nächsten ‹Selbst›-Mord!»

Und dann in allen Einzelheiten, wie es dazu kam, dass von ärztlicher Seite ein Haftunterbruch für Walter Stürm gefordert wurde. Das Inserat ist als «Offener Brief an die Justizdirektion des Kantons Zürich, Postfach, 8090 Zürich» gerichtet. Soviel aus Basel.

In Zürich war schon am 28. Juni 1980 im «Tages-Anzeiger» das Inserat «Wir warten nicht auf den nächsten ‹Selbst›-Mord» erschienen, das die Behörden aufforderte, die Isolationshaft, der der Häftling Walter Stürm unterzogen wurde, aufzuheben, da er in diesem Haftregime «psychische Veränderungen» durchmachte, «welche ihn nahe an einen Zustand von geistigem Zusammenbruch und beinahe in den Selbstmord trieben». Im Inserat wurde die Kritik von Amnesty International an der Isolationshaft in der BRD abgedruckt mit dem Hinweis, dass diese Kritik auch schweizerische Verhältnisse betreffe. Die Unterzeichneten forderten – im Sinne von Notmassnahmen – folgendes:

– Öffnen der Zellen während des Tages und in dieser Zeit freie Kommunikation unter den Gefangenen, auch samstags und sonntags
– Abschaffung der Sprechverbote im Haus und beim Spaziergang
– Abschaffung der Sicherheitsblenden und Milchglasscheiben
– Abschaffung der Trennscheiben bei Besuchen
– Freier Zugang zu allen Medien
– Schaffung von gemeinschaftlichen Arbeits-, Ess-, Sport- und Aufenthaltsräumen.

Die Namen der Unterzeichneten zeigen, dass es sich nicht um eine kleine Protestgruppe handelt, sondern dass Leute, die Einblick haben in Haftsituationen, Ärzte, die unheilbare Schäden an den isoliert Gehaltenen feststellten, in tiefer Sorge zu diesem Mittel des Inserats griffen, um die Justiz auf die Folgen ihres Tuns mit allem Nachdruck aufmerksam zu machen.

Am 23. August 1980 finden wir ein zweites Inserat im «Tages-Anzeiger». Unterzeichner und Unterzeichnerinnen fordern: «Sofortiger Haftunterbruch für Walter Stürm!» Der Text fängt an mit den Sätzen: «Die zerstörerischen Haftbedingungen in der Schweiz sind seit Jahren Gegenstand öffentlicher Auseinandersetzungen. Ein jüngstes Beispiel dafür ist die lebensbedrohliche Situation von Walter Stürm, dessen

Gesundheit und Leben aufs äusserste gefährdet sind.» Und dann die beiden Schlusssätze, wieder in Fettdruck:

«Wir fordern sofortigen Haftunterbruch für Walter Stürm – ohne Umwege über die Institutionen der Psychiatrie!

Die geschilderte Situation ist nur eine von vielen. Deshalb müssen die Behörden gezwungen werden, ihre Politik der Isolation, welche durch ‹moderne› Hochsicherheitsgefängnisse noch verstärkt wird, aufzugeben.»

Hatte die Kampagne also offensichtlich keinen Erfolg gehabt? Was ist in der Zwischenzeit, zwischen dem 28. Juni und dem 23. August, geschehen? Erstaunlich vor allem die Forderung eines Haftunterbruchs «ohne Umwege über die Institutionen der Psychiatrie»; dabei finden wir bei den Unterzeichnern des Inserats mehrheitlich Psychiater und Psychoanalytiker. Der kurze Text des Inserats zählt auf, was passierte, dass es schliesslich zu diesem heftigen Protest auf dem Inseratenweg kam.

Ich wollte aber mehr wissen über Expertisen und Gegenexpertisen am Beispiel eines Walter Stürm, über die Praxis der Gutachten, über Bunkerstrafen, also Verschärfung der Haftbedingungen, und wie es zum Satz kam: «Heute ist er (Walter Stürm) nur noch ein menschliches Wrack, psychisch und physisch am Ende.»

In Kürze zur Orientierung, wie es zum Protestinserat kam:

Walter Stürm wird seit dem Mai 1978 in strengster Isolationshaft gehalten. Sein Gesundheitszustand verschlechtert sich rapid. Die zuständigen Ärzte des Gefängnispsychiatrischen Dienstes fordern im Februar 1979 für Walter Stürm Bedingungen, wie sie im normalen Strafvollzug üblich sind. Und sie lehnen, sollte die spezielle Isolation fortbestehen, die Verantwortung für den Gesundheitszustand ab. Walter Stürm flüchtet. Nicht nur Menschen, die Walter Stürm nahestehen, sondern auch Ärzte sagen: Er entzog sich dadurch der weiteren psychischen und physischen Zerstörung. Wieder verhaftet wird Walter Stürm im November 1979. Sein Haftregime wird verschärft: zunächst durch eine Bunkerstrafe im Gefängnis Bois-Mermet in Lausanne (Entzug der Kleider, Schuhe, der Brille, die Zelle im Keller ist feucht). Dann im Gefängnis Champ-Dollon in Genf und dann im Supersicherheitsgefängnis in Pfäffikon, Kanton Zürich, untergebracht, anschliessend im Hochsicherheitstrakt in Regensdorf. Mitte Juni beauftragt die Justizdirektion den Gefängnispsychiatrischen Dienst, Walter Stürm zu untersuchen. Dieser wird in einem Bericht vom 7. Juli als haftstehungsunfähig erklärt: Haftunterbruch als einzig mögliche gesundheits- und lebenserhaltende Massnahme. Die Justizbehörde ordnet hierauf eine zweite Expertise durch einen andern Psychiater an, desavouiert also ihren eigenen Psychiater. Die Namen: Der erste Bericht wurde von Dr. med. H. Reller, Oberarzt an der Psychiatrischen Poliklinik des Universitätsspitals Zürich, gemacht und ist visiert vom Chef dieser Klinik, Professor Dr. med. H. Kind, der sich seinerseits am 9.2.1979 in einem Brief an Regierungsrat Dr. Bachmann, Justizdirektion des Kantons Zürich, für Walter Stürm in Regensdorf ausspricht. Trotzdem wird Dr. med. Max O. Keller, Oberarzt des Forensisch-Psychiatrischen Dienstes, beauftragt, noch ein Gutachten zu erstellen, das am 29. August der Staatsanwaltschaft zukommt. Die Tatsache, dass dieses Gutachten angeordnet wurde, erregt den Zorn der Fachleute, nicht nur weil der Fall Stürm dadurch hin- und hergeschoben wird, sondern weil die Arbeit von Dr. Reller und auch die von Professor Kind desavouiert wird. Es erscheint das Inserat.

In welch oberflächlicher Weise das Gutachten von Dr. Keller gemacht wurde, davon erfahren wir später. Mich interessierte zunächst, wie Rechtsanwalt Bernhard Gehrig, den ich als versierten und differenzierten Strafverteidiger kenne, dazu kam, seine Unterschrift unter das Inserat zu setzen. Dasselbe fragte ich den Psychiater Ralf Binswanger, Berater des Gefängnisärztlichen Dienstes des Kantons Zürich.

Warum unterschrieben Sie das Inserat vom 23. August, Herr Gehrig?

«Ich habe gehört, dass zwei Berichte oder Gutachten in Sachen Stürm vorliegen. Beide sind von der Justizdirektion in Auftrag gegeben worden, und ich halte es für irrelevant, ob formaljuristisch einmal nur ein Arztbericht, das andere Mal ein Gutachten in strengem Sinne verlangt wurde, nämlich im zweiten Fall der Gutachter auf Straffolgen bei wissentlich falscher Begutachtung aufmerksam gemacht wurde, im ersten Fall aber nicht. Beide Expertisen haben den Charakter von Gutachten.

Das erste Gutachten, oder der erste gutachterliche Bericht, ist gegengezeichnet von einem Professor einer Klinik, nämlich Professor Kind, und enthält die eindeutige Aussage, die Situation des Häftlings sei nicht anders zu retten als durch Haftunterbruch. Die Staatsanwaltschaft hat, wie mir zu Ohren kam, so darauf reagiert, dass sie einen anderen Arzt beauftragte, ein neues Gutachten zu machen, und zwar einen Arzt (Dr. Keller), der sich kurz vorher mit einem Artikel in der Zeitschrift für Strafrecht zu diesem Problem äusserte; dort nahm Dr. Keller eindeutig nicht einen ärztlichen Standpunkt, sondern einen kriminalpolitischen ein, beruhend auf einem sehr ausgeprägten Vergeltungsdenken. Was mich an dieser Situation vor allem störte, ist folgendes: Wenn ich als Verteidiger für meinen Klienten ein Gutachten bekomme, das mit seiner Schlussfolgerung den Standpunkt meiner Verteidigung in keiner Weise unterstützt, versuche ich doch zu begründen, warum dieses Gutachten nicht schlüssig ist. Ich versuche also ein anderes Gutachten zu erreichen, in der Hoffnung, es werde zu einer anderen Schlussfolgerung kommen, einer, die für meinen Klienten günstig ist. In einer solchen Situation wird mir aber die Diskussion immer verweigert. Man geht nicht auf meine Argumente ein, es wird mir bedeutet, das Gutachten sei deshalb schlüssig, weil es von einem Direktor einer psychiatrischen Klinik stamme. Das ist durchgehend der Fall. Diejenigen, die so argumentieren, halten ihr Argument für das einzig richtige und fühlen sich deshalb berechtigt, eine erweiterte Grundlage zur Wahrheitsfindung abzulehnen. Und jetzt ist der Staatsanwalt plötzlich selbst in dieser Situation: Er hat ein Gutachten vor sich, gegengezeichnet von einem Institutsdirektor, das ihm nicht behagt. Was tut er? Er lässt die Argumentation, die dauernd einem Verteidiger entgegengehalten wird, für sich nicht gelten. Muss er ja auch nicht, er ist ja in einer Machtposition. Er kann also einen andern beauftragen, ein neues Gutachten zu machen. Deutlich, überdeutlich wird: Ein Gutachten wird dann akzeptiert, wenn es in die eigene Vorstellung hineinpasst. Ein Gutachten wird gar nicht erst diskutiert, ob es begründet sei oder nicht, schlüssig oder nicht, es ist es nicht, weil es nicht die eigene Meinung stützt. Es kommt also nicht mehr eine Rechtsposition ins Spiel, sondern eine Machtposition. Deshalb unterzeichnete ich das Inserat.

Hinzu kommt: Wenn etwas sehr dringlich ist, dann kann man nicht Expertenmeinungen hin- und herschieben und unausgesprochen das Risiko eingehen, dass während der Abklärung der Patient, den man diagnostizieren sollte, stirbt. Da steckt hinter dem Ganzen eine sehr zynische Haltung.»

Warum unterschrieben Sie das Inserat vom 23. August, Herr Binswanger?

Ich ging mit dieser Frage auch zu Dr. Ralf Binswanger, Psychiater FMH. Er arbeitet in der eigenen Praxis und ist noch Berater des Gefängnisärztlichen Dienstes, den er, als er Oberarzt an der Psychiatrischen Poliklinik des Universitätsspitals Zürich war, mithalf aufzubauen. Eine Zeitlang war er auch Gefängnispsychiater im Bezirksgefängnis Zürich. Er publizierte verschiedene Arbeiten zum Problem langandauernder Untersuchungshaft und zum Thema körperlicher und psychischer Folgen der Einzelhaft.

Dr. Binswanger ist formell nicht vom Arztgeheimnis entbunden; er gibt also über Walter Stürm nur insoweit Auskunft, als er sich auf publiziertes Material stützen kann. Er kennt Walter Stürm nicht persönlich, konnte aber dessen Zustand in den letzten zwei Jahren mitverfolgen.

Ich kenne Dr. Binswanger von einer Pressekonferenz über den Fall Petra Krause, wo er als Fachmann zitiert wurde, der sich gegen Isolationshaft aussprach. Deshalb meine erste Frage: Warum gerade Petra Krause? Warum gerade Walter Stürm? Gibt es nicht Dutzende von andern Menschen, die denselben Haftbedingungen ausgesetzt waren? Solche, die keine Lobby haben?

Ralf Binswanger bestätigt, dass man auch für die andern Kampagnen machen sollte, um die Öffentlichkeit endlich ins Bild zu setzen, was in unseren Gefängnissen passiert. Aber er habe die Erfahrung gemacht, «dass es kaum möglich ist, für das Gros der Gefangenen Kampagnen zu machen. Sobald ein Gefangener Widerstand leistet, politisch bewusst wird, seine Situation denunziert, ist er ungeheuren Repressalien ausgesetzt – und kassiert Repressalien. Er kassiert mehr Leiden als vorher, und dazu braucht es eine politische Motivation. Nur aufgrund einer solchen Motivation und einer scharfen Intelligenz kommen Gefangene überhaupt so weit, dass es möglich ist, an ihnen aufzuzeigen, was mit sehr vielen andern passiert. Wir müssen also über Walter Stürm reden, es geht nicht anders, so wie wir über Petra Krause reden mussten. Denn in solchen Fällen ist es möglich, detailliert zu zeigen, wie Strafjustiz, Gesetzgebung, Haftbedingungen und Psychiatrie zusammenwirken.»

(Diese Aussagen des Psychiaters Dr. Binswanger habe ich auf Band aufgenommen, abgeschrieben, dem Sprecher nachher meine Auswahl gezeigt. Denn das Gespräch erstreckte sich über Stunden.)

Haben Sie, Herr Binswanger, Kenntnis von den Gutachten?

«Ich weiss vom Zustand Walter Stürms, weil ich im Rahmen von Teambesprechungen in der Psychiatrischen Poliklinik und im Rahmen von Supervisionen davon Kenntnis bekam. Es ist klar: In dieser Zeit haben sich drei Oberärzte, unabhängig voneinander, mehr oder weniger intensiv mit Walter Stürm auseinandergesetzt und sind, unabhängig voneinander, zu ganz ähnlichen Beurteilungen gekommen, wie sie im Bericht von Dr. Reller zum Ausdruck kommen.»

Wie sehen Sie als Arzt die Person Walter Stürm?

«Er ist 38jährig. Er entstammt einer Industriellenfamilie aus der Ostschweiz mit einer über viele Generationen sich erstreckenden und für diese Verhältnisse typischen Familiendynamik. Er ist aufgewachsen mit vier Geschwistern und galt als der Dümmste, das heisst der Untüchtigste, von allen. Unter dieser Dynamik geriet er in die Mühlen der öffentlichen Fürsorge und der Justiz. Während es anfänglich um geringfügige Delikte ging, entwickelte sich Stürm im Laufe der Zeit zum Spezialisten im Öffnen von Kassenschränken. Es gelang ihm jeweils, namhafte Beträge zu entwenden, er stiftete Sachschaden und immer wieder, immer wieder der Justiz einen Riesenaufwand. Im Rahmen des Strafvollzugs leistete er zunehmend Widerstand, es ist ja auch bekannt, dass ihm etliche Fluchten gelangen.»

Warum floh er?

«Er leistete Widerstand im Rahmen des Strafvollzugs, zunehmend. Er lernte nämlich, seine hohe Intelligenz richtig einzuschätzen, und wendete sie nun auch an im legalen Kampf gegen die Strukturen der Gefängnisse und der Justiz. So verweigerte er Aussagen in den Verhören, was sein Recht ist, er ergriff für sich – und übrigens auch für andere – alle Rechtsmittel, er publizierte Teile seiner Geschichte im ‹focus›, er politisierte im Rahmen seiner eigenen Gefängniserfahrung, er schloss sich der ‹Aktion Strafvollzug› an. In Regensdorf betrieb er allmählich als Rechtsberater für andere Gefangene eine Tätigkeit, welche der Anstalt, natürlicherweise, einige Schwierigkeiten machte. Seit Juli 1978 untersteht er einem Sonderregime.»

Worin besteht nun genau dieses Sonderregime?

«Strenge Einzelhaft, Spaziergänge nur einzeln, Arbeit einzeln in der Zelle, keine Urlaube, Restriktionen bei Besuchen. Also, ich betone, totale Isolation nicht nur während 23, wie bei der Mehrzahl der Untersuchungsgefangenen, sondern Isolation über 24 Stunden.»

Das Sonderregime wurde nach einem missglückten Fluchtversuch noch verschärft?

«Im Frühjahr 1979 wurde Walter Stürm zum erstenmal in den dritten Stock der sogenannten Sicherheitsabteilung der Strafanstalt Regensdorf verbracht. Die Sicherheitsabteilung ist ein separater Bau.»

Da waren doch früher, bis 1972, die Frauen untergebracht, bis sie in den Strafvollzug nach Hindelbank kamen?

«Ja, jetzt sind dort sogenannte Sicherheitsgefangene inhaftiert, also solche vor der Verurteilung, aber bei abgeschlossener Strafuntersuchung. Dieser dritte Stock der Sicherheitsabteilung wurde im Verlauf des vergangenen Jahres zu einem sogenannten Hochsicherheitstrakt ausgebaut. Er bietet heute Raum für sechs Gefangene, jeder Gefangene hat zwei Zellen zu Verfügung, in der einen wird gearbeitet, in der andern wird geschlafen. Das führt dazu, dass jeder Gefangene links und rechts die Nachbarzelle leer hat, was eine Annäherung an die ‹toten Trakte› in der Bundesrepublik bedeutet. Dann: hochspezifizierte Mittel zum Schliessen, elektronisch überwacht: Flutlicht, Affenkäfig, das heisst volierenartiger Spazierauslauf neben dem Gebäude; es wird einzeln spaziert. Besuche nur in einer separaten Zelle, die mit einer Trennscheibe unterteilt ist. Rauher Bodenbelag, damit die Hunde nicht ausgleiten, wenn irgendwo etwas los ist da oben, wahrscheinlich auch, um Überwachungsanlagen zuzudecken.»

Aber aus diesem Trakt gelang doch Walter Stürm die Flucht?

«Im Juni 1978 war dieser Hochsicherheitstrakt noch nicht so perfekt ausgebaut. Die Flucht gelang ihm mit Hilfe von aussen. Dies, nachdem verschiedene ärztliche Interventionen zur Verbesserung der Haftbedingungen erfolglos blieben. Es bestand kein Zweifel, schon damals, dass sich eine chronisch depressive Entwicklung mit gelegentlichen Zeichen einer Desintegration der Persönlichkeit angebahnt hatte. Deshalb die ärztlichen Interventionen.

Es schien uns damals schon wahrscheinlich: Walter Stürm sollte der Justiz als Testfall dienen, das heisst, gewisse Häftlinge will man eher zugrunde gehen lassen als sie aus Gesundheitsrücksichten aus der Haft zu entlassen. Es wurden angebliche Verbindungen zu den Roten Brigaden ins Feld geführt, es hiess, dass Walter Stürm die Roten Brigaden finanzierte, weil Geldbeträge, die er gestohlen hatte, nicht auffindbar waren.»

Was passierte nach der Flucht Stürms?

«Er wurde im November 1979 im Waadtland wieder verhaftet und kam 35 Tage in die sogenannte mise au secret, das ist eine im Gesetz vorgesehene Kontaktsperre. Sie entspricht ganz genau dem, was das Gesetz in der Bundesrepublik als Kontaktsperre vorsieht, nämlich strenge Einzelhaft, kein Radio, kein Fernsehen, keinen Anwaltsbesuch, keinen anderen Besuch, keine Korrespondenz. Also vollkommenes Abschneiden von der Umwelt. Es wurden Walter Stürm die langen Hosen entzogen, er sass also einige Tage in den Unterhosen da, sämtliche persönlichen Gegenstände hatte er abgeben müssen. Das Bundesgericht hat inzwischen diese Haftbedingungen gerügt. Stürm kam nach Champ-Dollon, dann nach Pfäffikon, wo er einen ernsthaften Suizidversuch unternahm, und landete im inzwischen fertiggestellten Hochsicherheitstrakt in Regensdorf. Das Weitere kennen Sie: Der Zustand Walter Stürms verschlechterte sich, er verfiel einer typischen Isolationskrankheit. Es zeigt sich übrigens international, dass immer mehr Häftlinge dieses isolationsspezifische Syndrom entwickeln.»

Könnten Sie mir dieses Syndrom beschreiben?

«Es ist ein langsamer körperlicher und psychischer Zerfall durch Gewichtsabnahme, es sind variable vegetative Symptome, nämlich Nahrungsunverträglichkeit, psychische Abstumpfung, Antriebslosigkeit, Apathie, Einschränkung der Konzentrationsfähigkeit, Störung der Erfassung komplizierter Zusammenhänge, erhöhte Suggestibilität, Depersonalisationsgefühle und damit verbunden Desintegrationsängste. Der Zustand ist am ehesten vergleichbar mit den posttraumatischen Wesensveränderungen, also mit Persönlichkeitsveränderungen, wie sie nach schweren Hirnverletzungen zurückzubleiben pflegen.»

Entsprechen nun die Gutachten diesem Krankheitsbild?

«Während Kollege Reller dieses in zwei Berichten meines Erachtens korrekt festhielt und den Patienten hafterstehungsunfähig schrieb, kam der durch die Staatsanwaltschaft eingesetzte Gutachter Dr. Keller zu ganz andern Schlüssen. Er stellte nämlich fest, Walter Stürm befinde sich in einer Identitätskrise. Diese beruhe darauf, dass er seine bisherige Rolle als Ausbrecherkönig nicht mehr aufrechterhalten könne, reuig sei und die Strafe absitzen wolle. Zweitens aber habe er von jeher die Tendenz, die strafrechtlichen Konsequenzen seiner Delikte nicht auf sich zu nehmen, deswegen bringe er sich mit tatkräftiger Unterstützung seines Anwalts Rambert absichtlich in einen Krankheitszustand, um von daher unter dem Konstrukt der Hafterstehungsunfähigkeit aus der Haft entlassen zu werden. Es handle sich demnach um einen modifizierten Hungerstreik, modifiziert deshalb, weil keine expliziten Forderungen damit verknüpft seien. Daraus zieht Gutachter Dr. Keller folgende Schlüsse: Da es sich um einen Hungerstreik handle und der Explorand seinen Gesundheitszustand selbst manipuliere, sei ein Haftunterbruch nicht gerechtfertigt. Die Identitätskrise sei für einen Langinhaftierten normal. Sie sei um so schneller zu überwinden, je weniger Aussichten der Betroffene habe, durch Flucht oder auf normalem Weg aus dem Gefängnis herauszukommen. Deshalb müsse er in einem ein- und ausbruchsicheren Gefängnis untergebracht werden.

Ich muss abkürzen: Jedenfalls kommt das Gutachten Dr. Keller zum Schluss, eine akute Selbstmordgefahr liege nicht vor, andererseits würde es sich bei Walter Stürm um einen sogenannten Bilanzsuizid handeln, wenn er doch Selbstmord machen würde: einen Schritt aus der bewussten Erkenntnis heraus, eine Krise nicht anders lösen zu können.»

Sie deuten an, dass dieser Fall Stürm ein Testfall wird, wie verstehen Sie das?

«Ja, ich möchte die Sache in einen grösseren Zusammenhang stellen. Es besteht die Tendenz, neue Gefängnisstrukturen zu errichten, welche mit technischen Massnahmen immer stärker von aussen abgeschottet werden. Unsere Gefängnisse weisen eine Überkapazität auf, so hat zum Beispiel Champ-Dollon bei Genf 300 Plätze, 150 sind belegt. Von 1900 bis etwa 1962 wurde in der Schweiz kein einziges grösseres Gefängnis gebaut, seither schiessen wie wie Pilze aus dem Boden. (Dieselbe Tendenz verfolgen wir im Ausland: Kanada hat 30 Hochsicherheitsgefängnisse, die USA und Frankreich haben Hochsicherheitstrakte.) Die Planungen dieser Hochsicherheitsgefängnisse führt in eine Zeit zurück, wo noch kein Schuss gefallen ist, das trifft in der Schweiz für den Bau von Champ-Dollon, das Amtshaus Bern und für Bostadel zu. Also es werden Gefängnisstrukturen bereitgestellt, und es werden Gefängnisstrukturen juristisch abgeschottet, meiner Meinung nach nicht wegen der Terroristen, sondern weil grosse Krisen, Wirtschaftskrisen, grosse soziale Unruhen vorausgesehen werden. Man braucht Gefängnisse, um mit sozialen Unruhen fertig zu werden. Nach meiner Meinung wird mit Walter Stürm experimentiert. Deshalb habe ich das Inserat unterschrieben.»

Könnten Sie mir zusätzlich noch sagen, was Sie unter juristischer Abschottung verstehen?

«Wir haben von der baulichen Abschottung der Gefängnisinsassen gesprochen, das heisst von der international koordinierten Bereitstellung ‹ausbruchsicherer› Gefängnisstrukturen. Unter juristischer Abschottung verstehe ich eine Änderung der Rechtsprechung, welche darauf hinausläuft, gesundheitlich bedingte Haftunterbrüche praktisch zu verunmöglichen.

Noch im Falle von Petra Krause war es möglich, einen Haftunterbruch zu erwirken, weil dies wegen schwerer Krankheit ärztlich notwendig war. Der Gesundheit und dem Leben der Gefangenen wurde gegenüber dem Strafanspruch des Staates die eigentlich selbstverständliche Priorität eingeräumt. Kurz darauf wurde im Falle einer anderen Gefangenen anders entschieden: Nachdem diese durch einen Universitätsprofessor wegen einer lebensgefährlichen Krankheit hafterstehungsunfähig erklärt worden war, entschieden die Justizbehörden, dass dies kein Grund für einen Strafunterbruch sei. Dies geschah, obwohl die Betreffende kein Sicherheitsrisiko für die Öffentlichkeit darstellte. Das Bundesgericht hat diesen Entscheid sanktioniert. Die

Patientin starb kurz nach Verbüssung von zwei Dritteln ihrer Strafe. Diese neue Rechtsprechung wird nun am Falle Walter Stürm exemplarisch durchgezogen. Deshalb behaupte ich, dass er ein Testfall ist.

Um diese Tendenz – nämlich Überbewertung des Strafanspruchs gegenüber dem Rechtsschutz von Leib und Leben – zu unterstützen, braucht es die Hilfe einer Psychiatrie, welche ihre eigentliche Aufgabe, nämlich Schutz von Leben und Gesundheit, verrät. Auch die zunehmende Kollaboration der Psychiatrie mit diesen Abschottungstendenzen ist ein internationales Phänomen.»

Worin zeigt sich diese Kollaboration der Psychiatrie?

«Einmal darin, dass sich namhafte Psychiater an der Erforschung der Isolationshaft beteiligten. Sie zeigten, dass durch konsequentes Isolieren die Identität der Betroffenen tatsächlich gebrochen werden kann, wodurch sie den Behörden die wissenschaftliche Grundlage für ihr Vorgehen gegen inhaftierte ‹Staatsfeinde› lieferte – handle es sich um notorische Kleinkriminelle oder politisch motivierte Täter. Zweitens wirken sie mit bei der Leitung psychiatrischer Gefängnisabteilungen, welche mindestens teilweise dazu dienen, unangepasste Gefängnisinsassen wieder ‹vollzugsfähig› zu machen. Eine solche Abteilung besteht bereits in der Klinik Rheinau, eine weitere ist im Neubauprojekt der Strafanstalt Regensdorf vorgesehen. Drittens – hier kommen wir auf Walter Stürm und seinen Gutachter Keller zurück – soll der Psychiater in der Arbeit mit dem einzelnen Gefangenen dazu beitragen, dass dieser seine politische Identität aufgibt. Keller kritisiert zum Beispiel die Ärzte des Gefängnispsychiatrischen Dienstes wie folgt: «Aus den Krankengeschichtseinträgen der verschiedenen mit dem Fall befassten Gefängnis-Psychiater geht mit unterschiedlicher Deutlichkeit hervor, dass ein ‹Weichmacher-Effekt› ihrer therapeutischen Bemühungen (das heisst den Patienten dazuzubringen, den Strafvollzug mit allen seinen Unannehmlichkeiten zu erdulden und gleichzeitig ein adäquates Selbstwertgefühl zu entwickeln) mit ihrem ärztlichen Selbstbild schlecht vereinbar wäre.» Das Herbeiführen eines ‹Weichmacher-Effekts› durch Psychiater wird hierzulande selbstverständlich als Gehirnwäsche bezeichnet, wenn es sich in Moskau oder Peking abspielt...»

Brief an eine Ärztin

und zwar an die um 3 Uhr früh am Montag, 4. November 1985, diensttuende Ärztin auf der Notfallstation für innere Medizin des Universitätsspitals Zürich

Zürich, 6. November 1985: Sie heissen Schmid, nicht wahr? Frau Dr. med. Schmid, jedenfalls wurde mir dieser Name von der Auskunft des Spitals genannt; man fragte nicht zurück, warum ich den Namen haben wollte. Die Dame am Telefon dachte wohl, es handle sich um eine Weiterbehandlung oder um den Dank eines Patienten. Oder dachte gar nichts. *Ich dachte dabei an die Patienten, die Ihnen künftig unter die Hände kommen.* Deshalb schreibe ich.

Es wurde Ihnen, Frau Dr. Schmid, in der Nacht vom Sonntag auf den Montag, um ca. 3 Uhr, ein Patient aus Regensdorf vorgeführt – der Strafanstalt, nicht dem Ort –, der über Schmerzen in der Magengegend klagte. Er verspürte starke Schmerzen seit dem Sonntagnachmittag. Der Sanitäter der Anstalt dachte zuerst an Magenverstimmung, als aber die Schmerzen des Inhaftierten nicht nachliessen, verordnete er eine Untersuchung in der Notfallstation des Kantonsspitals, jetzt Universitätsspital. Sie, Frau Dr. Schmid, hatten gerade Dienst. Der Ihnen zugewiesene Patient, seit 4 Jahren in Haft, steht kurz vor seiner bedingten Entlassung, sofern man ihm das Drittel schenkt. Es wäre ihm in den vergangenen Wochen auch Urlaub zugestanden, aber von dieser Möglichkeit hat er nach langer Überlegung keinen Gebrauch gemacht.

(Ob man ihm das Drittel schenkt, bestimmt die Justizdirektion. Der errechnete Entlassungstag ist der 7. November, aber damals, am 4. November, wusste noch kein Mensch, ob dem Inhaftierten das Drittel geschenkt würde und ob er am Donnerstag, 7. November, das Gefängnis würde verlassen können, er wusste es nicht, seine Freunde, die auf ihn warten, wussten es nicht, sein Anwalt wusste es nicht. Erst heute, am 6. November, traf die Nachricht beim Anwalt ein. Es ist zu hoffen, dass man das Entlassungsdatum gleichzeitig dem Gefangenen mitgeteilt hat; wahrscheinlich schon, denn er wird pakken müssen vorher, um die Sachen, die sich in den vier Jahren in seiner Zelle angesammelt haben, Bücher, Briefe, seine Linolschnitte mitzunehmen; und alles und jedes wird ja noch ganz genau kontrolliert werden müssen.)

Von dieser Situation, die bei jedem Menschen erhöhte Spannungen erzeugen, konnten Sie nichts wissen. Es hat Sie wohl auch nicht interessiert, und Sie haben nicht danach gefragt. Sie haben dem Patienten den Magen abgetastet und festgestellt, dass ihm nichts fehlt. Als er Sie nach Tabletten fragte, die er gegen seine Schmerzen vielleicht nehmen könnte, sagten Sie dem Patienten, er werde behandelt, wie jeder andere auch (es ist zu hoffen) und gaben ihm nichts. Nahmen Sie an, es handle sich um einen Simulanten?

Ihr Notfallpatient kam mit acht Begleitern, mit acht Uniformierten, mit acht Polizisten. Ob alle acht ins Behandlungszimmer mitkamen, ist mir nicht bekannt, einer jedenfalls war dabei, als man Ihnen Jürg Wehren vorführte. Der hatte wohl den Schlüssel bei sich. Den Schlüssel für die Handschellen des Patienten. Denn man führte Ihnen J. W. in Handschellen vor. Seine Hände waren zusammengebunden. Vor dem Bauch, den Sie untersuchen sollten, aneinandergekettet. Das beeinträchtigt wohl eine Untersuchung gar nicht, wenn ein Patient die Hände nicht frei bewegen kann? Patienten in Handschellen sind wohl für Sie Patienten in Handschellen, nicht wahr? Da ist nichts zu machen, das ist halt so. Hatten Sie Angst? Haben Sie auch schon etwas davon gehört, dass ein Arzt sich weigern kann, einen Patienten zu untersuchen, wenn eine Begleitung dabei ist? Diese Weigerung ist nichts anderes als ärztliche Pflicht. Aber Sie haben in jenem Augenblick vergessen, dass Sie Ärztin sind. Sie benahmen sich so wie eine Richterin. Und ausserdem eine schlechte Richterin ohne vorherige Verhandlung, ohne Vermutungsdiagnose. Ihr Urteil lautete: Das ist ein Simulant. Sie ergriffen auch flugs eine Sanktion in diesem Patientenfall, nämlich keine Medikamente. Heilen durch Strafe, wäre das Ihre Devise, Ihr ärztliches Credo? Schmerzen kann man auch zufügen, indem man sie nicht verhindert.

Ich empörte mich über Ihre Behandlung von ungefähr drei Minuten Dauer an jenem Montag früh in der Notfallstation für innere Medizin des Universitätsspitals Zürich nicht nur wegen des betroffenen Jürg Wehren, sondern wegen allen zukünftigen Gefangenen, die Ihnen in Handschellen gebracht werden und von Ihnen ärztliche Hilfe erwarten.

P.S. 8. November: Der am 7. November aus der Haft entlassene Jürg Wehren suchte noch am selben Tag die Privatpraxis einer hiesigen Ärztin auf, weil er sich immer noch sehr schlecht fühlte. Die Untersuchung erforderte eine sofortige Einlieferung ins Spital. Dort wurde ein Herzinfarkt festgestellt. Jürg Wehren erlitt ihn am Sonntagnachmittag in der Zelle.

P.S. 9. November: Soeben besuchte ich Jürg Wehren im Spital. Die ihn dort behandelnden Ärzte haben offenbar die Verbindung mit Ihnen aufgenommen, weil Sie ja die erste waren, die den schwererkrankten Patienten sah. Jürg Wehren wusste zu berichten, Sie hätten Ihrer Befriedigung Ausdruck gegeben, dass es ihm gut gehe!

Die andern könnten wir sein. Immer

Sie, die vor den Richter kommen, verurteilt werden, abhocken, das sind diejenigen, die man erwischt hat. Da spricht einer diesen Satz aus und stösst auf Unglauben. Ich doch nicht, denkt da jeder und schaut seinen Nachbarn an.

Ich doch nicht! Das ist immer ein guter Vorbehalt gegenüber straffällig Gewordenen. Es ist ein Mangel an Vorstellungsvermögen und eine krasse Unkenntnis des eigenen Ichs. In solchen Fällen empfehle ich, ein paar Verhandlungen bei einem kleinen Bezirksgericht zu verfolgen, so Bagatellfälle, ein paar Diebstähle, Verkehrsdelikte, ein bisschen Hehlerei, da bessert's dann langsam mit den Vorbehalten. Und mit dem Satz: könnte mir doch nicht passieren! Wer hat nicht schon einmal falsch parkiert? Eine Unkorrektheit im Strassenverkehr begangen? Und ist halt nicht erwischt worden, hat Glück gehabt. Nicht alle haben Glück, und nicht alle sind geschickt genug, sich nicht erwischen zu lassen.

Das Delikt, das der andere begangen hat (bis eben zu diesem Augenblick, wo einer/eine einsichtig wird und denkt «wenn ich es mir richtig überlege, hätte auch ich das gleiche tun können!»), schafft eine schöne Distanz. Man hebt sich ab vom Sündigen. Man ist besser als er. Genau dann möchte ich Sie vor ein Gefängnis mitnehmen, vor irgendwelche Mauern, wo Menschen eingesperrt sind. Im Bernbiet sind sie besonders eindrücklich, Burgen mit dem Berner Bär als Wappen daraufgemalt, dem trutzigen, der mit Unguten schon immer energisch umging. Das wäre der Thorberg in Krauchthal, genannt der Hoger. Weil die Burg, lies Gefängnis, ganz oben steht und übers blühende Land schaut und man nicht merkt, wie klein die Zellen sind (so etwa 8 m²), dass Schleusen dorthin führen, für die ganz Gefährlichen, damit sie nicht flüchten. Die ganz Gefährlichen sind politische Gefangene, videoüberwachte, im Besucherzimmer hinter Panzerglas (Trennscheibe) Versteckte.

Nein, ich nehme Sie lieber mit nach Hindelbank aufs Schloss, ehemaliger Sitz der Herren von Erlach. Das Schloss zeugt von früherem Glanz, und die Berner Regierung tafelt da hie und da noch, bei festlichen Anlässen. Dahinter die moderne Anlage für den Strafvollzug von

Frauen, allen straffällig gewordenen Frauen aus der ganzen Schweiz. Sie haben Platz, es gibt viel weniger Frauen als Männer, die straffällig werden. Und dann stellen Sie mir die übliche Frage, ich solle doch nicht so pathetisch tun und immer von diesen Frauen reden, die hätten ja sicher etwas gebosget in ihrem Leben, etwa nicht? Ja, sie haben etwas gebosget, sie haben sich gegen unsere Gesetze auf irgendeine Weise vergangen, und sie sind, wollen wir hoffen, nach einem gerechten Urteilsspruch hierher geschickt worden. Aber gibt Ihnen der Richterspruch das Recht, Ihnen, die Sie jetzt hier stehen, sich moralisch über diese Frauen zu erheben? Anzunehmen, Ihnen hätte das nie passieren können? Wem ich je von einem Besuch im Knast erzähle, fragt sofort: «Ja, was hat sie gemacht? Welche Straftat?» Und dann wird die Stimme leiser, um die Lüsternheit zu verbergen, die kleine Sensationslust nach der Untat der andern. Ich antworte dann meistens: «Keine Ahnung, interessiert mich nicht.» Dann die zweite Frage: «Wie muss man mit diesen Frauen reden?» Und dann wäre die einzige Antwort: «Ach, du hast Mühe mit deinesgleichen umzugehen? Findest keine Worte, wenn du mit einer Schwester redest?»

Ein englischer Gerichtsmediziner, Sir Sidney Smith, schrieb ein Buch mit dem Titel «Meistens Morde» und schliesst es mit Folgendem:

«Ich habe im Laufe meines Lebens mehr Mörder kennengelernt als die meisten Menschen, aber kaum einer besass die Eigenschaften, die ihnen in der Vorstellung der breiten Masse zugeschrieben werden. Im Gegenteil – das waren gewöhnliche Individuen, wie Sie und ich. So gewöhnlich, dass mir, wenn ich sie auf ihrem letzten Weg sah, manchmal der berühmte Satz des köstlichen John Bradford aus dem 16. Jahrhundert einfiel und ich vor mich hinsagte: ‹Wäre Gottes Gnade nicht, da ginge Sidney Smith.›»

Das war im 16. Jahrhundert. Die Todesstrafe wurde abgeschafft. Wenige gehen noch so selbstverständlich um mit der Gnade Gottes, aber hat sich die Gesinnung durchgesetzt: Das waren gewöhnliche Individuen, wie Sie und ich.

Uninteressante Fälle?

Man geht ins Büro der Weibel, im Bezirksgebäude, man lässt sich die Sitzungslisten geben. Die Verhandlungen sind öffentlich. Meistens erscheint niemand, auch die Presse nicht; ausnahmsweise einmal Teilnehmer der Wirtefachschule, die zeigen sich dann beeindruckt, was Alkohol am Steuer für Folgen haben kann.

Beim zweiten Besuch liess ich mir vom Weibel die interessanten Fälle sagen. Ein Weibel weiss, was ich lohnt. Alles Bagatellen, sagt er, das hier eventuell interessant, da geht's immerhin um 8000 Franken. Und fährt fort: «Wie dumm die Leute doch sind, wie saudumm. Schon in der Schule hat man einem doch gesagt, man solle nicht stehlen. Ich hab's vom Kindergarten an über die Konfirmation bis in die Lehre mindestens siebenmal gehört. Nichts kapieren die Leute. Nichts haben sie gehört. Sie stehlen. Dasselbe mit dem Alkohol. Ich weiss doch, bei meinem Körpergewicht von 70 Kilo, wie viele Promille es verträgt. Dann nehme ich ein Taxi. Die Leute sind dumm.»

Wie klug so ein Weibel ist!

Entgegen seinen Anweisungen trampe ich aber ins nächstliegende Sitzungszimmer, zu einem Einzelrichter in Zivil- und Strafsachen. Neun Fälle auf der Liste, von 9 Uhr vormittags bis halb fünf nachmittags, mit der gebührenden Mittagspause, natürlich, und den Kaffeepöiseli. Die Gerichtsschreiberin notiert mich nach einem solchen als anhänglichen Gast und meint: «Sie begleiten uns offenbar den ganzen Tag lang.» Ja, den ganzen, gewöhnlichen, als uninteressant vorausgesagten Tag lang.

Die Verhandlung fängt mit dem «Guet» des Richters an, wohl eine Zusammenfassung der Tatsache, dass die richtigen Akten da liegen, die richtigen Leute da sind. Die Gerichtsschreiberin schreibt, der Auditor bedient das Tonbandgerät. Der Richter: «Sie müssen jetzt Ihre Klage begründen» und später: «Herr B., Sie hören das, nehmen Sie bitte Stellung dazu.»

Mir fällt auf, dass der Richter den Sprechenden aufmerksam ins Gesicht schaut; offenbar hilft ihm ein Ausdruck, ungelenke Sätze besser zu verstehen, allzu behende einzuschränken. Jeder vor den Schranken gibt rasch Auskunft, wenn er nach den Lohnverhältnissen gefragt wird, nach der Stellung in der Firma, wie viele Kinder, Schulden? Alimente zu bezahlen? Wohnen alle drei Kinder noch bei Ihnen?

Ich bin enttäuscht, wenn nach der Verhandlung mitgeteilt wird, das Urteil werde schriftlich zugestellt. Wäre es nicht wichtig, dass der Richter sein Urteil dem Betroffenen ins Gesicht sagt und ihn dabei genau so intensiv anschaut wie bei der Erforschung der Wahrheit?

«1,7 ‰ Alkohol im Blut. Und Sie fahren ohne Licht im Auto los. Wir hatten denselben Vorfall schon 1984, war Ihnen das nicht gegenwärtig? Warum stiegen Sie ins Auto?» Der Angeklagte: «Wenn ich das sagen könnte!» Der Antrag der Bezirksanwaltschaft lautet auf 45 Tage. Der Angeklagte: «Es wird im Gesetz stehen, scheint richtig.» Der Richter weist darauf hin, dass es Halbgefangenschaft gebe, der Angeklagte solle sich doch danach erkundigen.

Fall 5, der junge Mann stahl Videogeräte. «Wollten Sie Ihren Lehrlingslohn aufbessern?»

«Warum meldeten Sie sich in der RS selber und gestanden?»

«Hatte schlechtes Gewissen und konnte nicht mehr schlafen.»

Der Anwalt des jungen Mannes plädiert sachlich und scharf, ist hinterher mit dem bedingten Urteil und einer Probezeit auf drei Jahre zufrieden. Dass hier alles nach grösster Möglichkeit gerecht ablief, scheint mir Weichen zu stellen für das ganze Leben dieses jungen Mannes.

Jetzt ein Fall «Einsprache gegen Bussenverfügung», Herr N., Chauffeur, habe sein Fahrzeug nicht beherrscht und sei nach dem Unfall davongefahren. Natürlich kann er deutsch reden, der Italiener, aber die Verhandlung nimmt einen total andern Verlauf, als jetzt ein Übersetzer eintrifft, Herr N. zum genauen Formulieren zwingt und dann rasch und präzise übersetzt, in der Ich-Form. Ich wünsche jedem Fremdsprachigen vor Gericht einen Übersetzer von den hohen Qualitäten eines Herrn Poggiolini.

Ein uninteressanter, ein vertaner Tag? Fast nach jedem der neun Fälle hätte ich sagen können: könnte auch mir passieren. Der Weibel sagte, die Leute seien dumm. Ich sage nach diesem Tag: Die einen haben Glück, sie werden nicht erwischt, andere haben Pech, sie werden erwischt.

Ein kurzer Nachmittag

Es war ein Nachmittag, der um 14 Uhr auf einer Bank vor Sitzungszimmer Nr. 161 anfing und kurz nach vier Uhr, nach einem Augenschein gegen die Kornhausbrücke hin, auf dem Limmatplatz endete. Das Urteil, ein Freispruch, wurde auf dem Trottoir ausgesprochen; das sei erlaubt, sagte der Richter. Er war begleitet von der Gerichtsschreiberin, die beratende Stimme hat, und vom Auditor. Der von einer Verkehrsbusse freigesprochene junge Mann eilte rasch weg, er wollte seine Mutter anrufen und berichten, wie es gegangen sei.

«Kommen Sie zu mir?» hatte mich der grosse junge Mensch auf der Bank vor dem Verhandlungszimmer gefragt. Ich schaute auf der Sitzungsliste nach, wenn er Herr D. B. sei, dann ja.

Herr D. B. holte aus, er hätte einen Rechtsschutz beanspruchen können, aber er wolle die Sache allein ausfechten, er wolle sehen, was drin liege, wenn er, 24jährig und Verkäufer, gegen den Rapport von zwei, vereidigten, wie er betonte, Polizeibeamten antrete, welche die Situation falsch beurteilt hätten.

Er schien wohlvorbereitet, der Herr D. B., sachlich und auch seelisch; und er machte sich auch so seine Gedanken. Es komme jetzt sehr auf den Richter an, wenn da von vornherein eine «Antisympathie» – wie er sich ausdrückte – da sei, dann werde es schwierig.

Seine Mutter, im Tessin lebend, sei extra nach Zürich gereist, habe mit ihm die Sache studiert, am Ort, und mit ihm alles durchberaten. Herr D. B., sorgfältig gekleidet, war braungebrannt, nein, nicht Skifahren, Höhensonne; auch das habe er von seiner Mutter gelernt, dass Sonnenbestrahlung wichtig sei; die Mutter, geschieden, berufstätig, sei im Sommer über Mittag mit ihm und dem Bruder immer in die Badanstalt gegangen.

Jetzt steuert eiligen Schritts ein Richter auf die Türe 161 zu, unzweifelhaft seiner, Herr D. B. nickt mir aufatmend zu, ihm scheint die Sache gut anzulaufen. Während der Verhandlung schwafelt der vom Polizeirichteramt Angeklagte in keiner Weise, gibt ruhig Auskunft. Der detaillierten Fragen sind viele, anhand eines Lageplanes werden Zentimeter um Zentimeter abgesteckt, wo ein Mäuerchen, wo genau die Baustelle, warum jetzt hier nach rechts statt geradeaus.

Herr D. B. habe eine Sicherheitslinie überfahren, so der Polizeirapport, vermutlich, denn nach kurzer Zeit sei sein Wagen in umgekehrter Richtung die Kornhausbrücke heruntergekommen. Es könne nicht sein Wagen gewesen sein und von dort, wo die Polizeibeamten standen, hätte man das Kontrollschild nicht lesen können. Wir hinaus. Urteilsberatung. Wieder hinein. Kein Urteil, es wird ein Augenschein vorgeschlagen, noch am selben Nachmittag, Herr D. B. müsse halt warten. Während der nächsten Verhandlung könnten wir drin bleiben.

Polizeirichteramt gegen Frau Rosa B., Busse, wegen «verspäteten Anmeldens eines Hundes». Frau Rosa B. will die Busse von 20 Franken nicht bezahlen. Sie hat den Hund absichtlich nicht angemeldet im April letzten Jahres (im Juli hat sie es dann getan), weil sie protestieren wollte gegen die Verdreckung, Verscheisserei der Hunde anderer Hündeler auf ihrer Wiese. Der Richter hat Verständnis, dass Frau B. sich wehrt, aber leider sei die Art und Weise des Protests, eben Umgehen des Gesetzes, nicht zulässig.

Es sei, so der Richter, fast unmöglich, eine Landwirtschaft auf Stadtgebiet zu betreiben, hier würden die Wiesen für Hunde beansprucht. Es ist eine brauchbare Lösung zu finden mit der Polizei. Frau Rosa B. wird lebhaft, wenn es um die Wiese geht – nicht wenn es um den Hund geht – der Richter könne selber kommen und schauen. Und das mit den Stecken, die die Hündeler ihren Tieren zum Apportieren zuwerfen – «ich bücke mich auch nicht mehr so ring».

Der Richter hat inzwischen dem Stadtpräsidenten geschrieben – sie sind Schulkameraden, da weiss man, was es erträgt – und ihn auf das Problem aufmerksam gemacht. Er rät zum Rückzug der Klage und zum Bezahlen der Busse, die von 20 auf 10 Franken herabgesetzt werden kann, und zum Verhandeln mit der Polizei wegen der verschissenen Wiese. Und jetzt fahren wir zum Augenschein an den Limmatplatz.

Angeklagt: unsere Hilflosigkeit

Die Stimmung im Sitzungszimmer Nr. 156 des Bezirksgebäudes am 22. Mai nachmittags war sehr ernst, und ich habe Mühe, diesen Bericht unter dem Titel «Lämpe» einzurücken; mir fällt in diesem Fall eher das Wort «Sorgen» ein. Dem zuständigen Einzelrichter Dr. Paul Thalmann war die ununterbrochene Aufmerksamkeit am Gesicht abzulesen, und er betonte am Schluss der Verhandlung, es gehe hier um einen wichtigen Prozess. Den Entscheid wird er erst später bekanntgeben.

Der angeklagte Arzt sass ruhig vor den Schranken und gab auf die Fragen des Richters, die eher der Bestätigung wegen gestellt wurden – der Angeklagte war früher eingehend von der Bezirksanwältin Margrit Olbricht befragt worden – knapp Antwort, fast emotionslos, so schien es. Nur einmal meinte er deutlich, hier gehe es doch wohl eher um Menschen, nicht um Paragraphen. Das Publikum im Sitzungszimmer, ausser drei Presseleuten wahrscheinlich Angehörige und Freunde des Angeklagten, benahm sich zurückhaltend, keiner lärmte Empörung über die beschämende Situation, dass ein Arzt, der während zwölf Jahren sich in seiner Praxis bemüht hatte, auch Drogenabhängigen dringende Hilfe zu geben, nun strafrechtlich verfolgt wird; ihm droht eine Busse von 8000 Franken. Gerade diese Ruhe während der Verhandlung aber widerspiegelte das Gewicht der Anklage der Bezirksanwaltschaft: Verstoss gegen das Betäubungsmittelgesetz.

Die Verteidigerin des Arztes, Rechtsanwältin Cornelia Kranich, brachte ihr Plädoyer ebenso sachlich wie intensiv vor, ihren präzis und in gutem Zürichdeutsch formulierten Gedankengängen folgte man mit Spannung.

Worum geht es? Zwei Fälle. Erstens: Abgabe von Methadon an zwei aus der Untersuchungshaft entlassene Fixer, bevor die telefonisch verlangte und mündlich vom Sozialpsychiatrischen Dienst auch versprochene, aber noch nicht schriftlich bestätigte Bewilligung zur Methadonbehandlung eingetroffen war. Es dauerte einen Monat, bis die Bestätigung eintraf, der Arzt aber handelte sofort, weil er die Dringlichkeit der Behandlung einsah und verhindern wollte, dass die beiden, nach ihrer Haft, sofort wieder «in die Gasse abstürzten», wie man dem sagt, also akut gefährdet waren und vom angeklagten Arzt als Notfälle betrachtet wurden.

Der zweite Fall: Eine junge Frau, seit Jahren Patientin des Allgemeinpraktikers, ist süchtig. Sie wird schwer herzkrank, sie muss operiert werden. Aber die Operation kann erst vorgenommen werden, wenn V. vom Heroin frei ist. Ihr Arzt fängt, ab Juni 1980, mit der Methadonbehandlung an. Nach einigen Monaten, weil er die Patientin gut kennt, und weil sie sich genau an die Vorschriften hält, lässt er sie nicht mehr täglich in seine Praxis kommen, wie es die Vorschrift wäre, sondern gibt ihr eine Zeitlang das Methadon für einen, zwei oder mehrere Tage nach Hause mit. (Die Vorschrift heisst, Methadon darf, ausser am Wochenende, nur in der ärztlichen Praxis eingenommen werden.) Also erstes «Vergehen». Das zweite: Für die Behandlung, die mehr als anderthalb Jahre dauerte, hatte der Arzt versäumt, für sieben Monate die Bewilligung zu erneuern. (Das sei ein administratives Versäumnis gewesen, das könne in einer grossen Praxis vorkommen, gestand der Arzt.)

Die Patientin wurde erfolgreich therapiert, sie wurde trocken, die Behandlung wurde abgebrochen. Nach einigen Monaten Rückfall. Sie fixt sich zu Tode, davon weiss der Arzt nichts, mit Heroin und einem Rest Methadon, den ihr übrigens der drogenfrei lebende Freund für Notfälle bei sich zu Hause aufbewahrt hat.

In dieser Methadonabgabe sieht Bezirksanwältin Olbrecht ebenfalls einen Verstoss gegen das Betäubungsmittelgesetz. Die Justiz greift ein. Die Frage ist, ob sich ein Mediziner strafbar macht, wenn er an drogensüchtige Patienten Methadon abgibt, ohne vorher eine schriftliche Bewilligung eingeholt zu haben. Gelten also die von der Gesundheitsdirektion erlassenen Richtlinien über die Abgabe von Methadon absolut? Oder kann der Arzt, in Notfällen, davon abweichen, wenn die schematischen Regeln auf den Einzelfall nicht passen? Die Verteidigerin geht davon aus, dass der Angeklagte nach bestem ärztlichen Wissen und Gewissen gehandelt hat. Also Freispruch. Er habe nicht, so plädierte sie, gegen «anerkannte Regeln der medizinischen Wissenschaft» verstossen.

Die Anwältin des Arztes hat auf ihrer Seite die Zürcher Ärztegesellschaft, die sich in einem Brief für den angeklagten Kollegen aussprach und auch den Psychiater Hans Kind, Drogenexperte, der schrieb: «Reglemente für ärztliches Handeln können nie jedem Einzelfall gerecht werden. Es gibt Situationen, wo der Arzt nach seinem Gewissen entscheiden muss.» Die Justiz könne nicht entscheiden, «was die anerkannten Regeln der medizinischen Wissenschaft zu sein hätten».

Auf das Urteil kann man gespannt sein.

Der Staat verdonnert – und kassiert

«Rücken Sie den Stuhl auf die Seite und stehen Sie bitte, damit wir Sie besser sehen können.» So der vorsitzende Richter Ernst Zweifel am Anfang der Verhandlung in einem Sitzungszimmer im Parterre des Bezirksgebäudes, 8. Abteilung, zur Angeklagten.

Er sitzt zuoberst, links und rechts von ihm, eine Bank tiefer, zwei Richterinnen, zwei Stufen tiefer, in der Mitte nebeneinander, Gerichtsschreiberin und Gerichtsschreiber – eine mustergültige Musterkarte der Rechtssprechung. Die Angeklagte, eine dreissigjährige Frau, hat also zu stehen während sie zur Anklageschrift befragt wird, das ist üblich, nur die Begründung des Richters diesmal etwas ungewohnt.

Die Antworten der jungen Frau kommen leise und fast zögernd, aber man hat den Eindruck, dass sie jeden Satz wohl bedacht hat und weiss, worum es geht, nämlich um einige Gramm mehr oder einige Gramm weniger Heroin, das sie an Bekannte vermittelt, also es bitzeli gehandelt hat. In den meisten Punkten war die Angeklagte schon auf der Bezirksanwaltschaft geständig.

Warum sie Stoff vermittelt habe? «Das ist in diesen Kreisen so», meint die junge Frau, «man sagt halt den einen, wer und wo – und hilft.» Sie war aber auch enttäuscht von den Freunden, weil sie nur nett waren, wenn man ihnen geholfen habe. Es könne sich maximal um 20 g gehandelt haben, nicht um 40, wie es in der Anklageschrift heisse. Wie sie da drauf komme? «Ich habe es mir überlegt und berechnet.» Sie könne sicher gut rechnen, meint der Richter, sie sei ja Laborantin, sie wisse, dass ein Gramm eine Portion bedeute. Es fällt mir auf, dass Richter Zweifel zwar aus gründlicher Aktenkenntnis heraus fragt, aber die Fragen tönen wie erstaunt darüber, dass die Welt nicht so ist, wie er sie sich vorstellt, so ein wenig aus dem Bilderbuch. Beispielsweise: Wenn sie, die Angeklagte sage, sie habe den Kontakt verloren mit der Umwelt und deswegen angefangen zu spritzen, warum sie denn nicht mit ihren Eltern darüber gesprochen habe. Sie habe doch eine gute Beziehung zu ihnen. (Hat sie, ja. Trifft sich mit ihnen einmal wöchentlich.) Mit 29 süchtig werden, das sei doch sehr alt, sie hätte sich doch anders vergnügen können, oder nicht? Und wenn sie sage, die Arbeit im Labor habe ihr gefallen, warum dann nach der Arbeit spritzen?

Ja, wenn alles so einfach wäre und alles so schön aufginge, das mit den Eltern, dem Kontakt mit den Kollegen, mit der Arbeit.

Rechtsanwalt Bernhard Gehrig, der Verteidiger, bringt, trotz seiner Juristensprache, die Dinge in ihren harten und folgerichtigen Verlauf und erläutert gemessen, was für verheerende Folgen das vom Bezirksanwalt ausgesetzte Strafmass haben würde. Er beantragt eine bedingte Strafe und eine kürzere. Und rettet, was zu retten ist, in diesem Fall sehr viel.

Seine Klientin sei süchtig gewesen, keine Dealerin, sie habe ihrem Lieferanten selber fünf Gramm verkauft, aber nie aus finanziellem Motiv. Sie sei in einer Krise gewesen, habe nichts mehr gehabt, wofür sie sich hätte engagieren können, ihre früheren Bekannten seien im Heroin gewesen, sie habe die eigene Problematik verdrängt, gespritzt, sich im Milieu bewegt, habe nicht nein sagen können.

Wenn ein Strafverfahren präventiv nötig ist, hier sei es nicht mehr nötig. Die Dreissigjährige sei, freiwillig nota bene, in eine Therapie gegangen, sie verlaufe gut, wie der Bericht der Psychologin sage. Durch eine Indiskretion (wie, sagt keiner) habe ihr Arbeitgeber bei der kantonalen Erziehungsdirektion Kenntnis vom Verfahren bekommen und ihr, auf Anfang dieses Monats, die Stelle gekündigt. Ausgerechnet die Stelle, wo sie erfahren habe, dass sie etwas wert sei, werde ihr entzogen.

Der Staat nimmt ihr die Arbeit, anderseits müsste sie dringend arbeiten können, um demselben Staat die ihr auferlegte Busse zu bezahlen. Verschreibe man ihr nun aber eine Therapie, durchkreuze man die Arbeit des Drop-in, an das sich die junge Frau freiwillig gewandt und so die notwendige Konsequenz aus ihrer Suchtkrankheit gezogen habe.

Nach längerer Beratung spricht der Richter das Urteil, das auf der ganzen Linie den Forderungen der Verteidigung folgt, nämlich eine bedingte Strafe von 8 Monaten, bedingt auf drei Jahre, und ausser der Busse keine Ersatzforderung.

Qualitätsarbeit eines Einzelrichters

«Hät's ghaue?» fragte der Weibel, Herr Kaiser, als ich gegen Mittag das Bezirksgebäude verliess; er hatte mir, um 8 Uhr, die Sitzungsliste gegeben für Zimmer 161; vier Verhandlungen. Am Nachmittag ging's weiter, noch einmal drei Verhandlungen waren angesagt, aber da war ich nicht mehr dort.

Ja, es habe gehauen, antwortete ich, und der Weibel dachte wohl an die Höhe der Streitsummen in diesen Zivilprozessen, über die, nach seiner Ansicht, es sich lohnt zu schreiben, denn er fügte hinzu, er habe etwas läuten gehört, dass – beim sogenannten «kleinen Bezirksgericht» – der Streitbetrag, für den der Einzelrichter zuständig ist, von den jetzigen 3000 Franken auf 8000 erhöht werden sollte. (Das wäre eine Änderung des Gerichtsverfassungsgesetzes, das, vom Obergericht vorgeschlagen, zum Parlament musste und später vors Volk zur Abstimmung.)

Dann aber, so Herr Kaiser, der eine der beiden Weibel, dann ginge es erst recht los hier, dann brauche man mehr Einzelrichter, dann würden sich die Leute nicht mehr einigen wie bei 3000 Fränkli, die zu zahlen unter Umständen sich einer noch bereit erklären könne. Aber bei 8000, was glauben Sie, nie.

Hat's gehauen für den journalistischen Kugelschreiber? Kamen scharfe Sachen vor, die man scharf beschreiben und nach Möglichkeit kritisieren kann? Konnte man klar Stellung nehmen, unterscheiden zwischen Schuldigen und Unschuldigen und ein Urteil mit Kopfnikken oder eher mit Kopfschütteln abtun?

Ich kann nichts Sensationelles melden. Gehauen hat dieser Vormittag für mich, weil ich beeindruckt war von der intensiven, klugen Arbeit eines Richters. Zur Behandlung vier Fälle. Aber grad gar nichts von baldiger Ferienstimmung, nichts von Eile, («Das müssen wir jetzt noch rasch unter Dach bringen»), nichts von Leichtfertigkeit, weil es ja um wenig geht, nichts von Ungeduld, weil man nach einer Gerichtsperiode schliesslich auch einmal genug hat und sich vielleicht wünscht, die Leute nähmen rascher Vernunft an. Richter Remo Bornatico richtete klug, rasch, freundlich, eingehend. Er kann auch zuhören. Und er bewegt sich, das fällt auf, leicht und selbstverständlich, kommt hie und da hinter seinem Pult hervor, steigt die paar Stufen herunter, stellt sich neben die Parteien, nimmt Aktenstücke, die noch zu vervielfältigen sind, selber entgegen.

Vier Fälle, vier Bagatellfälle für die Beobachterin. Für die Beteiligten sind sie es nicht. Und zum Glück eben auch nicht, an unserm Vormittag, für die richterliche Geschäftsführung, die mit grösster Sorgfalt und Genauigkeit wahrgenommen wird.

Fall 1, ein Verkehrsdelikt. Der Angeklagte ist nicht anwesend, sein Anwalt plädiert für ihn. Vorgängig meint Bornatico: «Ich kann mit der Würdigung des Polizeirichteramtes nichts anfangen.» Ich kann mit dem Fall, dessen Vorgeschichte ich nicht kenne, nichts anfangen und beschliesse, mich heute auf Sprachliches in der Rechtssprechung zu konzentrieren.

Auch der Anwalt, der den abwesenden Fahrzeuglenker hier vertritt, «würdigt» die Anklage anders. Es geht um eine Zeugenaussage, ob sie stimme oder eben nicht, es geht um eine Strassenführung, eine Haifischzahnlinie, die meterweise verfolgt wird, ob ein Lastwagen kontinuierlich gebremst, ob dem nachfolgenden Lenker ein Fahrfehler unterlaufen, ob der Richtungszeiger eingestellt gewesen sei. Die «Würdigung» des Richters gibt schliesslich den Ausschlag, gegen einen Polizeirapport.

Fall 2 scheint spannender zu werden, die feindlichen Parteien scheinen sich zu kennen. Zwei sportliche Männer mittleren Alters, sagen sich «salü» draussen im Gang, warten dann aber nicht beieinander, der eine hat seinen Anwalt bei sich und tritt in sportlichen Turnschuhen sieghaft auf. Vor den Schranken des Gerichts geht's dann los. Es handelt sich um die Rechnung zur Überwinterung eines Bootes (Partei mit Anwalt), die vom Angeklagten (Mann allein) beanstandet wird, da zu hoch.

Position um Position wird durchgenommen, am Schluss verordnet der Richter die Erstellung einer Expertise. Voraus aber gehen giftige Angriffe, der Anwalt nimmt Molière zu Hilfe, vergleicht den nicht zahlen Wollenden mit Monsieur Argan, der seine Apothekerrechnung argwöhnisch untersucht; und, man müsse halt kein Boot haben wollen, wenn man dessen Unterhalt nicht bezahlen könne, da müsse einer auf das Statussymbol eines schwimmenden Untersatzes besser verzichten.

Kein Lächeln auf dem Gesicht des Richters, auch nicht, als der so Angegriffene kontert, er könne sein Boot bezahlen, und es gäbe andere, die besser aufs Velo umstiegen.

Kein Lächeln auf dem Gesicht des Richters bei Fall 3, bei Frau W. – selbstbewusst, gutes Make-up, guter Haarschnitt, Beruf «Beraterin», anscheinend geübt im Umgang mit Amtspersonen –, deren gepfändete

Gegenstände («Was gepfändet ist, ist tabu, das wissen Sie doch.») wie Kasten (Andenken an die Grossmutter), Schreibmaschine, Teppiche auf unerklärliche Weise verschwunden sind. Die Besitzerin ist oft gezügelt, da verliert man den Überblick, und die Adresse des Schreiners, der den Schrank flicken wollte, kenne sie nicht, er heisse Hans. Der Richter stellt den Antrag, das Ganze solle auf den Zivilweg verwiesen werden. «Noch etwas zu sagen?» Frau W.: «Es gäbe noch viel zu sagen.» Remo Bornatico, und jetzt lächelt er: «Aber nur was zum Prozess gehört.» Er lächelt nicht, als Frau W. ihm gesteht, mit dem und dem Bezirksanwalt stehe sie auf Kriegsfuss, das sei verständlich, «das ist einer, der sagt, man solle ihm das Füdli lecken».

Fall 4 des Vormittags, wieder eine andere Sprache. Das geht nun wirklich rasch, und ganz am Schluss lächelt der Richter und sagt den Versöhnten: «Nun geht zusammen einen trinken, es reicht gerade noch vor Mittag.» Es handelte sich um vier Winterpneus, die einem Freund in einer Reparaturwerkstätte mit dem Auftrag, sie eventuell zu verkaufen, zur Aufbewahrung gegeben wurden. Sie sind verschwunden. Liquidiert beim Aufräumen. Eingeklagt auf Fr. 600.-. Ja, er sei damals Angestellter gewesen in dieser Firma. Ja, er habe sie entgegengenommen, schon. Der Richter: «Leuchtet es Ihnen ein, dass Sie verantwortlich waren?» Den beiden wird vorgeschlagen, sich auf einen weniger hohen Betrag zu einigen. Die Klägerin reduziert ihre Forderung auf Fr. 200.-. Man einigt sich. Dann also Prost zum Apéro!

Ziviler Prozess um militärische Normen

Wird eine Norm übertreten, muss das Gericht verfolgen (Legalitätsprinzip). Ein Gericht könnte aber auch verzichten (Opportunitätsprinzip). Aber es tut es meistens nicht, denn es überlegt sich diese beiden Prinzipen schon gar nicht. Es verfolgt.

Es war kein Ersatz fürs Kino, so weit würde ich nicht gehen, aber die Spannung hatte kaum je nachgelassen, als nach einer Verhandlung vor Divisionsgericht 11, die um 14.15 Uhr begonnen hatte, die 17 daran Beteiligten gegen 21.30 Uhr das Bezirksgebäude Meilen verliessen. Nur während knapp einer Stunde, in der das sechsköpfige Gericht das Urteil beriet, hatten die beiden Angeklagten mit ihren beiden Verteidigern und der anklagende Staatsanwalt Pius Schmid, hier Auditor genannt und im Majorsrang, und die Weibel, auch sie uniformiert, und die vier anwesenden Presseleute den Saal verlassen müssen. Dann noch einmal hinein, Urteilsverkündung, Aufatmen, dass es überstanden war, Niedergeschlagenheit bei den nun verurteilten Angeklagten, Entschluss bei ihren Verteidigern, den Fall weiterzuziehen, das heisst beim Militärappelationsgericht den Fall anzufechten. Mangel an Disziplin war dem Divisionsgericht an diesem langen Nachmittag wahrhaftig nicht vorzuwerfen, auch kein Mangel an subtiler juristischer Genauigkeit durch den Präsidenten des Gerichts, Rechtsanwalt Alfred Reber, hier Oberstleutnant.

Die beobachtende Zivilistin hatte nie den Eindruck, dass es in dieser Verhandlung besonders militärisch zugehe, ausser dass bei der Befragung der beiden Angeklagten scharf darauf geachtet wurde, wie deren Einstellung zu Armee und Landesverteidigung sei. Durchaus positiv, betonten beide. Der eine, A., Elektroniker und Geschäftsinhaber, ist Flabkanonier, der zweite, B., ein junger Arzt, leistet, wegen eines Leidens, Hilfsdienst und wurde zum Truppenführer befördert; entspricht dem Rang eines Korporals, erläutert Oberstleutnant Reber. Der militärische Führungsbericht des B. ist tadellos. Weniger tadellos derjenige des A., der sich nach geleisteten vier WK um die folgenden vier drückte, mit Hilfe von Arztzeugnissen, und ausserdem seine ausserdienstlichen Pflichten, Inspektion und Schiesspflicht, nicht erfüllte.

Er habe sich umteilen lassen wollen, bemerkt jetzt A., als Küchenhilfe hätte er Dienst leisten können, und sein geschwollenes Knie sei nicht simuliert. Er sei auch nicht als Simulant bezeichnet worden, wirft der Gerichtspräsident ein, sondern als Aggravant, das sei etwas anderes. Es werde ihm auch aggressives Verhalten vorgeworfen, und er habe drei Tage Scharfen eingefangen, weil er beim Luftbeobachten gelesen habe. Er sei halt erwischt worden, meint A., und essen und rauchen während der Luftbeobachtung sei offenbar weniger schlimm als lesen, fügt er bei.

Und der zivile Leumund der beiden Angeklagten? Über B., den Arzt, ist von Kindesbeinen an nur Hervorragendes und Sympathisches zu melden, als einziges Flecklein findet sich eine geringfügige Verkehrsbusse von Fr. 50.- im Lebensbericht. Auch über das Leben von A. verlautet nichts Nachteiliges: gute Ausbildung, intakte Familienverhältnisse, Geschäftsführung einwandfrei. Nur das psychiatrische Gutachten bezeichnet ihn als einen Einzelgänger, stellt eine schizoide Entwicklung fest und empfiehlt wegen dieser Persönlichkeitsstruktur Ausmusterung.

Warum stehen die beiden vor Gericht? Die Anklage beim Arzt lautet auf Urkundenfälschung, beim Elektroniker auf Ausreissen von der Truppe und Missbrauch und Verschleuderung von Material. Was war passiert?

Der Arzt war Kunde im Geschäft des A., wo er Computerteile kaufte. Ihm fiel das schlechte Aussehen des A. auf, und er empfahl ihm, den Hausarzt aufzusuchen. Er habe keine Zeit dazu, sagte A. und bat bei einem zweiten Besuch seines Kunden diesen, es war ein Samstag, um ein ärztliches Zeugnis; er müsse am Montag einrücken und hätte gern schriftlich vom Arzt, was ihm dieser mündlich geraten habe, nämlich Bettruhe. Der Arzt untersucht den Geschäftsinhaber kurz in dessen Büro und stellte einen grippalen Infekt mit Diarrhöe fest. (Eine Diagnose, die zutraf, jedenfalls in der Untersuchung des Eingerückten nicht widerlegt wurde.) Der junge Arzt, noch nicht mit eigener Praxis und also ohne Praxisadresse, benutzte für dieses Zeugnis das Formular des Spitals, in dem er tätig war, unterschieb es dann aber nicht mit seinem Namen, sondern mit irgendeinem. Warum, um Himmels willen? Jugendtorheit? Er selber weiss keine Erklärung und grämt sich seitdem halb kaputt, fürchtet um sein berufliches Fortkommen. Sicher wollte er dem Kranken, der ihm gegenüberstand, helfen, zögerte dann wohl, mit seinem Namen zu unterzeichnen, weil das Zeugnis dann ausgesagt hätte, er habe den Elektroniker im Spital untersucht. Also einen andern Namenszug.

Der eingerückte A. kam mit seinem Zeugnis nicht weit. Man

schickte ihn nicht ins Krankenzimmer, sondern nach zwei Diensttagen endlich ins Spital, schöpfte aber Verdacht wegen des Zeugnisses, befragte A., der zuerst den Namen des Arztes nicht sagen wollte und log, er sei im Spital untersucht worden, schliesslich dann aber, unter Druck, alles zugab. Vom Spital wurde er zur Truppe zurückgeschickt, er entfernte sich aber, ging nach Hause, liess seine Militärausrüstung bei der Truppe.

Sein Verteidiger, Rechtsanwalt Pestalozzi, plädierte auf unerlaubtes Entfernen von der Truppe, das Urteil aber blieb beim Wort Ausreissen und Missbrauch und Verschleuderung von Material; ausserdem wurde ihm Dienstpflichtbetrug vorgeworfen. A. gab auch zu, dass eine Stunde Vita-Parcour zur richtigen Zeit zu einem geschwollenen Knie verhälfe. Eine bedingte Verurteilung zu 75 Tagen Gefängnis wegen Dienstversäumnissen fiel ins Gewicht, die Empfehlung des Psychiaters, A. sanitarisch auszumustern, wurde abgelehnt, der bedingte Vollzug verweigert. Drei Monate muss nun der Elektroniker absitzen, und zwar wird die Strafe militärisch vollzogen. Als militärische Nacherziehung? Für den Betroffenen A. eine schwere Strafe, da er von der Rechtswohltat der Halbgefangenschaft nicht profitieren kann, die ihm erlauben würde, während der Strafzeit seiner Arbeit, der Führung seines Geschäfts, nachzugehen und nur nachts eingesperrt zu sein.

Der Arzt wurde von Rechtsanwalt Gehrig verteidigt, der während seinen scharfsinnigen Ausführungen, trotz vorgerückter Stunde, die volle Aufmerksamkeit des Gerichtes genoss. Der Verteidiger war der Meinung, es handle sich hier nicht um Urkundenfälschung. Schon deshalb sei dieser Tatbestand nicht erfüllt, weil durch dieses Zeugnis niemandem ein unrechtmässiger Vorteil verschafft worden sei. Grosses Gewicht legte er dann auf das Verhalten des Untersuchungsrichters, der unter Drohung («Wenn Sie den Namen nicht nennen, muss ich Sie in U-Haft nehmen wegen Kollusionsgefahr.») und Zwang dem Elektroniker den Namen des Arztes entlockte. Diese Aussage des Elektronikers hätte aus prozessualen Gründen gar nicht verwendet werden dürfen. «Das prozessuale Verschulden liegt beim Untersuchungsrichter.» Alles nützte nichts. Urteil für den Arzt: 21 Tage Gefängnis bedingt. Probezeit zwei Jahre.

Ist ein schlechtes Ende oft vorprogrammiert?

Eigentlich sollte ich erst in zwei Wochen, wenn das Urteil ausgesprochen sein wird – aus Zeitmangel konnte das nicht unmittelbar nach der Verhandlung geschehen – über diesen Berufungsfall vor Obergericht berichten. Aber es zerreisst mich, ich muss sofort schreiben. Zuerst die Schlussszene an jenem Freitagmittag: Dem erstinstanzlich zu sechs Jahren Zuchthaus verurteilten Italiener X, der schon im Strafvollzug im Thorberg sitzt, werden im Nebenzimmer die Handschellen wieder angelegt, er scheint ganz schwach zu protestieren, ob das jetzt schon sein müsse, denn er will sich noch von seiner im Korridor stehenden Familie, die zu dieser Verhandlung extra aus Italien herreiste, verabschieden. Er küsst den Bruder, die Mutter, den Vater, nimmt den Plastiksack – mit Wäsche? – in die eine seiner zusammengeketteten Hände und wird, von zwei Nichtuniformierten, hinausgeführt zum Auto, das ihn wieder ins Zuchthaus bringen wird. Die Mutter geht ihm nach, steht oben auf der Treppe, winkt, wischt sich die Tränen, sagt leise: «Non ha ammazzato nessuno, mio figlio», er hat niemanden getötet, mein Sohn.

Sagen Sie jetzt nicht, ich sei sentimental, weil ich diesen Schluss schildere, die Empörung stieg schon vorher in mir hoch, als ich den Anfang dieses Prozesses beobachtete, der Hoffnungsloses ahnen liess. Manchmal sind die Umstände halt so, dass ein schlechtes Ende wie vorprogrammiert scheint. Trotz der subtilen und intensiven Bemühungen eines Verteidigers.

Ich wusste, es handelt sich um einen Berufungsfall in einem Drogendelikt. Das Bezirksgericht Bülach hatte den Italiener der Mittäterschaft bei einem Kokaintransport beschuldigt und zu sechs Jahren verurteilt. X war auf dem Flugplatz verhaftet worden, wo man ihn zusammen mit zwei Transporteuren, in deren Koffer man Kokain fand, beobachtet hatte und sofort Zusammenhänge zwischen den drei Reisenden, die dasselbe Flugzeug von Rio in die Schweiz benutzt hatten, mutmasste. Der Verteidiger des X, Rechtsanwalt Lorenz Erni, würde bei dieser Aufnahme des Verfahrens auf Freispruch plädieren, weil er beweisen wollte, dass alles, was herausgezogen worden war, auf Mutmassungen beruhe. Er würde ausführen, dass man die vor der Polizei gemachten

Aussagen nicht verwerten dürfe. Jeder habe das Recht zu bestreiten. Die Fakten liessen sich erklären mit dem, was X bei der Einvernahme aussagte. Soweit war ich orientiert, mich interessierte das juristische Problem, ob erste Aussagen vor der Polizei bei einem Gerichtsverfahren verwertet werden dürfen.

Es fing so an, dass ich vor dem Betreten des Sitzungszimmers jemanden rufen hörte: «Ist der Herr Staatsanwalt schon hier?» Er war hier, man konnte anfangen. Der Präsident des Gerichtes, Spühler, mehr hämisch als nur schlechtgelaunt von oben zur Übersetzerin: «Säged Si ihm, er söll ufstoh.» Die Übersetzerin zum Angeklagten: «Si alzi, per favore.» X stand auf. Sichtbar frischer Haarschnitt, schöner neuer Pullover, die Schuhe kaum benützt, das sah man den Sohlen an, von hinten, wenn der Italiener, Herr X, sass. Im Sinne der Anklage sei er nicht schuldig, nein, sagte er; und dann kamen, eins ums andere, die Fragen des Präsidenten und des Referenten Portmann, an die Übersetzerin gerichtet, alle in ungeduldigem Ton und mokant gestellt, wie wenn man im vornherein wüsste, was da zu erwarten sei. Halt nicht viel. Mit schlauem Lächeln z. B. «Wie lange war er in Marokko?» «Wieviel hat er verdient?» «Wie konnte er sein Billett von Santa Cruz nach Rio bezahlen?» «Der Eindruck besteht, er kneift – hat er gelogen oder nicht, ja oder nein?» Der Angeklagte X antwortet, mit Gesten seine Sätze unterstreichend (warum darf er sich nicht als Italiener benehmen, er ist ja einer), meist mit «Guardi» «Sehen Sie» und holt weit aus, was die Fragenden ärgert, sie wollen wissen «Warum hat er gelogen?»

Man kann auch mit Sprache jemanden fertig machen. Sprache verrät viel. Auch Fragen können menschenunwürdig sein.

Beim ausführlichen Plädoyer des Verteidigers lächelte der Präsident weniger, er hört sogar zu und blättert nicht mehr in den Akten, die er vorher wohl nicht sehr eingehend studiert hatte.

Der Staatsanwalt plädierte auch ausführlich, konnte dem Verteidiger in keinem Punkt folgen und stellte den Antrag, vor allem wegen der völligen Einsichtslosigkeit des X, auf eine Strafe von sieben Jahren Haft, einem Jahr mehr als die erste Anklage meinte.

Der Pandschab im Zürcher Oberland

Für den Prozess gegen S. (Drogendelikt?) vor dem Bezirksgericht Hinwil, zweite Abteilung, war ein ganzer Verhandlungstag eingesetzt worden; wohlweislich, denn er zog sich dann wirklich, da er unter dem Vorsitz von Hansrudolf Loosli äusserst sorgfältig durchgeführt wurde, bis in den späten Nachmittag hinein.

Der angeklagte S., aus Indien mit portugiesischem Pass (warum dieser Pass, folgt später, er spielte in der Anklage auch eine Rolle), in dunkelblauem Anzug und sichtlich angegriffen (nach seiner fünfmonatigen Untersuchungshaft?), beteuerte seine Unschuld. Das konnte er aber erst am Schluss tun, eindringlich und mit leiser Stimme.

Nach der Mittagspause waren ihm die Handschellen endlich abgenommen worden und wanderten in die Hosentasche des Bewachers. S. wurde vom Vorsitzenden Loosli zuerst gefragt, wie es ihm gehe, wie sein Gesundheitszustand sei. Und dann erkundigte er sich nach Herkunft, Kindheit, Jugend, Familienverhältnissen, beruflichen Umständen des Angeklagten so eingehend, so sorgsam (doch, das ist der richtige Ausdruck dafür), dass in diesem Hinwil, einer der grössten Gemeinden im Zürcher Oberland, ein indischer Lebenslauf lebendig wurde, farbig aufstieg, einem von Millionen, aber einmalig, da er ja diesem Mann gehörte, der vor einem schweizerischen Gericht sass und Auskunft geben musste, wie es ihm ergangen war bis zur Festnahme, der Einvernahme und der Anklage. Er habe 200 Gramm Heroin verschoben, in Wald oder in einem Hotelzimmer in Zürich; eine luzernische Garage spielte auch noch eine Rolle, auch ein Automarkt in Oerlikon; denn S. wollte in der Schweiz alte Mercedes kaufen, sie in Indien wiederverkaufen oder selbst damit Taxi fahren in New Delhi.

Nie nickten die Richter mit den Köpfen, wie Richter es manchmal tun, wie wenn sie sagen wollten: ‹kennt man ja›, ‹weiss man ja, wie's läuft›, ‹hat man schon gehört› und so weiter. Nein, diese Männer hörten sich die Irrfahrten und Unternehmungen des kleinen Landwirts aus dem Pandschab von Anfang bis Ende aufmerksam an: Vater früh gestorben, mit 15 verheiratet worden, Landwirtschaft zu unrentabel (was angepflanzt? Reis, Zuckerrohr, Weizen, Mais), in Griechenland aufs Schiff gegangen, als Matrose, dadurch neue Beziehungen und

Aufstieg zu einer Art Reiseführer, Touristenführer, dann Taxifahrer in New Delhi, als Fremdarbeiter sozusagen, dann die Zerstörung des Taxis nach dem Attentat auf Frau Gandhi.

Denn S. ist ein Sikh. Da er nicht mehr wollte, dass man ihm seine Zugehörigkeit zu dieser religiösen Bewegung dem Namen nach anmerke, beantragte er einen portugiesischen Pass und nahm seinen Sippennamen als Hauptnamen. Es sei, in Portugal, leicht, seine Geburtsurkunde zu ändern, anstatt einen Ort im Pandschab einen Ort in Gôa als Geburtsstätte anzugeben (Gôa ist früherer portugiesischer Besitz, gehört erst seit 1961 zur Indischen Republik) und so, mit leichter Hand und dem nötigen Aufgeld, zu portugiesischen Papieren zu kommen.

Das wäre seine Lebensgrundlage geworden für eine neue Existenz in New Delhi, so führte der Verteidiger des Herrn S., Adrian von Känel des Advokaturbüros Streiff in Wetzikon, später aus; er plädierte auf Freispruch, was die Drogen anbelangte und hielt darauf, man müsse seinem Klienten den Pass zurückgeben, das sei keine Urkundenfälschung, und im übrigen habe er auch ein Recht auf eine Entschädigung für die Untersuchungshaft.

Der Verteidiger hatte nicht nur die volle Aufmerksamkeit des Gerichts, sondern auch insofern ein leichtes Spiel, weil in der Einvernahme die zwei Zeugen, ein Pakistani und ein Türke, die früher S. in der Gegenüberstellung schwer belastet hatten, hier vor Gericht nun alles zurückzogen, sich an nichts mehr erinnerten, erklärten, Herrn S., den sie vorher als Drogenkurier belastet hatten (um sich selber zu entlasten?), nicht zu kennen, nie gesehen oder vielleicht verwechselt zu haben mit einem anderen indischen Gesicht.

Er habe keinen Kontakt gehabt mit S., so der türkische Zeuge, der sich auch nicht mehr an seinen eigenen Namen erinnerte. Man habe halt damals etwas ausgesagt, da man unter Druck des Staatsanwaltes stand. Auf die Frage des Verteidigers, ob er, Herr O., der türkische Zeuge, vor jemandem in der Szene Angst habe: «Ich habe vor allem Angst», er fühle sich nicht gut, er wisse nicht, was er tue, er könne sich an nichts erinnern. Seine Angaben über die Anwesenheiten des Herrn S. in der Schweiz stimmten denn auch nicht mit den Passeinträgen zusammen.

So kam denn die Begründung der Anklage des Bezirksanwaltes – sie wurde, da dieser abwesend war, von einer Rechtsanwältin verlesen – ins Schleudern. Die Verteidigung konnte denn auch schildern, warum S. um den halben Globus gereist sei, nämlich um alte Dieselmotoren zu kaufen, und dass das Verhältnis zu Opiaten in Indien ein anderes sei als in Europa. Und eine blosse Wahrscheinlichkeit führe nicht zu Schuldbelastung.

So fiel die Anklage, Herrn S. mit vier Jahren Zuchthaus zu bestrafen – so ein hartes Urteil sei als Abschreckung gedacht und um die internationale Tätigkeit zu bekämpfen – ins Leere, das heisst in die unerschütterliche Ruhe und Genauigkeit dieses Gerichts. S. wurde für alle Betäubungsdelikte freigesprochen.

Nach drei Tagen wurde das Urteil dem Verteidiger zugestellt, dieser erklärte sich erfreut, bedauerte allerdings, dass man die letzte Konsequenz nicht gezogen habe, man habe seinem Antrag, S. sei für die Untersuchungshaft zu entschädigen, nicht Folge geleistet und habe ihn, wegen Verwendung eines falsch ausgestellten Passes, mit 500 Franken gebüsst. Da man ihm bei der Verhaftung tausend Dollar abgenommen habe, bliebe aber wohl genügend Reisegeld für die sofortige Heimkehr seines Klienten nach Indien, sagte der Anwalt.

Nachzutragen ist, dass der Vorsitzende hinterher dem Verteidiger zu seiner Arbeit in Sachen S. gratulierte, der Verteidiger aber auch dem Vorsitzenden zur seinigen zurückgratulierte.

Nachzutragen ist, dass auch die Rechte des Angeklagten auf entsprechende Übersetzung gewahrt wurden: die Fragen des Richters in Züridütsch wurden von Frau Glauser lebhaft auf Pandschabi übersetzt und die Antworten aus dem Pandschabi in fliessendes Hochdeutsch.

Man will nicht mehr wissen, denn man weiss es ja

Gewiss, es ging an dieser Verhandlung vor Obergericht am Nachmittag des 6. November alles mit rechten Dingen zu: Es wurde Recht gesprochen, geurteilt, verurteilt, wie es sich gehört. Etwas anderes als ein Schuldspruch war gar nicht zu erwarten gewesen. (Delikt: Raub.) So muss der Eindruck auf die jungen Zuschauer, wahrscheinlich Studenten, die unsere Justiz kennenlernen wollten, sicher positiv gewesen sein – und also in bester Ordnung. Am Schluss redete der Vorsitzende der Verurteilten B. freundlich zu, sie solle doch nun wirklich tun, zu was das Gericht sie verurteilt haben, nämlich sich in stationärer Behandlung von den Drogen befreien zu lassen. (Der Verteidiger hatte eine ambulante Behandlung beantragt; seine Mandantin, 28jährig, hatte sich dazu auch bereit erklärt – sie suche Therapie und Gespräche – widersetzte sich aber einer stationären Massnahme. «Nach zwei Jahren bin ich wieder allein, wie wenn ich aus dem Gefängnis käme», sagte die junge Frau.) Das Gericht aber, so der Vorsitzende, habe schon viele solcher Fälle gehabt, es wisse, wie es laufe, so sei es sicher am besten für sie, die Angeklagte; der Erfolg hänge ganz von ihrer Einstellung ab. Also.

Also. Ein Fall von vielen, so entnahm man dem gut gemeinten Schlusswort. Nachgerade kennt man ja die schiefen Lebensläufe, die in Drogenabhängigkeit fallen und in der Prostitution enden, sie haben alle die gleichen schier zwanghaften Abläufe, die so und so vielten für die Richter. So muss man fast dankbar sein, dass sie geduldig bleiben, fragen, anhören, urteilen und schliesslich noch gut zureden.

Woran lag es, dass ich niedergeschlagen aus dieser Verhandlung wegging und mich hinterher immer wieder fragte, ob es nicht auch anders hätte ablaufen können, als wie es eben ablief? Und dass die Richter, wie wir alle übrigens, gern dazu neigen, zu wissen, was das Beste ist. Was ist das doch für eine schöne Beruhigung, zu wissen, wie es läuft. Und weil man es weiss, will man nicht mehr wissen. Nichts anderes wird zugelassen.

Und genau das ist das Erschreckende. Und ist das Lähmende an solch gerecht verlaufenden Verhandlungen.

Etwas anderes fiel mir später ein. Wäre diese Verhandlung nicht ganz anders verlaufen, wenn Frauen zu Gericht gesessen wären? Hätten Frauen aus den Antworten der Angeklagten nicht etwas anderes gehört als das zu Erwartende? Wären die Opfer der Beraubung, Männer nämlich, ältere, schwache Männer, nicht etwas weniger als bedauernswerte Opfer angesehen worden, weil man sich nicht mit ihnen hätte identifizieren können, sondern ein offenes Ohr gehabt hätte für das Vorgehen der jungen Frau, die sich auf ihre Weise im Leben wehrte, und sich rächte für das Metier einer Prostituierten, das sie ausübte, um zu Geld zu kommen. Sie war arm, drogenabhängig, musste sich den Stoff beschaffen (Reiche haben da weniger Probleme); und die Männer, die sie besuchten, wollten ja auch etwas, nämlich ihre Lust befriedigen. Waren diese Männer arme Opfer ihrer Lust? Und zu bedauern, weil sie nicht bekamen, was sie wollten? (Sie bekamen es eben nicht, dank einer List der jungen Frau!) Und weil sie ihn nicht bekamen, ihren Beischlaf, wurde der Frau ein schiefes sexuelles Verhalten zugesprochen, Männerhass, von der Mutter geerbt. Es ist zum Lachen, wie so ein Schema fortbesteht, weil es immer bestanden hat, wie diese Dinge verlaufen sollen, weil sie immer so verlaufen sind.

Also Frau B. wehrte sich auf ihre Weise. Das ist nicht zum Lachen, weil es aus traurigen Gründen geschah, aber es ist zum Lächeln, weil es eine sozusagen dem Tatort entsprechende List ist, ein schöner feministischer Einfall.

Frau B. nämlich fand es scheusslich, mit den Männer zu schlafen, sie wollte vorher zu ihrem Geld kommen. Also gab sie ihren Kunden einen Kaffee zu trinken, vorher, oder einen Schoggistengel zu essen. Im Kaffee war ein Rohypnol (ein starkes Schlafmittel) aufgelöst, in den Schoggistengel einverleibt die pulverisierte Tablette. Die lustgierigen Greise verfielen in Tiefschlaf, die junge Frau nahm das Geld und ging weg.

Die total geraubte Summe belief sich auf 2040 Franken. Das Strafmass belief sich auf 21 Monate Gefängnis abzüglich 253 Tage Untersuchungshaft. Tadelnd fiel ins Gewicht, dass Frau B. sich einmal in eine Methadonbehandlung begeben hatte, sie dann aber unterbrach, weil sie in die Ferien wollte. Das wurde ihr als Schwäche angerechnet. Ein schweres Tatverschulden, so die Gerichtssprache, weil die Angeklagte B. ältere unbeholfene Freier erheblich geschädigt hatte und planmässig vorging. Es ist zum Lachen, wenn es nicht so unsagbar traurig wäre für einen jungen drogenabhängigen Menschen.

Fällt uns wirklich nichts Neues dazu ein?

Einer von vielen – ein Bagatellfall also?

Wirklich nichts Besonderes, nichts Sensationelles: ein Drogenfall halt, wie sie heute so zahlreich vorkommen. Bezirksgericht Zürich, 8. Abteilung. Eine milde Strafe sei zu erwarten, da der Angeklagte sich aus eigener Kraft von den Drogen befreit habe, so sagt die Verteidigerin, Ursula Kohlbacher, rasch im Korridor, der Antrag laute auf 14 Monate Gefängnis, sie beantrage 6, es werde wohl 10 geben, vermutlich. (Das gab es dann auch.) Also ein Routinefall auch für den Vorsitzenden des Dreiergerichtes, Pierre Martin. Und sehr lange werde die Verhandlung wohl auch nicht dauern. Überraschungen sind nicht zu erwarten.

Ein Monat im November, der 17., Zimmer Nr. 139, 13.45 Uhr. «Bitte kommen Sie herein», sagt der Weibel, «der Angeklagte hier, auf diese Bank. Und Sie wollen wohl zuhören?», dies zu uns zwei dastehenden Frauen, «Sie können hinten Platz nehmen.» Wir setzen uns aber direkt hinter die Bank des Angeklagten A. Denn die andere ist die Freundin des A. – so vermute ich jedenfalls, ich sehe, dass die beiden jungen Menschen zusammengehören – sie will in dieser Stunde nahe von A. sein, das ist spürbar. Ich ziehe sie also auf diesen Platz. Bevor er aufstehen muss, der A., und nach vorn treten, liest ihm die Freundin ein Haar vom schwarzen Pulli und streicht ihm leicht über die Schulter. Als Stärkung.

Denn für A. und seine Freundin ist's nun eben kein Bagatellfall, auch keine Routine, denn jetzt und hier werden Weichen gestellt für die kommenden Jahre. Der junge Mann, ernst, eher bedrückt, scheint sich auf diese für ihn entscheidende Stunde vorbereitet zu haben: er hat sich sorgfältig gekleidet, er hat freinehmen müssen in seiner Bude, hat dem Arbeitgeber auch gesagt, dass seine Verhandlung stattfinde. Er redet nicht viel, aber er gibt genaue Auskunft. Man sieht ihm an, dass er leidet.

Mir scheint, dass auch die Verteidigerin davon ausgeht, sie plädiert sachlich und mit Einsatz, wie wenn er ihr einziger Fall wäre. Das bewundere ich. Und halte es auch für richtig. Die Verteidigerin ist später dann, bei der Urteilsverkündung, strahlend, weil die erwarteten 10 Monate Gefängnis fallen. Bedingt. Beim Hinausgehen erklärt sie ihrem Mandanten, wie die Sache nun sei, es sei nämlich gut abgelaufen; und wegen der 20 000 Franken Schulden müsse er sich im Augenblick keine allzu grossen Sorgen machen. Die Hauptsache sei, er halte es aus ohne Heroin, ohne Methadon und vermeide jeden Rückfall. Das sei auch für sie wichtig, sagt die energische, einsatzbereite Freundin, «wissen Sie, wir machen's zusammen, ich bin auch auf Entzug. Zu zweit geht's besser. Wir können uns gegenseitig helfen.»

Das Übliche eines Lebenslaufes? A. hat Jahrgang 1951. Als er 14jährig ist, stirbt seine Mutter, es kommt sofort eine Stiefmutter ins Haus. «Hatte Probleme mit ihr», hatte er soeben vor dem Richter ausgesagt, «die ganze Familie hatte Probleme mit ihr; nur der Vater hielt zu ihr. Zuerst ging die Schwester aus dem Hause, mit 17 haute auch ich ab.» Nach der Realschule Lehre als Maler. A. arbeitete in einer Werkstätte für Atelierbau, das ist Standbau (hier werden Stände für Märkte und Ausstellungen angemalt, dann an Ort aufgestellt, also eine abwechslungsreiche, fordernde Arbeit). Der Arbeitgeber schreibt in seinem Zeugnis, A. sei zuverlässig und arbeitsam; habe wohl etwas Mühe, mit dem Geld umzugehen. A. verdient Fr. 3500.- monatlich.

«Es fällt auf, dass Sie keine Steuererklärung einreichten», sagt der Richter.

Er habe es schlitteln lassen, gesteht A. Die 20 000 Franken Schulden seien durchs Heroin gekommen.

«Seit wann haben Sie selber Drogen genommen?»

«Seit 1969. Zuerst Haschisch, bis 1977.»

«Warum dann Heroin?»

«Gab grad damals keinen Hasch mehr.»

Nun, seit einem Jahr ist A. frei von Heroin. Er ging von sich aus ins Drop-in, machte mit einem Arzt eine Therapie, und seit vier Wochen ist A. auch frei von Methadon. So ein schmächtiger, schmaler bleicher Bursche, welche ein Aufwand an Disziplin wurde von ihm geleistet!

«Haben Sie Probleme?»

«Entzugsprobleme.»

«Führen Sie noch Gespräche mit dem Arzt?»

«Nein.»

«Was tun Sie, wenn Sie Probleme haben?»

«Sie sagten im Drop-in, ich soll vorbeikommen.»

«Sie haben das Gefühl, es ginge?»

«Ja, ich hoffe.»

Der Kontakt mit der Szene ist abgebrochen. «Ich verkehre nicht mehr mit ihnen.»

A. war geständig und ist es jetzt von neuem, 6 Kilo Haschisch verschoben zu haben. Hat einen Gewinn von 600 Franken gemacht und für dieses Geld Heroin zum eigenen Gebrauch gekauft. Er hat nie mit Heroin gehandelt.

Die Verteidigerin betont das Aussergewöhnliche, dass einer von selbst reinen Tisch machen will und sich von sich aus zu Methadon entschliesst. Also keine Behandlung auf Staatskosten. Heute sei er frei von Sucht. «Ist das nicht tätige Reue?» betont sie.

Manchmal fragt man sich: Wer hat Lämpe mit wem?

Am 29. Mai dieses Jahres berichtete ich über eine Hauptverhandlung vom 22. Mai im Bezirksgebäude Zürich. Angeklagt wurde ein Arzt wegen Methadon-Abgabe an zwei aus der Untersuchungshaft entlassene Fixer, bevor die vom Sozialpsychiatrischen Dienst versprochene, aber noch nicht schriftlich bestätigte Bewilligung eingetroffen war. Erstens.

Zweitens: Eine anderthalb Jahre dauernde Methadon-Behandlung einer langjährigen Patientin, die, wegen bevorstehender Herzoperation, sofort behandelt werden muss. Die Bewilligung dazu, für die restlichen sieben Monate, einzuholen wurde in der grossen Praxis administrativ versäumt.

Die Patientin, dem Arzt als diszipliniert bekannt, bekommt die Methadon-Zuteilung für zwei, später für mehrere Tage, nach Hause, anstatt dass sie nach Vorschrift, das Methadon täglich in der Praxis, vor den Augen des Arztes schluckt. (Für Wochenenden darf der Arzt die Zuteilung nach Hause mitgeben.)

Die Patientin wird trocken, die Behandlung wird also abgebrochen. Nach einigen Monaten Rückfall, die junge Frau fixt sich zutode. Ihren Arzt hat sie nicht mehr aufgesucht. Todesursache: Heroin/Morphin/Methadon, eventuell auch Pharmaka. Mittodesursache: der schwere Herzklappenfehler und Erkrankungen von Lunge und Leber.

Im Kühlschrank des Exfreundes der Toten wird eine stark mit Wasser verdünnte Flüssigkeit gefunden. Sie enthalte Methadon, sagt der Exfreund, er habe es von der ärztlichen Behandlung her aufgespart. Das Fläschchen wird von der Polizei beschlagnahmt und ohne Untersuchung vernichtet.

Strafanzeige gegen diesen Arzt, wegen wiederholter und fortgesetzter Widerhandlung gegen das Bundesgesetz über die Betäubungsmittel. Der Strafantrag der Bezirksanwaltschaft lautet auf 8000 Franken Busse. Der Einzelrichter hielt, am 22. Mai, eine Busse von 500 Franken für angemessen. Die Kosten wurden dem Angeklagten auferlegt.

Damals schrieb ich, es käme mir so vor, wie wenn nicht nur ein Arzt auf der Anklagebank sässe, sondern ebenso unsere Hilflosigkeit gegenüber den Gefährdungen der Drogenkrankheit.

Der Angeklagte legte gegen dieses Urteil Berufung ein. Aber nicht nur er, sondern auch der Staatsanwalt. Zwar aus andern Gründen: Ihm schien das Urteil zu milde.

Nun fand am 5. Dezember die Berufungsverhandlung vor dem Obergericht, 2. Strafkammer, statt. Die Verteidigerin des Arztes, Rechtsanwältin Cornelia Kranich, stellte die Anträge, der Angeklagte sei freizusprechen, die Kosten des Verfahrens seien von der Staatskasse zu übernehmen, und dem Angeklagten sei für seine Umtriebe im erst- und zweitinstanzlichen Verfahren eine Entschädigung zuzusprechen.

Nach der Verhandlung und nachdem der Vorsitzende, Dr. Portmann, eine Pause eingeschaltet hatte und wir wieder alle im Saal sassen, sagte Dr. Portmann, das Urteil könne jetzt nicht ausgesprochen werden; die Verteidigerin habe sich auf intensive Art eingesetzt; ihr Plädoyer verdiene eine eingehende Prüfung.

Und ob sie, die Verteidigerin, dann auf eine öffentliche Beratung verzichte? Dann könne das Urteil noch im Dezember zugeschickt werden. Die Verteidigerin wünschte Bedenkzeit für ihre Antwort, aber ihr Mandant, der angeklagte Arzt, erklärte sofort, er entscheide sich gegen eine schriftliche Mitteilung und wünsche öffentliche Beratung.

Der Vorsitzende betonte, das könne aber lange dauern, es könne sich hinausziehen bis Januar, Februar, vielleicht März, während das schriftliche Urteil noch im Dezember zugeschickt werden könne. Und fügte hinzu, es sei eine Sache der Organisation, der Daten und, nicht «dass wir Angst hätten vor den vielen Leuten».

Ja, die vielen Leute waren halt da, sie füllten den Saal; sie hatten sich in den ersten zehn Minuten der Verhandlung auch einmal geäussert, so etwas zwischen Murren und Lachen kundgetan, der Vorsitzende gebot Ruhe, sonst lasse er den Saal räumen, es sei dies eine «einmalige Warnung, das nächste Mal wird vollzogen.» Es kam nicht dazu.

Vor der Verhandlung war eine Mitteilung der «Vereinigung unabhängiger Ärzte der Region Zürich» an die Pressevertreter verteilt worden, die einen Freispruch für den angeklagten Arzt verlangte mit der Begründung, in diesem Gerichtsverfahren würden «Richtlinien einer Handvoll Chefärzte zur Abgabe von Methadon als Gesetz deklariert», und dieser Arzt werde daran abgeurteilt. Und weiter: «Diese Willkür wird im Licht der aktuellen Entwicklung in der Drogenszene noch viel greller: Gegenüber den zahllosen aktiv verseuchten AIDS-Patienten auf der Zürcher Gasse wird das ganze Methadon-Theater angesichts nicht mehr versteckbaren Elends wie ein Kartenhaus zusammensacken.»

Der Vorsitzende fragte nach der Pause die Verteidigerin, ob sie Kenntnis habe von dem Fackel, der da verteilt worden sei? Die Verteidigerin antwortete, sie habe gesehen, dass Zettel verteilt worden seien, aber noch keinen gelesen.

Bevor ich das grosse Plädoyer der Verteidigerin in einigen Sätzen zusammenzufassen versuche, das ja dann «einer eingehenden Prüfung» durch das Gericht rief, sei die Bemerkung gestattet, dass in dieser Verhandlung über Methadon-Behandlung ausser dem juristischen Vorgehen die Verschiedenheit zweier Welten krass zutage trat und eine unbefangene Beobachterin tief nachdenklich stimmte: Dort oben das hohe Gericht – die Richter sitzen erhöht und ragen gerade mit den Köpfen über ihre Pulte – auf der andern Seite, nämlich unten, die Welt der Strasse, der armen Drogenabhängigen und derjenigen, die versuchen, ihnen in ihrem Elend zu helfen. Und sich dadurch schuldig machen?

Die Richter haben die Paragraphen der Gesetze wohl im Kopf, aber traten sie je hinter ihren Schreibtischen hervor und taten sie einen Schritt in die Realitäten der Gasse? Wissen sie, wie's ist, draussen und ungeschützt, wie's läuft? Welche Gesetze da gelten? Und wem Verurteilungen nützen? Vielleicht der Rechtsprechung?

Unten, auf der Anklagebank, muss man sich zunächst auch verhöhnen lassen, zumindest im Ton, den ein Richter, oben, gern anschlägt. Zur Einschüchterung? Zum Beispiel: «Mir gefällt der Ausdruck Depressionen schlecht, Herr Doktor» (Betonung auf der zweiten Silbe, immer) oder, was er denn erreichen wolle mit einem Freispruch, der Herr Doktor, wie könne er seine Methadon-Behandlung als gelungen bezeichnen bei der X. Y. «Sie meinen doch X. Y.? Dem sagen Sie gelungen? Aber X. Y. weilt ja nicht mehr unter uns.» Ob denn die Einzeloptik funktioniere oder die Ansichten von Kapazitäten? Der angeklagte Arzt gab zu, dass er sich auch täuschen könne, aber dass er viel Erfahrung habe, er habe sich seit 12 Jahren für das Problem der Methadon-Behandlung eingesetzt und nicht viel verdient dabei und das mit den Richtlinien müsse man nicht stur sehen.

Ja, der Tod einer Patientin laste auf diesem Prozess, sagte Cornelia Kranich in ihrer Verteidigung («Ist es nötig, dass Sie einmal hochdeutsch, einmal schweizerdeutsch reden? Entscheiden Sie sich, so oder so», hatte der Vorsitzende sie zuerst angeherrscht, aber die Rechtsanwältin liess sich nicht verunsichern. Sie entschied sich für das Zürichdeutsche, das beherrscht sie. Sie beherrscht auch die äusserst schwierige Materie, sprachlich und sachlich) und legte los mit einer umfassenden Übersicht der Lage.

Den Fall ihres Mandanten, des Arztes N., behandelte sie eingehend, aber immer in bezug auf die gegenwärtige höchst komplexe und verwirrliche Lage in Sachen Richtlinien bei der Methadon-Behandlung.

Der anzuwendende Straftatbestand lautet: «Die Ärzte sind verpflichtet, Betäubungsmittel nur in dem Umfange abzugeben, wie dies nach den anerkannten Regeln der medizinischen Wissenschaft notwendig ist.» Frau Kranich führte aus, dass beim Stand der Kenntnisse über Ersatzmittelbehandlungen im Jahre 1975 Regeln notwendig waren, dass man aber bezüglich Anwendung, Indikation und Abgabemodalitäten gesamtschweizerisch uneinig war und dass bis zum Methadon-Bericht 1984 chaotische Zustände herrschten.

Es folgte eine genaue Beschreibung der Erarbeitung der heute empfohlenen Richtlinien, die Facharbeit einer Expertin, die viele Arbeitswochen dafür investiert hat. So schien es mir.

Interessant für den Laien – und offenbar auch fürs Gericht – die Äusserungen der Verteidigerin über das Ziel einer Drogentherapie, die auf eine schrittweise Übernahme der Eigenverantwortung durch den Patienten zielt.

Eine Behandlung habe nämlich auch das Ziel, die häufig nicht sehr ausgeprägte oder verlustig gegangene Selbstverantwortung, besser Selbstvertrauen, in sozialen und psychischen Belangen aufzubauen. «Dies gilt um so mehr, als Heroin-Abhängige oft Jugendliche mit einer ‹Schwellenangst› vor Anforderungen des Erwachsenenlebens» seien. Dies aus dem Methdon-Bericht des Jahres 1984. Zusammenfassend sagte die Verteidigung, dass im Zeitpunkt der Abgabe 1981/82 es keine ‹anerkannten› Abgabekriterien in der Methadon-Behandlung gab, dass die Methadon-Substitution weitgehend eine soziale Indikation sei mit dem Ziel, die sekundären, sozialen Folgen der Sucht aufzuheben. Als solche sei die Methadon-Behandlung keine Behandlung im Sinne von ‹Regeln der medizinischen Wissenschaft›, weshalb die Tatbestandsmässigkeit nicht erfüllt sei.

Sie war eine Lehrstunde, diese Verhandlung vor Obergericht.

Was sind wir eigentlich für ein Volk

Was sind wir eigentlich für ein Volk? Das frage ich mich, nachdem ich eine volle Woche auf den Zuschauerbänken im Saal des Zürcher Geschworenengerichtes gesessen und zusammen mit vielen andern die Verhandlung der ersten Session dieses Jahres verfolgt habe. Vom Montagvormittag kurz nach 9 Uhr, jeden Tag, stundenlang, bis am Samstag um 5 Uhr das Urteil ausgesprochen wurde. Zuerst waren wir nur wenige. Allmählich füllten sich die Reihen, es hatte sich wohl herumgesprochen, dass Spannendes passiere – und man sich amüsieren könne, und da sagte wohl der eine zum andern: «Gehn wir ins Kino oder zur Hinrichtung?» Den verlockenden Menüplan hatte die Presse serviert: «Tötungsversuch vor den Geschworenen» und «vom Tatbestand her ausserordentlich ist der Tötungsprozess...» Süffig, nicht wahr? Sollte dauern vom 9. bis 23. Januar, zog sich dann aber in die Länge bis zum 24., wie gesagt – weil der Angeklagte sich frech benahm, sich dauernd als nicht schuldig erklärte, ständig nicht geständig war, und ein Ausländer war er auch noch, da konnte man sich als gerechter Schweizer, als gerechte Schweizerin frei und offen empören, aus allen Tiefen hohnlachen, dem Präsidenten applaudieren, wenn er den Angeklagten zur Ordnung mahnte und ihm ein freches Maul attestierte.

Welche Lüste der Nachweis fremder Schuld doch auslösen kann! Wie schön, dabeizusein, wenn das Halseisen am fremden Hals immer enger angezogen wird!

Als an einem Tag vorkam, dass der Angeklagte, Herr C., sich, in einem Restaurant nach seinem Namen gefragt, als «Herr Niemand» bezeichnete, rief einer von uns auf den Zuschauerbänken: «Der Herr Arschloch.»

Mir wurde schlecht unseretwegen, ich klammerte mich an meinen Kugelschreiber und redete mir zu: festhalten, nur-jetzt-festhalten!

Die Pressebank blieb die meiste Zeit leer. Zwei Zeitungen vertreten, aber diese Herren Vertreter hatten natürlich noch anderes zu tun als diesen Langwierigkeiten zu folgen, mussten zwischendurch telefonieren. Sind ja wohl auch als Akkreditierte direkter informiert, und aus langer Erfahrung wissen sie, wann es sich lohnt, dem Gerichtssaal eine

Visite abzustatten. Auch ist das Szenario im voraus bekannt; wer von den Journalisten kann sich nicht vorstellen, was von diesem Staatsanwalt, Dr. Marcel Bertschi, was von diesem Präsidenten, Dr. Theodor Keller, zu erwarten ist; die vereidigten Geschworenen werden ohnehin meistens schweigen; und wie sich ein solcher Angeklagter etwa benehmen wird, ist ja auch klar. Mir fiel auf, dass in der Presseanpreisung des «ausserordentlichen Tötungsprozesses» der amtliche Verteidiger des Angeklagten nicht genannt wurde; das wäre wohl Reklame für die Herren Rechtsanwälte...

Der Verteidiger war Dr. Roland Gmür, und mir scheint, dass dank seiner nicht nachlassenden Präsenz, seinem präzisen und klugen Eingreifen der Prozess in seiner wirren Dynamik doch ein erträgliches Mass fand. Nicht erst in seinem scharfen Plädoyer am Freitag – ich vermeide hier absichtlich das Wort brillant, obschon es sich aufdrängt – war dieser Verteidiger in allen Stunden vorher wichtig gewesen: Er schien seinen, wohl auch für ihn schwierigen, seinen aufmuckenden, aufbegehrenden Mandanten derart durch die Befragungen und die Zeugenaussagen hindurchzuführen, dass nicht nur die auf der Richterbank und die auf der Geschworenenbank ihn, den Angeklagten, sondern auch dieser sich selbst allmählich mehr als einen Menschen sahen, als einen hoffnungslosen zwar, aber endlich als einen Menschen, nicht nur als einen störrischen Straftäter, der seine Schuld nicht zugab.

Das gelang dem Verteidiger nicht nur durch gezielte Einwürfe und Bemerkungen, sondern auch durch Gesten. Er gab dem im Gesicht immer grauer werdenden österreichischen Angeklagten Zeichen mit dem Finger, zu schweigen. Er beruhigte ihn, indem er sich neben ihn stellte, oder er erhob, wie ein Magier, beschwörend die Hand. Derart, dass die hässige Stimmung sich etwas legte, und die Beobachterin zu spüren meinte, dass der skeptische Angeklagte so etwas wie Vertrauen in seinen Anwalt gewann.

Fangen wir an, Tag für Tag! Vorher noch diese Bemerkung: Die Verhandlung vor dem Geschworenengericht ist ein Unmittelbarkeitsverfahren. Die Einvernahmen des Angeklagten und aller Zeugen werden vor den Geschworenen durchgeführt, die vorher keine Akten gesehen haben. Alles passiert neu vor den Augen und Ohren der Neun, sieben Männer und zwei Frauen. Auch vor den Augen und Ohren der Öffentlichkeit. Diese Öffentlichkeit wurde seinerzeit eingeführt als Garantie, zum Schutz des Angeklagten.

Am Ende der Woche sah ich ein, dass, jedenfalls diese Woche, die Öffentlichkeit ihre Chance verpasst hatte. Für sie war der Ort, wo

Recht gesprochen wird und wo man aufpassen sollte, dass alles mit rechten Dingen zugeht, zum Pranger geworden, nämlich zu einem Ort, wo man sich freut, wenn's laut her und zu geht, und wo man einen mit Schuld Beladenen ankläffen kann. Sogar dem Gerichtspräsidenten wurde es zuviel; er meinte einmal, die Befragungen würden nicht zur Volksbelustigung durchgeführt. Der Angeklagte beklagte sich auf seine Weise, er fühle sich einem Vergnügen dargeboten. Wie kläglich, wie jammervoll! Wir fielen durch als Volk, total.

Vielleicht gerade deshalb war ich am Schluss beeindruckt vom intensiven Bemühen dieses Gerichts, Recht zu sprechen, es recht zu machen, trotz gelegentlichem Zynismus von seiten des Staatsanwaltes, trotz einiger Hilflosigkeit von seiten des Präsidenten, der auf die psychische Störung dieses Angeklagten zuerst einmal moralisch reagierte, weil er dachte, die Welt müsse so sein, wie er sie sich vorstellt. Ja, was für eine Welt, wie in sie eindringen? Wie durchsehen?

Herr C., österreichischer Staatsangehöriger, 47 Jahre alt, Hotelangestellter, steht vor einem schweizerischen Gericht, weil er angeklagt ist der versuchten vorsätzlichen Tötung in Zürich (an einer Prostituierten, die jetzt in der Bundesrepublik und unauffindbar ist), ferner angeklagt der Zechprellerei und des Diebstahls. Herr C. wurde im September 85, kurz nach der Tat, festgenommen und sitzt seither im Untersuchungsgefängnis, also seit 16 Monaten.

Am fünften Tag wird der Ankläger auf acht Jahre Zuchthaus plädieren, am sechsten Tag wird das Gericht den vollendeten Versuch einer Tötung erkennen und die Strafe auf sechs Jahre Zuchthaus ansetzen. Bis dahin ein langer Weg, ein voraussehbarer.

Zuerst die Befragung des Angeklagten, der ruhig Auskunft gibt über seinen Werdegang zum Hotelangestellten. Die Eltern früh geschieden, die Beziehung zur Mutter gut, die Erziehung nicht gut, nicht schlecht, wie es eben damals im Krieg und nach dem Krieg gewesen sei. «Also haben Sie eine gute Jugend gehabt?» «Keine schlechte», so die Antwort.

Herr C. ist ja schon von der Polizei einvernommen worden, alle Fragen, die man damals stellte, alle Antworten, die er damals gab, liegen aufgelistet vor dem Gerichtspräsidenten. Wenn etwas nicht übereinstimmt, wird nachgefragt, nachgedoppelt, werden Unklarheiten geklärt. Auf eine Diskrepanz hingewiesen, meint der Angeklagte: «Ich sage nur, was ich genau weiss.»

Bald fängt die Reihe der kleineren und grösseren, aber doch vorwiegend Vermögensdelikte an. Auf die Feststellung, dass der Angeklagte zehnmal zu insgesamt sieben Jahren Freiheitsstrafe verurteilt worden sei in Österreich, meint er trocken: «Ist leider richtig.» Eine erste Ehe, eine zweite, die auch geschieden wurde; das habe ihn belastet, denn das sei «eine aussergewöhnliche, eine geistreiche Frau gewesen, aber sie konnte mich nicht befreien.» Was immer man da versteht.

Aber der aufmerksame Zuhörer stellt bei Herrn C. eine Unruhe, eine Verletzlichkeit fest, wenn er nun Auskunft geben muss über seine Tochter, ein geliebtes Kind: Na ja, er möchte gern antworten, er habe zufällig aus den Akten erfahren, dass sie in Bordellen arbeite. Dies leise hingesagt.

Immer näheres Eindringen in dieses wechselvolle Leben. Der fragende Präsident möchte oft gern ein Ja, ein Nein, aber Herr C. möchte halt differenzieren, wegen eines Diebstahls zum Beispiel: «Alle andern Schüler der Hotelfachschule sind Söhne von Gastwirten gewesen, hatten volle Taschen.» Oder, wegen häufigen Arbeitswechsels gefragt: «Man muss die Zeit damals berücksichtigen.» Und: «Man kann sich nur besserstellen, weiterkommen, sich verwirklichen, wenn man viele Hotels kennt, nicht wie ein Beamter...»

Wenn's zu bunt wird mit den Erklärungen, kürzt der Präsident: «Unsere Schlüsse ziehen wir schon selber.» Und versöhnlicher: «Sie müssen nicht herausfinden, was hinter meinen Fragen steht.»

Dass er intelligent sei, hört der Angeklagte gern. Aber das sind dann vorläufig die letzten in sachlichem Ton gehaltenen Sätze. Langsam steigert sich die gegenseitige Irritation, wobei der Präsident natürlich einen langen Vorsprung hat, sich verärgert zu zeigen. Jetzt werden nämlich Unterschiede zwischen den früheren und den jetzigen Aussagen des Herrn C. kundig.

«Jetzt sagen Sie mir dann, was stimmt, was nicht», so, pikiert, der Richter, und auf den Hinweis des Angeklagten «Sie müssen korrekt arbeiten...» mahnt er: «Halten Sie sich zurück!» (Eine Zuschauerin klatscht in die Hände.)

Manchmal wird's wirklich unterhaltsam, zugegeben, aber nicht nur von der einen Seite her. Denn als der Angeklagte sich über die Prostituierten auslässt, die für ihn Menschen seien, zwar schlechte Menschen, bemerkt der Präsident: «Nutten oder Prostituierte – ich habe zuwenig persönliche Erfahrung – ist für mich dasselbe.» Glaub ich wohl.

Wieder arten die Fragen in Diskutiererei aus. Der Angeklagte klagt, das sei ein «Verwirrungsspiel». Jetzt sind wir bei der Fortsetzung des Strafregisterauszugs, im Laufe von 25 Jahren beim 19. Verfahren, der Angeklagte sagt: «Dieser enorme Druck aller Vorstrafen auf mir.» Man müsse sich vorstellen, kaum entlassen, neue Strafe. «Herr Vorsitzender!»

Die höfliche Zurückhaltung dauert nicht lange an, er betont jetzt, er habe in bescheidenen Verhältnissen gelebt, keine abnormen Bedürfnisse gehabt; aber er habe zweieinhalbtausend Bücher gelesen. Das wiederholt Herr C. ein paarmal. Er wolle sich nicht als einen guten Menschen darstellen, aber Gewalt verabscheue er. Und eben, zweieinhalbtausend Bücher. Jemand lacht im Publikum. Herr C. schaut zu uns herüber. Ich möchte ihm für uns Abbitte tun.

Jetzt wechseln Staatsanwalt und Verteidiger ihre Plätze. Von der Seitenbank ziehen sie auf die Bank vor dem Richterstuhl und stellen auch Fragen. Es fällt auf, dass der Verteidiger seine Fragen erst nach kurzem Überlegen und wohlformuliert stellt; und sie richten sich nie an den Gehetzten, an einen sich nervös Verteidigenden, an einen von vornherein als arrogant eingestuften Menschen. (In seiner Verteidigung wird Dr. Gmür dann auch betonen, es handle sich bei seinem Mandanten um einen kleinen Arroganten, nicht um einen grossen Arroganten, sonst wäre er nicht Hotelangestellter geblieben, sondern Hotelbesitzer geworden.) Etwa so: «Wie haben Sie sich das Leben in der Schweiz vorgestellt nach Ihrer Entlassung aus dem Gefängnis in Graz?» Antwort: Der Schlussstrich, den er habe ziehen wollen, habe sich als Illusion erwiesen. «Man kann nicht auf die höhere Gesellschaft zugehen, man ist nicht akzeptiert.»

Zwei Tage später, als sich alles zugespitzt hat, der Staatsanwalt lächelt und das Publikum noch süffisanter mitlächelt und triumphiert, weil sich der Angeklagte mit seinen Behauptungen alles verdirbt, sagen sie ihm: «Die Geschworenen beurteilen Sie nach Ihren Aussagen.»
  Darauf der Angeklagte: «Ich beachte Sie nicht mehr.»
  Der Staatsanwalt: «Trifft mich ins Mark.»

Inzwischen finden, während dreier Tage, die Zeugenaussagen statt. Jetzt macht auch das junge Publikum mit, findet's interessant, möchte wissen, wie's herauskommt. (Werden Wetten abgeschlossen?)
  Ich wünsche mir nur, dass hier, in ihrer Lüsternheit, nicht nur Jusstudenten sitzen, sonst Gnade unserer Rechtsprechung, wenn die in ein paar Jahren auf der andern Seite, als Richter, hier hocken!

Im Zeugenstand wechseln sich diejenigen ab, die schon einmal ausgesagt haben und sich jetzt wiederholen müssen: Polizist um Polizist, Hotelangestellte, Hotelsekretärin, Kellner, Inseratenvertreter, Besitzerin einer Agentur, die Prostituierte vermittelt, ein Arzt, der die gewürgte Frau untersucht hat (also das Opfer, das nach einer ersten Einvernahme verduftet war), die Bezirksanwältin, welche die erste Untersuchung geführt hatte.

Alles zieht sich hin, verzögert sich. Der Gerichtsweibel muss emsig die draussen wartenden Zeugen auf später vertrösten, muss umdisponieren. Der Angeklagte verlangt immer wieder und heftig, dass man doch das Opfer, die Prostituierte, hätte herbeischaffen müssen. Dies sei unmöglich, wird ihm geantwortet, die Person sei unauffindbar. Überraschenderweise lässt der Staatsanwalt am letzten Nachmittag zwei Zeuginnen einvernehmen, die mit diesem Fall C. nichts zu tun haben, wohl aber in die Anklage wegen des erwürgten Artur Bezzola vom Dezember 85 verwickelt sind.

Dies deswegen, weil C. behauptet, er sei in der Villa Bezzola gewesen; er hat auch einen Dritten eingeführt, der die «Abreibung» an der Prostituierten vorgenommen habe. Die Gegenüberstellung bringt nichts.

Die Hälse des Publikums recken sich nun aber auch, weil Fotos der beinahe erwürgten Frau K. gezeigt werden, das von ihr getragene weisse Kleid mit den paar Blutflecken (Blutgruppe der Angeklagten? Wieviel Prozent Sicherheit, dass es sich um sein Blut handelt?) Pikant? Ich fange an, mich zu langweilen. Wird neues Beweismaterial vorgezeigt, z. B. die Fotos der vier Männer in der Konfrontationskabine (das Opfer soll damals, in der zweiten Vorführung der vier Männer, den Täter nach der Haarfarbe erkannt haben) steht der Verteidiger auf, lässt sich alles genau erklären, nennt dieses Verfahren dann aber «dilettantisch» und «willkürlich». Diese Ausdrücke gefallen dem Staatsanwalt ganz und gar nicht.

Zu jeder Zeugenaussage darf sich hinterher der Angeklagte äussern, er tut dies ausführlich, erregt, er beleidigt auch eine der Zeuginnen, soll sich dafür entschuldigen, tut es aber nicht und fängt eine Ordnungsbusse von 200 Franken ein, die dann im Urteil ausgesprochen werden. Herr C. macht immer wieder darauf aufmerksam, dass er sich zur Zeit der Tat gar nicht im Hotelzimmer befunden habe, Frau K. habe in der ersten Einvernahme dick gelogen. Erneute Rügen an Herrn C., er sei vorlaut, er habe sich nicht so zu benehmen: «Es geht hier um vorsätzliche Tötung.»

Der Angeklagte: «Bei mir geht's um mehr.»

Wir sind endlich am dritten Prozesstag nachmittags angelangt. Die Stimmung auf den Zuschauerbänken ist so, dass man nicht mehr weiss, ob hier ein Gerichtsverfahren oder eine gut inszenierte Show verfolgt wird. Das ändert sich nun schlagartig, als der Psychiater auftritt, Oberarzt Dr. Martin Kiesewetter, der sein 50seitiges Gutachten zu erklären hat. Das dauert, wenn ich mich recht erinnere, fast zwei Stunden. Differenzierte Ausführungen.

Viele Zuschauer verlassen die Tribüne, es passiert ja nichts mehr. Aber tatsächlich passiert endlich etwas, die Veränderung ist mit Händen zu greifen. Der Psychiater spricht direkt zu den Geschworenen, wendet sich ihnen ganz zu, vermeidet sorgsam Fachausdrücke. Der Angeklagte sitzt in seinem Rücken – wird sichtlich ruhiger, wie wenn er fühlte, dass er als Ganzes genommen wird und ernst; er soll dies eine Mal nicht überführt werden. Hilft es ihm, dass er sich selber nun besser versteht?

Und nun, am Freitagmorgen, die beiden Plädoyers. Der Ankläger, Dr. Bertschi, spricht eine Stunde, Dr. Gmür, der Verteidiger, zweieinhalb. Die beiden Juristen sind sich an intellektueller Schärfe gewachsen. Das Gericht, der Präsident und seine zwei Beisitzer und der Gerichtsschreiber und die neun Geschworenen verfolgen die Plädoyers mit nicht nachlassender Aufmerksamkeit. Sie machen sich Notizen. Sie werden heute Nachmittag beraten und morgen Vormittag ihr Urteil sprechen. Wir wissen, wie es ausfallen wird. Nach Anklage und Verteidigung hat der Angeklagte, Herr C., noch einmal das Wort. Er spricht viel, wiederholt sich, beteuert seine Unschuld. Aus allem ist fühlbar die Hoffnungslosigkeit eines hoffnungslosen Menschen.

Schreiben ist ein Handwerk

Schreiben ist immer schreiben. Und schreiben ist immer schwer. Es gibt nicht das leicht hingeworfene Schreiben für die Zeitung und das höhere für das Buch, das dann als Literatur bezeichnet wird.

Warum man schreibe, wird man im Laufe des Lebens oft gefragt. Dazu gibt es hunderte von Umfragen, und jede Antwort der Schreibenden ist verschieden. Ich würde sagen, weil ich nichts anderes kann, weil ich es geübt habe, weil ich schreiben zu meinem Metier machte.

Fast ebenso lächerlich ist die Frage, für wen man denn schreibe, heute hat jede Interviewerin das Wort «Zielpublikum» auf der Zunge. Das ist zum wegspringen. Natürlich schreibe ich nicht nur für mich, ich habe mich der Information im weitesten Sinn verschrieben, und ich will ja schliesslich gelesen und gehört werden. Und ich stelle mir beim Schreiben schon immer Menschen vor, Freunde, denen ich gern etwas mitteile.

Natürlich gibt es Unterschiede, ob man für eine Zeitung, für ein Buch, für eine Zeitschrift schreibt. Es sind formale Unterschiede. Es sind auch Unterschiede im Rhythmus und Unterschiede im ersten Satz. Mir kommts auch beim verfassen drauf an, wo ein Text erscheint, auf der Seite links oben oder in der rechten Spalte, ob auf der ersten oder der letzten Seite. Das sind Nuancen, aber wichtige. Davon nämlich hängt die Wortwahl ab, immer und auf jeden Fall.

Der einfache Leser

«Denken Sie an den einfachen Leser!» Diesen Satz hören Leute, die eine Zeitung machen. Er wird von Kollegen, die im gleichen Gewerbe tätig sind, ausgesprochen oder von Wohlmeinenden, die über das Zeitungsmachen nachgedacht haben und selber Leser sind. Ob sie selber einfache Leser sind? Darüber geben sie keinen Aufschluss.

Auf den Rat, den einfachen Leser nicht zu vergessen, kann eine Redaktion meistens nur schüchtern bemerken: «Wir denken Tag und Nacht an ihn.» – Nur, wir haben ihn noch nicht gefunden.

Sind Sie, lieber Leser, der «einfache» Leser unseres Magazins? Möchten Sie gern «er» sein? Oder verwahren Sie sich dagegen, als «einfach» eingestuft zu werden?

Es wäre am besten, sich durch Demoskopen das Modell des einfachen Leser erarbeiten zu lassen: Durch umständliche Fragestellungen, mit raffinierten Tabellen käme man dann vielleicht dem Lesebedürfnis des mittleren Schweizers zürcherischer Färbung auf die Spur. Einem Computer fiele es nicht schwer, aus den gefütterten Angaben ein Magazin-Herstellungsrezept auszuspucken: soviele Löffel Unterhaltung, ein halbes Glas Erotik, Gewürze der Information dosiert beigemischt, helvetischer Humor als Grundsauce usw. usf. Wohl möglich, dass dieses journalistische Gericht wohlschmeckend wird. Ob es bekömmlich ist im Jahre 1970, ist freilich eine andere Frage.

Denn, und das ist der springende Punkt, unsere Erfahrungen mit dem Leser laufen nicht maschinell sondern persönlich, sie ergeben ein vielschichtiges Bild und ganz und gar kein einfaches.

Versuchen wir, einige Züge unseres Lesers zu erfassen! Sie, unser Leser, haben sich in den letzten Jahren ungemein gewandelt. Sie sind – unbewusst – äusserst anspruchsvoll geworden; Sie sind ein besserer und ein rascherer Leser geworden.

Wo liegt das Einfache Ihrer Bedürfnisse? Ihr «Einfaches» ist nichts anderes als unser «Einfaches», nämlich die Tatsache, dass wir im Alltag so ungefähr dasselbe tun: Wir stehen morgens auf und gehen an die Arbeit, wir kommen abends todmüde nach Hause, wir haben jeder unsere beruflichen und unsere häuslichen Sorgen, wir haben mehr oder minder die gleichen Vergnügungen, die gleichen Freuden, den gleichen Kummer. Kurz, wir essen dieselbe Suppe.

Es war aber nie Aufgabe einer der lebendigen Zeit verhafteten Zeitung – ihrem Charakter entsprechend muss eine Zeitung eher vom Ungewöhnlichen als vom wohlbekannt Gewöhnlichen berichten – von der Suppe zu reden, sondern von dem, was uns daran hindert, den nächsten Löffel Suppe gedankenlos in den Mund zu schieben. Selbstprüfung tut not! Wissen wir nicht alle, wir kompliziert die Zeiten sind, die auf uns zukommen, und wie schwierig es sein wird, ihre Probleme zu bewältigen? Müssen nicht alle Mittel eingesetzt werden, um fähig zu sein, die Aufgaben unserer Tage zu verstehen und sie zu bewältigen?

Es bleibt uns nichts anderes übrig, als den «einfachen» Leser als den ehrlichen, den aufrichtigen, den aufgeschlossenen Leser zu erkennen. Ein vorurteilsloser Leser urteilt richtiger. Er will ein Magazin, um sich immer wieder neu zu orientieren. Weil wir so grossen Respekt vor unserem aufrichtigen Leser haben, berichten wir aufrichtig von den Dingen, die passieren. Einfach ist das nicht.

Aufforderung zum Nichtlesen

Es ist merkwürdig, dass ausgerechnet Leute, die mit dem Wort zu tun haben, das Vertrauen zum Wort verloren zu haben scheinen. Journalisten nämlich, die ihre Ware, das heisst die Information, textlich, also im Wort, verkaufen, schrecken neuerdings vor dem Text zurück. Sie wälzen ihr Unbehagen dann allerdings auf den Leser ab, indem sie klagen: «Kein Mensch verdaut heute mehr einen langen Artikel, heute kann ja keiner mehr lesen.» Die Leser, sagen sie dann, seien verwöhnt durch die vielen Bilder, Text könne man ihnen nur noch dosiert, sozusagen in Form erweiterter Bildlegenden, servieren. Eine bilderlose Textseite in der Zeitung wird gern als öde Wüste bezeichnet und wird für den heutigen Leser als unzumutbar angesehen.

Warum der Journalist das Zutrauen zu seiner eigenen «Ware», dem Wort, verloren hat, wäre eine Selbstprüfung wert, für die hier nicht der Ort ist. Hier beschäftigt uns das Verhalten des Lesers, das die Redaktion einer Zeitung oder eines Magazins zu verstehen sich bemüht.

Lesegewohnheiten ändern sich rasch. Das Lesen einer Zeitung ist vielen Einflüssen ausgeliefert, die man weder unterschätzen noch aber überschätzen sollte. Der Umgang mit dem Radioapparat und mit dem Fernsehgerät hat sicher die Ansprüche des Publikums an die Zeitung umgewandelt. Man nimmt gern an, dass das auf Informationen erpichte Publikum lesefauler geworden sei, werden doch Informationen überaus süffig und leichtfasslich via Ton und Bild in fast jedes Haus geliefert. Aus der Tatsache, dass das Publikum heute informierter denn je ist, dass ihm Vorkommnisse in Kambodscha fast so vertraut wie Einkaufsgewohnheiten am Limmatquai geworden sind, ist nun aber nicht zu schliessen, dass das Publikum zum ernsthaften Lesen zu faul sei. Es ist wählerischer, es ist kritischer geworden. An den Vermittler der Information, in unserm Fall den Journalisten, der eine Zeitung macht, werden höhere Ansprüche gestellt. Der Leser heute hat viele Möglichkeiten zu vergleichen, er nimmt es nicht mehr nur für Gold oder nur für Lüge, was in einer Zeitung steht. Sein Verhältnis zur Zeitung ist kein mythisches mehr, sondern ein reales. Stellt der Leser doch nüchtern fest, wenn eine Nachricht ihm zu spät oder wenn sie ihm tendenziös vermittelt wurde.

Der Leser von heute ist souveräner im Lesen seiner Zeitung als der Leser von gestern. Darin geübt, am Radio- oder Fernsehapparat den Knopf zu drehen, auf ein anderes Programm umzuschalten oder eine Sendung ganz abzustellen, wenn sie ihm nicht passt, wird er auch die Seiten der Zeitung – oder des Magazins – umdrehen, wenn sie ihm nicht passen, und er wird sich auf das konzentrieren, was ihm behagt. Für jeden etwas, sagt er, ohne sich zu ärgern.

Der Leser heute ist auch selektiv im Lesen eines Textes. Er wählt aus einem langen Text vielleicht nur die Abschnitte, die ihm zusagen. Ich glaube, er ist nicht beleidigt, sondern geehrt, wenn man ihm einen guten Artikel oder gar ein Dokument in extenso vorlegt, ohne lesegerechte Präparierungen (das heisst kindische Zerstückelungen), denn vielleicht ist der Leser ein Spezialist, der sammelt und eine Aussage rund und ganz aufbewahren möchte.

Nach unsern nun sechsmonatigen Magazin-Erfahrungen stellen wir fest, dass oft der Leser anspruchsvoller und klüger ist als der Redaktor. Besseres kann sich der Redaktor nicht wünschen.

Was die Leute alles schreiben, wenn sie schreiben

Erfahrungen bei der Lektüre von 1635 Kurzgeschichten anlässlich eines Wettbewerbes

Ich muss zugeben, dass ich, als ich einwilligte, in der Jury eines Wettbewerbs für Kurzgeschichten mitzuarbeiten, ziemlich leichtfertig handelte. Es war nicht voraussehbar, dass 1635 Kurzgeschichten gelesen werden mussten und nicht, wie erwartet, ein paar hundert. Die Einsendungen ergaben gegen 10000 Schreibmaschinenseiten, also mehr als der im Herbst 1985 erschienene Monsterband der österreichischen Schriftstellerin Marianne Fritz von 3000 Seiten oder Arno Schmidts «Zettels Traum» mit seinen 1330 Seiten im Grossformat – wenn auch nicht von ebenbürtiger Qualität. Das Gefälle im Niveau der 10000 Seiten ermöglichte uns Jurymitgliedern, nicht jede Seite durchzulesen, sondern die Manuskripte, die untauglich waren, wegzulegen, nachdem man die ersten fünf Sätze hinter sich hatte. Aber die Verantwortung gegenüber dem Ausdruckswillen von gut anderthalbtausend Mitbürgern war doch so gross, dass man jedem ersten Abschnitt seine volle Aufmerksamkeit widmete.

Es ging um den vom «Schweizerischen Beobachter» im Oktober des letzten Jahres ausgeschriebenen Wettbewerb; es ging um hohe Preissummen, es ging ausserdem um die Publikation von Kurzgeschichten im «Beobachter» und in einem Buch. Dass diese literarische Ausschreibung so viel Schreiblust auslöste, war auch dem fast intimen Kontakt zwischen dem «Beobachter» und seinen Lesern zu verdanken, die von ihrem Blatt nicht nur Information, sondern viel Rat und Hilfe bekommen.

Was wurde geschrieben? Auch wenn es sich, nachdem die Pseudonyme gelüftet worden waren, herausstellte, dass es sich bei den Schreibenden doch mehrheitlich um professionelle Schreiber handelte, traf die Benennung des Resultats: «Ein Volk schreibt Kurzgeschichten» zu und auch der in Aussicht genommene Untertitel «Vom Essay zur Kalendergeschichte». Essays gab's zwar wenige – auch wenig Science-fiction – Kalendergeschichten viele, keine Geschichten noch mehr. Übrigens: Welche Anforderungen an einen Text, der als

Kurzgeschichte bezeichnet wird, gestellt werden dürfen, darüber einigte sich die Jury nach vielen Diskussionen und an den vorhandenen Beispielen.

Amüsiert stellte ich bei jeder Sitzung fest, dass das andere weibliche Wesen dieser Jury fast immer die gleichen Zensuren auf seine Notizblätter aufgeschrieben hatte wie ich, derart, dass die andern eine Frauenfront vermuteten, eine geheime Strategie, dabei war es der beglückende Zufall desselben Qualitätsanspruchs.

Nachdem die Ausscheidungen stattgefunden haben, überlegt man sich die Inhalte der Schreibflut. Was auszudrücken hatten 1635 Schreibende das Bedürfnis?

Zuerst trafen die Erinnerungstexte ein. Alte Menschen scheinen das Bedürfnis zu haben, festzuhalten, wie ihre Welt früher aussah. Diese Bilder aber als Nostalgieerzeugnisse abzutun, fiel schwer, denn da zeigte sich oft eine subtile Zeichnung, wie man als Kind die Umwelt erfuhr, Menschen, Landschaft, Milieu, so dass beim Lesen der Wunsch aufstieg, dass sich doch diese alten Schreiber die Feinheit ihrer Empfindungen auch für ihre jetzige Welt hätten bewahren mögen, dass sie mit derselben Offenheit ihre Tage heute verbrächten. Ebenso hurtig aus der Schublade gegriffen oder im ersten Augenblick verfasst: Erinnerungen an den Aktivdienst, Weltkrieg 1939–1945. Da fiel es mir schwerer, nachsichtig zu sein, und der Gedanke kroch auf, ob denn diese wehrhaften Männer seit jenen Jahren nichts Erschütternderes erlebt hatten das zu beschreiben wäre, als die Bedrohung damals, die Kameradschaft und der Anblick eines Flüchtlings, den es an der Grenze abzufangen galt?

Ein neuer Schub von Kurzgeschichten erweckte dann aber Anteilnahme. Ich nahm an, es handelte sich um Autorinnen – aber man kann sich da auch verhauen –, es ging nun um den Alltag, um eine unmittelbare Konfrontation mit den Nöten unserer Tage, nicht abgeschirmt vom Schreibtisch aus beurteilt, sondern gesehen am Mitmenschen, erlebt in Betrübnis: Die Mutter, die ins Altersheim muss und sich nicht mehr zurechtfindet, der Vater, der versorgt werden muss, bittere Einsamkeit alter Menschen, die sterben, weil sie alleingelassen wurden.

Und, immer neu, das traurige Kapitel des unwürdigen Wohnens: in gekonnten und weniger gekonnten Varianten wurde die Unmöglichkeit beschrieben, für einzelne und Alte eine Wohnung zu finden, die nicht nur hygienischen, sondern auch menschlichen Bedürfnissen entspricht – und dem Portemonnaie. Berührend die Tatsache, dass sich offensichtlich die mittlere und jüngere Generation in dieser Sache zum Wort meldete, eine Gruppe, die sich aus Beobachtung und Anteilnahme äussert; die betroffene ältere Generation scheint nicht mehr fähig, sich für sich selber zu wehren, ihr hat's die Sprache verschlagen.

Mütter äussern sich, so hatte man den Eindruck, nicht nur als Töchter alter Eltern, sondern auch als die Erzieherinnen ihrer Kinder, in dem Sinne, dass sie oft nicht wissen, wie sich in der Konfrontation mit den Problemen der Jungen benehmen. Sogar mit Humor wird dieses Thema angegangen, sonst eher eine rare Sorte der Kommunikation hierzulande. Die Jungen selbst verstehen es, sich über sich selbst auszudrücken, tun es aber selten (Drogenprobleme); ohne Barrieren aber schreiben die von Krebskrankheit Befallenen und schildern ihre persönlichen Reaktionen auf die unerwartete Attacke, die wie ein Sturm ihr Leben aufwühlt. Die Jury schien mir nicht frei von der Befangenheit, die einen gegenüber Krebs befällt, man rechnete es einem Autor oder einer Autorin von vornherein als mutiges Bekenntnis an. Stilistische Vorsicht schien mir hier am Platz, Krebs heiligt nicht von vornherein das Schreiben, und im übrigen ist es Mode geworden, über seinen Krebs zu schreiben: Bekenntnisbücher wirken als Vorbilder.

Weniger anfällig war die Jury, was die Schilderung von Verkehrsunfällen betraf: mit dem Fahren in einen Baum und dem Zerstören des eigenen Blechs und des eigenen Lebens konnten auf melodramatische Art Beziehungskonflikte zwischen Partnern aus der Welt geschafft werden. Vorwiegend eine Lösung männlicher Einsender.

Es bleibt aber immer noch die Frage, warum denn so viele Menschen schreiben, ob sie's können oder nicht; das Gefühl für ein Metier ist nicht mehr vorhanden. Es ist ja auch in andern Gebieten so, dass wenig Respekt da ist für die Regeln eines Handwerks, das erlernt und geübt werden will. Beim Schreiben sind alle Hemmungen gefallen, in der Schule hat man ja schreiben gelernt, sagt sich mancher. Aber das erklärt die frei gewordene Schreiblust noch nicht. Während der Monate des täglichen Lesens von Kurzgeschichten überkam mich, als eine ehemalige Zeitungsmacherin, doch auch das Gefühl: mea culpa. Haben wir nicht, wir Leute von den Zeitungen, von Radio und Fernsehen, durch unsere Befragungen, Umfragen, Interviews die Meinung jedes Passanten so aufgemöbelt, dass er nicht nur seine Äusserung über den USA-Präsidenten wichtig nahm, sondern sich selbst als weltbewegend erlebte? Dieses Zutrauen in seine Wirkung, auch schreibenderweise, hat auch seine positive Seite (oder sagte ich, als Lesegeschädigte, mir das nur zum Trost?)!

Wenn Peter Bichsel seine Solothurner Dankrede (Verleihung eines Förderpreises durch den Kanton 1969) mit «Dem Bestehenden Schwierigkeiten machen» bezeichnet und dies zu tun als Auftrag für sein eigenes Schreiben und für die künstlerischen Äusserungen seiner

Kollegen in Anspruch nimmt, könnte man – etwas weit greifend – die 10 000 Manuskriptseiten eines Kurzgeschichtenwettbewerbs doch als den zwar ungeschickten, aber bewunderungswürdigen Versuch von über anderthalbtausend Menschen halten, die, durch ihr Schreiben, eine Reklamation am Bestehenden anmelden.

Ein Text rächt sich

Übersetzernöte sind vielfach formuliert worden, dabei bleibt eine Klage immer dieselbe: «Miserabel bezahlte Arbeit.» Ich bin kein Neuling im Übersetzen, und ich habe beides, erhebend befriedigende Augenblicke und trübe Erfahrungen hinter mir. Ich weiss auch, dass die Beherrschung einer Fremdsprache nur eine Voraussetzung ist, ein guter Übersetzer zu werden; es ist wichtiger, die eigene Sprache derart zur Verfügung zu haben, dass mit ihr möglich wird, den fremdsprachigen Text annähernd gerecht wiederzugeben. Ich bin auch überzeugt, dass sieben, acht Wörterbücher und Nachschlagwerke auf dem Tisch des Übersetzers keine Schande sind, nichts mit Mangel an Genie zu tun haben, sondern im Gegenteil seine Ernsthaftigkeit auszeichnen, wenn er richtig damit umgeht. Ich merke freilich immer wieder, dass man sich zu Beginn einer neuen Übersetzung oft so sehr in ein Ringen um Genauigkeit hineinsteigert, dass man das einfältigste Wort nachschlägt, um erleichtert festzustellen, dass ‹la table› immer noch ‹der Tisch› heisst. Zweifel sind trotzdem fruchtbar, mit der Zeit halten sie sich in Grenzen.

Meine ganz persönlichen Vorsichtsmassnahmen bei Annahme einer Übersetzung sind folgende: Ich übersetze nach Möglichkeit Texte lebender, also notfalls erreichbarer Autoren; die Möglichkeit der Rückfrage beim Autor beflügelt den Übersetzer. Dann frage ich mich natürlich auch, ob Umgebung und sozialer Hintergrund des zu übersetzenden Textes mir einigermassen vertraut sind; auf Jagdausdrücke der Eskimos in Alaska lasse ich mich lieber nicht ein, auch will ich, beispielsweise, nicht unbedingt mein Vokabular mit dem Spezifischen einer Computersprache anreichern. Andere Überlegungen, die nicht ganz ausser acht gelassen werden dürfen: Die Sympathie für einen Text erleichtert die Arbeit, sprachliche Affinität fördert sie.

Nun, warum bin ich neulich trotzdem gründlich auf die Nase gefallen? Warum rächte sich ein Text grausam an mir? Es kam so, und übrigens habe ich es erst allmählich gemerkt. Denn vorläufig war alles in der üblichen Weise abgesichert: es handelte sich um einen Roman in klassischem Französisch, gekonnt komponiert, höchst kultiviert, der Autor erreichbar, Spielort europäische Städte, die ich kannte, das

Ganze ein Auftrag, der mir auch deswegen ins Konzept passte, weil der Stil des Romans genügend Fremdheit aufwies, um eventuelles eigenes Schreiben nicht zu stören. Die sprachlichen Schwierigkeiten waren voraussehbar und als Sprachübung gewünscht, nämlich die über halbe Buchseiten sich schlängelnden Sätze in Lesbares umzumodeln oder einen Stapel von sieben Adjektiven in Adverbialformen und Relativsätze umzubauen. Die Erleichterung nach dem ersten mühsamen Einarbeiten wollte sich nicht einstellen, die Bilder fügten sich immer weniger der eigenen Phantasie, der Text wurde sperriger, die Übersetzerin kratzbürstiger. Bis sie endlich merkte, dass sie sich durch den Stil des Romans hatte blenden lassen, dass sie sich mit dem Inhalt viel zu wenig identifizieren konnte, dass ihr die Geduld ausging aus Ärger über die Romanfiguren, mit denen sie immer weniger zusammen sein wollte. Diese zu späte Entdeckung war zunächst sprachlicher Natur. Als der Liebhaber der Heldin zum zehnten, zwölften Mal beschrieb, wie anmutig, wie lieblich die Dame den Tee eingoss oder ihre Seidenschals bestickte, fiel der Übersetzerin zum zehnten und zum zwölften Mal kein entsprechendes Synonym ein. Und dann, als die Liebe auf Seite 250 sich in immer höhere Sphären verflüchtigte und es zwischen Mann und Frau einfach nicht zum Klappen kommen wollte, entdeckte die Übersetzerin, dass ihr so wüste Wörter wie «Chauvi» für den Helden und «sentimentale Zwetschge» für die Heldin über die Lippen kamen und sie sich so brutale Gedanken leistete wie denjenigen, dass der Roman um die Hälfte früher zu gutem Ende hätte kommen können, wenn sowohl der Herr wie die Dame hart für ihre Existenz hätten arbeiten müssen, sich länger in der Küche als im Salon aufgehalten hätten. – Unliterarische und höchst unpassende Bemerkungen einer bescheidenen Dienerin der Literatur. Wie wenig sind Inhalt und Sprache zu trennen! Auch als Übersetzerin sind eigene Inhalte, die sich im Laufe eines eigenen Lebens verändert haben, ernst zu nehmen, und sie sollten nicht in krassem Widerspruch zur Welt des zu übersetzenden Textes stehen. Ich denke nicht, dass die Übersetzung deswegen um eine Spur schlechter geworden ist, ganz im Gegenteil, aber die Mühe war grösser, das Übersetzerleiden steigerte sich Seite um Seite. Das war die sprachliche Rache des Textes, dessen Inhalt vorher wahrscheinlich zu wenig ernsthaft geprüft worden war. Ein nächstes Mal...

Lesen, oder vom Umgang mit Büchern

Es wird immer wieder behauptet, dass die Leute nicht mehr läsen, vor allem die Jungen hätten's verlernt, das komme davon, weil sie dauernd vor dem Fernsehapparat sässen. Nach meinen Beobachtungen ist das Gegenteil wahr: ich treffe immer wieder Leute an, die lesen, viel lesen und gut lesen. Vielleicht ist das auch einseitig gesehen, aber es ist mir egal. Ich will für einmal parteiisch sein und mit denen reden, die Bücher lesen, die eine gute Beziehung zu den Büchern haben, die auf Bücher reagieren, die mit ihrer Lektüre etwas anfangen können.

Wie gesagt, ich sehe immer mehr Bücher um mich herum, mir scheint auch, es gäbe immer mehr und immer bessere Buchhandlungen und immer mehr Leute, die sich nicht scheuen, in die Buchhandlung hineinzugehen, in den Gestellen herumsuchen, mit der Buchhändlerin oder dem Buchhändler über ein Buch reden, sich beraten lassen, nach einem Titel fragen, auch wenn sie keine Übung haben im Aufzählen von Autorennamen und Verlagen.

Zum Glück ist man heute auch nicht mehr so gläubig gegenüber den Literaturkritikern, man kniet nicht mehr vor den Fachleuten in Sachen Literatur, man traut sich selber zu, ein Buch gut oder schlecht zu finden. (Nur noch Autorinnen und Autoren knien vor einer Kritik, lassen sich je nachdem vernichten oder aufrichten. Aber darüber möchte ich jetzt nicht reden, das ist ein anderes Kapitel mit andern Massstäben und andern Kriterien.)

Ich denke an den interessierten, an den selbständigen Leser. Bei mir zuhause liegen überall Bücher herum, sie stehen nicht nur auf den Büchergestellen, es gibt auch Bücher in der Küche, weil ich mich viel in der Küche aufhalte und auch dort lese, es gibt Bücher auf dem Fussboden neben dem Bett. Ich rede mit den Büchern und frage sie. Und mit den Leuten, die zu mir kommen oder die ich antreffe unterhalte ich mich fast immer über Bücher. «Hast du das gelesen?» «Nein, lese ich nicht, interessiert mich nicht. Aber hast du das gelesen?» Und dann fängt's an.

Zuerst etwas über Bücher, ohne die ich nicht auskomme, die Wörterbücher. Die Fremdwörterbücher benütze ich nicht nur zum Übersetzen, auch beim Lesen von Büchern, die in einer andern Sprache geschrieben sind; wenn mir z.B. ein wichtiges Wort fehlt oder wenn ich es nicht genau sondern nur der Spur nach kenne: aufschlagen, nachschauen. Natürlich hat das mit meiner Arbeit zu tun. Aber es ist so, dass ich ohne die vielen verschiedenen Lexika nicht existieren könnte, nicht ohne die verschiedenen Bände Duden, nicht ohne Petit Robert, nicht ohne Larousse, auch nicht ohne das deutsche Wörterbuch Wahrig. Und neuerdings, seitdem ich mich hier mit Euch auf Mundart unterhalte, benütze ich den von Greyerz, das berndeutsche Wörterbuch. Überlege ich mir meinen Radiotext, kommen mir oft Ausdrücke in den Sinn, die ich früher benützte – in Zürich hätte man sie ohnehin nicht verstanden –; sie steigen aus der Kindheit heraus, ich erinnere mich plötzlich, wer sie gebraucht hat und in welchem Zusammenhang, aber eben, so nach fünfzig Jahren ist man da nicht mehr sicher ob's auch wirklich stimmt. Also nachschlagen im von Greyerz. Dazu ein Beispiel das mich kürzlich erheitert hat:

Bei einer Zusammenkunft im Bernbiet haben mich laute Stimmen sehr gestört. Und da ist mir in den Sinn gekommen, dass meine Mutter von den Bernern – sie war zwar auch eine Bernerin – zu sagen pflegte «die tüe immer so praschauere». Sagte sie es wirklich so? Also nachschauen im berndeutschen Wörterbuch auf Seite 242, unter P gleich nach dem «Pralaggi» steht das Wort praschauere oder plaschauere: das Wort meine «Prahlen, das grosse Wort führen, wichtigtuerisch reden», also drei Ausdrücke dafür, und dann steht erst noch ein Zitat vom ‹Stübli›, einer Rubrik im Berner Bund 1974: «Wär praschalleret oder plaschaueret, dä fragt nid; dä bhouptet u bhertet, un eh weder nid lügt er.» Luftsprung vor Vergnügen über diese Ausführung. Aber das sind so Exkurse, Seitensprünge, eine Liebhaberei. Nicht jeder sucht Wörter in den Büchern. Aber etwas suchen tut jeder.

Ist es ein Leseereignis, wenn man im Buch eine Antwort findet auf eine Frage, die man sich gerade gestellt hat? Es gibt solche Augenblicke: wir lesen ein paar Sätze, unerwartet leuchten sie auf, weil sie einen Gedanken treffen, den wir noch nicht zuende gedacht haben; es gibt Zeilen, die uns berühren, weil wir in einer ähnlichen Lage uns befinden, es gibt Wörter, die etwas in Bewegung setzen und aufschliessen, was zugedeckt war; es gibt Beschreibungen, wo man spürt, genauso habe ich's auch gesehen. Kürzlich meinte eine Frau zu mir, wenn sie ein Buch lese und einen Gedanken darin finde, der ihr vertraut sei, der ein wenig ihr eigener sei, dann komme es ihr so vor, sie begegne einem Freund. Bücher können unsere Freunde sein, unsere Freunde werden, sie können uns aber auch herausfordern und plötzlich kann ein Buch ein Feind werden, den wir bekämpfen wollen. Auch gegenüber unsern Freunden sind wir ja nie ganz unkritisch und gegenüber einem

Buchfeind lernen wir vielleicht, tolerant zu sein. Natürlich habe ich ein Buch auch schon in eine Ecke geschmissen, sagte mir, meine Zeit ist mir zu kostbar für diesen Mist, aber immer habe ich mir dabei überlegt, warum ich so wütend werde. Dabei stösst man auf die merkwürdigsten Dinge.

Mit der Zeit wird man wählerisch. Man liest aus, man trifft Entscheidungen, oder man erlaubt sich, ein Buch nur halb durchzulesen weil's einen langweilt. Aber ich glaube, jeder der liest, lernt dabei, er erfährt Neues und dann kommt's nicht drauf an, ob er viel liest oder wenig, die Hauptsache ist, er liest. Er liefert sich dem Abenteuer vom Lesen aus, er nimmt es in Kauf, dass er ein anderer ist, wenn er das Buch aus der Hand legt, als er war, bevor er es gelesen hat. Bücher sollen einen ja nicht nur bestätigen, sondern uns herausfordern, etwas mit uns anzufangen.

Es gibt natürlich professionelle Leser, aber sie unterscheiden sich nur in Nuancen von den gewöhnlichen, guten, eifrigen Lesern. Zu den professionellen Lesern zähle ich die, die selber schreiben. Diejenigen, welche ein Buch auch lesen, um zu wissen, wie der andere es anpackt um das zu sagen, was er zu sagen hat. Von dorther kommen dann auch die Schreibhemmungen; einer der ein Buch schreiben will, liest sein eigenes im andern Buch. Ich glaube jeder, der gerade am Verfassen eines eigenen Buches ist, also in einer produktiven Phase, muss aufpassen in seiner Lektüre, er behandelt sie wie eine Diätnahrung, er erträgt nicht alles. Aber das sind Extremsituationen. Ich rede nur mit dem Leser, der durch sein Lesen mehr kennenlernen will, mehr erkennen, also das Leben intensiver leben will.

Ich brauchte lange, bis ich mir zugestand: der Lesehunger ist erlaubt, weil er ein Lebenshunger ist. Das Lesen sperrt das Leben nicht aus, im Gegenteil, es steigert es. Als Kind, besonders als Mädchen wurde man ja als Leseratte ausgelacht. Komm in die Stube, mach etwas mit den Händen, erzähl mir etwas! hiess es dann. Da habe ich immer meine Schwester bewundert, die zum Lesen nicht in ihr eigenes Zimmer gehen musste; sie konnte sich am Familientisch auf ihre Lektüre konzentrieren; höchstens steckte sie sich die Finger in die Ohren und alle dachten, sie büffle Franzwörter.

Lesen ist nicht nur eine Sache von Zeit haben, das auch, aber es ist auch eine Sache der Gewohnheit. Man kann ja auch im Tram lesen, in der Eisenbahn, lieber nicht beim Autofahren. Aber beim Warten vor dem Einschlafen, kurz vor dem Aufstehen, es hat da jeder seine eigenen Gewohnheiten.

Es ist interessant festzustellen, dass berühmte Schriftsteller, betätigen sie sich als Kritiker, als Chronisten, als Essayisten, viel und gern über ihre Lektüre schreiben, über ihre Leseerlebnisse. Goethe sagt dem: geniessend urteilen und urteilend geniessen.

Und gerade das könnte ja jeder von uns: ein Buch geniessen, es subjektiv beurteilen. Beurteilen im Sinne von, gibt mir das Buch etwas, sagt es mir etwas, fordert es mich heraus, macht es mich reicher. Wir brauchen ja keine Kritiken zu schreiben über Bücher, die wir lesen, keine Essays zu verfassen, aber wir können darüber mit unsern Freunden reden, sie fragen, was sie lesen, ihnen erzählen, was wir lesen.

Die Bücher, das Buch als unser Lehrmeister, den wir uns aussuchen, wie schön. Das Buch als unser Begleiter. Und, wie die Frau, die ich auf der Strasse traf, meinte: manchmal, wenn ich ein Buch lese, habe ich das Gefühl, ich begegne einem Freund.

Ich habe auch schon gehört, das seien kostbare Freunde, die ich mir da leiste, Bücher seien doch teuer. Einverstanden. Ich gebe viel Geld aus für Bücher, habe auch manchmal nicht die Geduld zu warten, bis ein Titel, der mich interessiert, als Taschenbuch erscheint. Aber man kann auch Bücher lesen, ohne viel Geld auszugeben. Es gibt Bibliotheken, es gibt in unserm Land gute und viele Bibliotheken, man muss nur nicht zu faul sein, hinzugehen. Man kann sich ja auch privat Bücher ausleihen. Das tue ich oft. Und mir scheint, lässt man sich auf diesen Bücheraustausch ein, hat man sich daran gewöhnt, mit seinen Bekannten über Bücher zu reden, dann werden die Bücher irgendwie selbständig, sie werden lebendig und sie laufen einem im richtigen Augenblick über den Weg.

(Radiotext, aus der Mundart transkribiert)

Mit einer Werktagsstimme über Literatur reden

Wie Autorinnen in der Schweiz leben und welche Probleme sie beim Schreiben haben

Ich war freie Journalistin. Bin ich jetzt freie Schriftstellerin? Ich schrieb Zeilen, um mir das Lebensnotwendige zu verdienen. Jetzt, in magerer Pensioniertenzeit, verdiene ich einiges mit dem zehnprozentigen Anteil am Verkauf meiner Bücher. Schreiben tat ich schon immer. Oder ich liess schreiben, während der vierzehn Jahre als wohlinstallierte Redaktorin an wohlinstallierter Zeitung, im Monatsgehalt, mit 13 Monatsgehältern im Jahr. War ich frei? Mir scheint, sofern ich Rücksicht nahm auf den Umfang einer Seite, auf Reportage-, Kommentar- oder Editorial-Stil, dass ich immer das ausdrücken oder schreiben lassen konnte, was zu sagen mir wichtig schien.

Ich bin zum erstenmal Gast im Tessinerhaus einer eidgenössischen Stiftung, zahle nur zehn Franken pro Tag für schönes geheiztes Wohnen, für viel Raum, für Bedienung (Bettenmachen zum Beispiel), für Garage (hatte ich noch nie), für Garten vor den Fenstern und für Spaziergänge. (Und für viele Bücher; aber die lese ich nicht, weil ich schreibe. Der Duden ist veraltet, von 1938, und gute Lexika fehlen.) Das Essen bezahle ich natürlich auch, es wird aber eingekauft, von der Verwalterin, nach Wunsch eingekauft; viel Gemüse und Fisch, zum Beispiel. Die Zubereitung des Frühstücks kostet (ausser dem Material, das erstklassig ist, wir sind halt im Tessin, wo man Sinn hat für gutes Brot, frische Butter, feinen Käse, für dunkel italienisch gemahlenen Kaffee, glückliche Eier, auch im Konsum) vier Franken, für die Zubereitung einer Hauptmahlzeit zahlt man acht Franken. Das macht zwölf Franken, um mich frei und zufrieden an einen gedeckten Tisch zu setzen. Die Haushälterin findet vier Franken für die Zubereitung des Frühstücks etwas viel, deshalb stellt sie mir dann zusätzlich mittags einen Joghurt aufs Tischtuch, unten im gefälligen Esszimmer. Wenn ich also, so gegen zwei Uhr, aus der Bibliothek über die geschwungene Treppe hinuntersteige, steht Joghurt auf dem Tisch und Trauben, wenn ich will, manchmal Feigen aus dem Garten oder Nespole. Dann fühle ich mich, zum erstenmal im Leben, als freie Schriftstellerin und behandle mich als solche.

Es ist aber, schriftstellernd, unfein, von Eiern und Käse und Preisen zu reden. Das kommt wohl alles von früher, weil ich, neben dem Beruf, kochen musste, für zwei oder drei oder manchmal für vier Personen. Ganz früher – zu Zeiten der Zeilenhonorare – gab's nur am Samstag Fleisch, in der Suppe. Deshalb bin ich vielleicht doch keine Schriftstellerin; denn in schreibenden Kulturkreisen redet man nicht von Nahrung und was sie kostet und wovon man lebt.

Das ist so. Ich erfuhr es neulich auf einer Lesetournee, zusammen mit hohen Kolleginnen.

Mit hohen Kollegen trete ich mittlerweile nicht mehr auf; denn die setzen sich, nachdem sie gehört haben, dass ich mit meiner Werktagsstimme mit dem Publikum rede, sowieso von mir ab; sagen dann gern, sie seien gegen recherchiertes Schreiben, wie Journalisten es täten und beim Bücherschreiben weiterhin tun. Wir Zeitungsschreiber haben halt gelernt und können's nicht lassen, dass jedes Schreiben auch mit Information zu tun hat und dass die stimmen muss, dass also Exaktheit fürs Schreiben notwendige Grundlage sei. Meine erfolgreichen Kollegen haben's aber mit Höherem; sie nennen es Imagination. Habe sie noch nie darauf angesprochen, ob für sie Flaubert ein Journalist sei und kein Schriftsteller, weil er es mit der Genauigkeit des Beschreibens so genau nimmt.

Also, ich rede nur von Schriftstellerinnen, mit denen ich, kollegial, am Tisch vorn sass. Wir antworteten auf Publikumsfragen. Da habe ich dann schon das Gefühl, dass wir von den gleichen Dingen reden, nämlich von unsern Bemühungen, Schreiben als Metier zu betreiben. Wir hören dann auch aufeinander, wir brauchen dieselben Wörter, wir verstehen unsere Sätze, besonders wenn sie zögernd kommen, nicht pfannenfertig.

Aber von der Auflage unserer Bücher reden wir kaum und vom Geld auch nicht. Auch nicht, wenn wir nachher in kleinem Kreis zusammensitzen. Es wird dann von guten oder schlechten Verlagslektoren geredet. Über Kritiker weniger. Übers Honorar nie. Das tue nur ich. Schamlos, sagen sie und lachen. Sie empfinden es brutal, wenn ich die Spesenfrage aufwerfe oder wenn wir – eben vor einiger Zeit in der Bundesrepublik – über die Situation der schreibenden Frauen in der Schweiz Auskunft geben sollen und ich, gleich von Anfang an, das Materielle nenne. Seit alle Virginia Woolf kennen – «Ein Zimmer für sich allein» – und weil Virginia Woolf, in hohen literarischen Kreisen nie angefochten, kein Härchen gekrümmt wird, kann ich dann auch das Wort «Guineas» – die Forderung nach den nötigen Guineas kommt bei ihr ja gleich nach der Forderung nach Raum fürs Schreiben – ohne weiteres anbringen. Aber «Guineas» hat doch etwas Literarisches, und wenn ich dann übersetze auf Schweizerfranken, ist das schon ein wenig unfein und plump.

Für das eigene Zimmer haben die schreibenden Frauen einen ausgeprägten Sinn entwickelt. Denn noch immer kämpfen Frauen um eine freie Ecke zum Schreiben in ihrer Wohnung. Sie meinen, mit Virginia Woolf, damit auch die Ungestörtheit, die man eher den Männern zubilligt. Wenn sie schreiben, klopft man an die Türe. Erika Pedretti sprach in der Stadtbibliothek Köln ungeniert davon, dass sie, heimgekommen, zuerst Hemden waschen müsse, dass Ungewaschenes sie erwarte, sie sich daran machen müsse, bevor sie ans Schreiben ihrer Texte gehen könne.

Aber auch unter Kolleginnen redet man nicht so ungeniert übers eigene Geld, wie man übers eigene Zimmer redet.

Dabei wird ja das eigene Zimmer von irgendwoher bezahlt. Bei Virginia Woolf war's eine Erbschaft. Bei meinen verheirateten Kolleginnen wird das eigene Zimmer wohl meistens aus dem Gehalt des Ehemannes bezahlt. Bei mir von einer Firma, für die ich arbeite. Ich sehe da keinen ehrenrührigen Unterschied. Denn verheiratete Frauen kochen doch für ihre Männer, meistens, und erbringen andere Dienstleistungen; das ist schon einige Guineas wert. Warum ist, beispielsweise, das Monatsgehalt eines angetrauten Gymnasiallehrers schamhaft zu verschweigen? Indem es verschwiegen wird, bekommt das Schreiben, so kommt es mir immer vor, das Schreiben meiner verheirateten Kolleginnen, etwas Höheres, etwas Unberührtes. Das ist schade. Literatur sollte berührt sein. Auch vom Kochtopf. Und auch vom Geldverdienen.

Aber das sind halt so Terre-à-terre-Empfindungen. Drum ist das Esoterische meine schwache Seite.

Gedanken übers Schreiben, übers Geldverdienen, über Beruf machte ich mir vor ein paar Tagen, als ich mit einer sehr jungen Kollegin in einem kulturellen Zirkel ausserhalb Zürichs las. Es war ein lebhafter literarischer Abend. Wir stritten uns nur anfänglich ein bisschen, weil er, von den Veranstaltern, als Autorenabend angekündigt worden war. Esther fand, es müsste Autorinnenabend heissen. Es ist schön, dass junge Frauen das heute genau nehmen. Esther wurde dann gefragt, ob sie vom Schreiben lebe. Nein, sagte sie, sie lebe von ihrer Arbeit im Krankenhaus, sie möchte aber gern vom Schreiben leben können. Es ist Esthers Sehnsucht, nur zu schreiben, keinen Nachtdienst zu haben als Krankenschwester oder, für den Tagdienst im Spital, vor sechs Uhr aufstehen zu müssen, um den ersten Zug nach Zürich zu erwischen. Sie hat unrecht, Esther. Aber ich habe ihr, als grauhaarige und sozusagen arrivierte Schreiberin, nichts gesagt. Wollte sie mit meinen Erfahrungen nicht überfahren.

Sie würde niemals mehr so präzise schreiben, die Esther, wenn sie keinen Umgang mehr hätte mit ihren Kranken, sich nicht mehr aufregte, wenn sie Dienst hat, sich nicht mehr ereiferte, auf ihrer Abteilung Verbesserungen für die Pflege der Chronischkranken zu erbringen. Ich habe auch Esthers Haus gesehen, ihren verwilderten Obstgarten, ihre Katzen, ihre Küche, ihre WG, ihren Schreibtisch, an den sie sich nur in guten Stunden setzen kann. Was passierte, wenn ihr plötzlich eine Schreibunterstützung zufiele, sie nur noch an der Schreibmaschine sässe und zwischendurch spazierenginge? Nur noch der Verleger anriefe und nach den nächsten dreissig Seiten fragte? Dann wäre Esther plötzlich ein unfreier Mensch. Sie müsste produzieren, was ihrem Verleger passte, das heisst, was er verkaufen will. Sie müsste Rücksicht nehmen auf den Termin, an dem seine Maschinen anlaufen. Sie würde nichts mehr erleben ausser dem, was auf dem Waldspaziergang geschähe. Sie würde im eigenen Saft schmoren, sie würde saftlos werden, eine Stipendiatin. Denn es ist ja heute Mode, jedenfalls unter Esthers männlichen Kollegen, nach einem ersten Buch und seinem Erfolg – braucht auch nur ein Erfölglein zu sein – sich als freier Schriftsteller zu installieren, ein Werkjahr zu verlangen, um endlich, «unbelastet von materiellen Nöten», sein Genie, sein Schreibgenie, blühen zu lassen. Um Kunst zu produzieren, die der Kulturfonds eines Kantons, der Eidgenossenschaft gefälligst zu fördern habe. Was bleibt dann diesen schmalen Schreibern anderes übrig, als in der eigenen Biographie zu wühlen, sie auseinanderzuzerren, in Stücklein zu zerlegen, in kleinste Brocken, die uns Lesern im Hals steckenbleiben?

Unter welchen Bedingungen entsteht Literatur? Kaum, indem man das Stipendienwesen ausbaut.

Ich rede nicht der Not das Wort. Und nicht dem armseligen Dichterstübchen, in dem man den Schirm aufspannen muss, damit es nicht aufs Bett regnet. Aber ich finde es armselig, wenn man von seiner Stadt eine Gratiswohnung verlangt, von seinem Staat einen «gemässen» Lebensunterhalt. Jean-Paul Sartre war 36 Jahre alt, als er seinen Brotberuf – er war Gymnasiallehrer für Philosophie – aufgab. Das war 1941. Da hatte er schon einen grossen Erfolg mit seinem ersten Roman, «Der Ekel», hinter sich, Kriegsdienst und Kriegsgefangenschaft. Nachdem er zwei Jahre vom Schuldienst frei war, erschien sein Hauptwerk, 1943, «Das Sein und das Nichts».

Ich weiss auch nicht, unter welchen Bedingungen Literatur entsteht.

Hat ganz sicher etwas mit Freiheit zu tun. Aber sicher nichts mit dem «freien» Schriftsteller, der «freien» Schriftstellerin, der/die sich auf Staatskosten ernähren lassen will. Ich möchte das Wort «frei» durch «unabhängig» ersetzen. Unabhängig, um das zu sagen, auszudrücken, zu schreiben, was man für notwendig und in dieser Stunde und immer für richtig erachtet. Der Boden für eine geistige Unabhängigkeit ist die materielle Unabhängigkeit. Die aber kann man sich, hier und jetzt, mit Arbeit erwerben. Welcher Art von Arbeit ist der Phantasie und dem Einsatz – und der Ausbildung – des einzelnen überlassen. Arbeiten zum Geldverdienen ist immer mühsam. Geschadet hat sie noch keinem, auch keinem Schreibenden.

Jetzt ruft die Haushälterin des Dichterhauses zum Essen. Polenta. Mit Wachteln? Katzenfleisch wird's nicht sein: Katzenfleisch habe sie noch nie zubereitet, sagt die Verwalterin. Aber ich werde sie doch fragen, ob man's einlegt in eine Beize, wie Hase. Wir reden meistens über Rezepte. Denn dann brauche ich nicht zu hören, wo die Dichter, die in diesem Haus weilten und ihren Aufenthalt hier gern als Exil bezeichneten, später ihre Häuser gebaut haben. Die Gegend schien ihnen zu gefallen.

Nachweis

Wie leben wir: Kind und Stadt, TAM Nr. 27/1976. Endstation, TAM Nr. 46/1976. Die schwarze Frau, Der Kuss, Simus Verlag 1980. Der Heizer, Schweizer Illustrierte Nr. 12/1983. Erkenntnis des Schmerzes, TAM Nr. 28/1975. Zürich, Radiotext 7.7.1987.

Die Diskriminierung hat viele Gesichter: Zwischen Bazar und Höhenweg, Luzerner Tagblatt 11.10.1958. Vorurteile, TAM Nr. 1/1970. Überflüssig? TAM Nr. 24/1971. Hier und jetzt überdenken: Art. 65bis, TAM Nr. 38/1971. Rollenverteilung nach altem Muster, TAM NR. 42/1971. Ist die Schweizerin emanzipiert?, TAM Nr. 24/1972. Herr Chauvin im Büro, TAM Nr. 17/1973. In Vernehmlassung und Revision, TAM Nr. 35/1973. Gleiche Rechte, gleiche Verantwortung, TAM. 49/1973. Sind alle Schweizer vor dem Gesetze gleich?, TAM Nr. 3/1974. Aus fremdem Land, TAM Nr. 26/1974. Wie lange noch?, TAM Nr. 33/1974. Was getan werden könnte, TAM Nr. 47/1974. Von der Schwierigkeit, hier eine Frau zu sein, Merian Nr. 1/1975. Prämierte Neger, Tages Anzeiger 18.1.1975. «Die Hausarbeit der Frau ist eben nicht Beruf, sondern sie ergibt sich aus dem Recht des Ehemannes, die Frau nach Massgabe seiner Verhältnisse wirtschaftlich zu nutzen», TAM Nr. 15/1985. Keine Rezepte, TAM Nr. 37/1975. Gottgewolltes Herrschen?, TAM Nr. 19/1976. Prügeln, TAM Nr. 30/1976. 756 Seiten brisante Wahrheiten, Tages Anzeiger 14.2.1977. Anhören der Betroffenen, TAM Nr. 33/1977. Die Störung, TAM Nr. 6/1978. Chefin, TAM Nr. 34/1978. Solidarität, TAM Nr. 5/1979. Journal, TAM Nr. 18/1979. Entdeckt: die Unsichtbarkeit der Frau in der Ethnologie, Der Alltag Nr. 9/1980. «Eine Schriftstellerin ist keine Hausfrau, die Bücher schreibt», TAM Nr. 3/1980. Kein Traum, Ich hab die Schweiz im Traum gesehen, Residenz Verlag 1980. Wollfaden gegen Cruise, Schweizer Illustrierte Nr. 4/1983. Durch das Matriarchat zum grossen Ungehorsam, Weltwoche Nr. 41/1983. Warum die Kirche die Frau nicht für voll nimmt, Tages Anzeiger 19.12.86. Annäherungen an Gültiges sind unfertige Versuche und sie sind die einzige Möglichkeit zur Freiheit, Ausstellungskatalog Richard Zangger: «L'uomo imperfetto» 1987.

Was wir nicht sehen wollen, sehen wir nicht: Gleichberechtigung, TAM Nr. 47/1971. Hinter Mohnblumen, TAM Nr. 36/1976. Protokoll eines Falles, TAM Nr. 6/1977. Wortmeldung: schöne grüne Matten, TAM Nr. 50/1977. Mauern und Ruhe und Ordnung, TAM Nr. 50/1980. Brief an eine Ärztin, WochenZeitung Nr. 46/1985. Die andern könnten wir sein. Immer., Myriam Nr. 2/1987. Uninteressante Fälle?, Züri Woche Nr. 7/1986. Ein kurzer Nachmittag, Züri Woche Nr. 13/1986. Angeklagt: unsere Hilflosigkeit, Züri Woche Nr. 21/1986. Der Staat verdonnert – und kassiert, Züri Woche Nr. 26/1986. Qualitätsarbeit eines Einzelrichters, Züri Woche Nr. 29/1986. Ziviler Prozess um militärische Normen, Züri Woche Nr. 36/1986. Ist ein schlechtes Ende vorprogrammiert?, Züri Woche Nr. 40/1986. Der Pandschab im Zürcher Oberland, Züri Woche Nr. 43/1986. Man will nicht mehr wissen, denn man weiss es ja, Züri Woche Nr. 46/1986. Einer von vielen – ein Bagatellfall also?, Züri Woche Nr. 49/1986. Manchmal fragt man sich: Wer hat Lämpe mit wem?, Züri Woche Nr. 3/1987. Was sind wir eigentlich für ein Volk?, Züri Woche Nr. 6/1987.

Schreiben ist ein Handwerk: Der einfache Leser, TAM Nr. 9/1970. Aufforderung zum Nichtlesen, TAM Nr. 25/1970. Was die Leute alles schreiben, wenn sie schreiben, Tages Anzeiger 16.7.1984. Ein Text rächt sich, Der Alltag Nr. 2/1981. Lesen oder vom Umgang mit Büchern, Radiotext DRS 1 31.7.1984. Mit einer Werktagsstimme über Literatur reden, Weltwoche Nr. 51/1983.